ntes Pirin, p. 46
reta, p. 42
Via Lícia, p. 128
Petra e Wadi Rum, p. 134
Simien, p. 80
Ruwenzori, p. 108
Monte Elgon, p. 96
Monte Quênia, p. 88
Kilimanjaro, p. 100
Isalo, p. 116
Montes Altai, p. 140
Khentii Nuruu, p. 148
Garhwal, p. 154
Annapurna, p. 162
Monte Everest, p. 172
Tailândia, p. 182
Gunung Kinabalu, p. 188
Gunung Mulu, p. 192
Papua-Nova Guiné, p. 200
Trilha Kokoda, p. 206
Trilha Larapinta, p. 208
Promontório Wilsons, p. 216
Trilha Overland, p. 220
Frenchman's Cap, p. 226
Trilha Heaphy, p. 236
Tongariro, p. 230
Trilha Milford, p. 242
Trilha Kepler, p. 248

"Sinto gratidão por estar aqui, por existir, mais precisamente por não ser necessário a ninguém se amarrar a montanhas de neve para se sentir livre. Não estou aqui em busca da 'louca sabedoria'; se estivesse, jamais a encontraria. Estou aqui para estar aqui, como as rochas, o céu e a neve, como este granizo que despenca do sol."

Peter Matthiessen, *The Snow Leopard*, 1978

Claes Grundsten

AS MAIS BELAS TRILHAS DO MUNDO

Lugares incríveis, roteiros de trekking e muita inspiração

PUBLIFOLHA

Página anterior: Carregadores em Garhwal, na trilha Curzon. Ao fundo, as montanhas mais altas da Índia: do lado direito, Nanda Devi, 7.817m acima do nível do mar; do lado esquerdo, Dunagiri, 7.066m acima do nível do mar.

Título original: *Trek!*. Publicado originalmente na Grã-Bretanha em 2006 pela Duncan Baird Publishers Ltd, Sixth Floor, Castle House, 75–76 Wells Street, Londres W1T 3QH, Inglaterra.

COORDENAÇÃO DO PROJETO
PUBLIFOLHA
Editora-assistente: Camila Prado
Coordenação de produção gráfica: Mariana Metidieri
Produção gráfica: Rodrigo Andrade

PRODUÇÃO EDITORIAL
EDITORA PÁGINA VIVA
Tradução: Eliana Rocha
Coordenação: Laura Vecchioli
Consultoria: Marcos Ramos
Revisão: Denise Roberti Camargo
Produção gráfica: Priscylla Cabral e Bianca Galante

EDIÇÃO ORIGINAL
DUNCAN BAIRD PUBLISHERS LTD
Traduzido para o inglês por Julie Martin com First Edition Translations Ltd, Cambridge, UK
Edição: Ingrid Court-Jones
Diagramação: Allan Sommerville, Saskia Janssen
Editor-chefe: Christopher Westhorp
Cartografia: Martin Thelander

Dados Internacionais de Catalogação na Publicação (CIP)
(Câmara Brasileira do Livro, SP, Brasil)

Grundsten, Claes
As mais belas trilhas do mundo : lugares incríveis, roteiros de trekking e muita inspiração / Claes Grundsten ; [tradução Eliana Rocha]. – São Paulo : Publifolha, 2012.

Título original: Trek!
ISBN 978-85-7914-374-8

1. Caminhada em trilhas - Guias 2. Fotografias 3. Trilhas - Guias
4. Viagens de aventura - Guias I. Título.

12-04790 CDD-796.51

Índices para catálogo sistemático:
1. Caminhada em trilhas : Esportes : Guias 796.51

Este livro segue as regras do Acordo Ortográfico da Língua Portuguesa (1990), em vigor desde 1º de janeiro de 2009.

Os leitores interessados em fazer sugestões ou comunicar eventuais correções podem escrever para a Publifolha, Al. Barão de Limeira, 401, 6º andar, CEP 01202-900, São Paulo, SP, enviar um fax para (11) 3224-2163 ou e-mail para atendimento@publifolha.com.br

PUBLIFOLHA
Divisão de Publicações do Grupo Folha
Alameda Barão de Limeira, 401, 6º andar
CEP 01202-900, São Paulo, SP
Tel.: (11) 3224-2186/2187/2197
www.publifolha.com.br

Impresso na Imago, China.

Sumário

Prefácio

A vista das Vernal Falls por entre as árvores durante uma caminhada pela serra Nevada, no Yosemite National Park, Califórnia.

Um mundo sem pessoas – como seria? Existe no universo algum lugar como a nossa Terra, mas onde apenas o vento e as folhas conversam em florestas inaudíveis, onde a voz humana rompe bilhões de anos de silêncio?

Nesse mundo não existe tempo. Apenas repetições. As águas do oceano lambem as praias e se chocam contra os rochedos. Ouvem-se o canto das sereias, os gritos de alarme, o sussurro da relva e a explosão de um corpo pesado ao mergulhar. Uma terra de bosques murmurantes, um mundo de vegetação aveludada.

Quando ouvi Claes Grundsten narrar suas viagens e vi suas fotos, perguntei-me se ele estaria procurando um mundo sem pessoas. Será que desejava pisar um terreno tão intocado a ponto de reagir sob seus pés?

Ele foi muito longe e muito alto para alcançar locais ainda não conquistados pelo homem. Em um lugar ou outro, poucos milhares de pessoas estiveram antes dele na mesma temporada. Fotógrafos da natureza e alpinistas se reuniram ali. Mas ele foi além dos acampamentos e do lixo dos turistas. Parecia estar determinado a chegar tão alto a ponto de calar todas as vozes humanas. Caminhou sobre lava e blocos de gelo, arfando onde o oxigênio era escasso. Subiu precipícios e sentiu os joelhos gemerem de dor na volta. Andou com dificuldade por úmidas florestas tropicais. Seus pulmões arderam no frio do inverno e sua cabeça flutuou com o mal das montanhas. Ele sabe o que é avançar a duras penas, horas a fio, com a respiração ofegante. Por que fez isso?

Grundsten percorreu todos os continentes do mundo para trazer algo que só se torna belo num contexto humano. Suas palavras e suas fotos provocam em nós pensamentos incomuns – sobre a natureza do tempo e a vida em lugares remotos, sobre um mundo no qual essas palavras jamais teriam sido escritas e essas fotos não teriam sido tiradas se ninguém ali se aventurasse.

Kerstin Ekman – *escritora*

Trek!

UM PASSO EM DIREÇÃO À NATUREZA

As rotas de trekking e as experiências na natureza variam. No Zion National Park, em Utah, seguimos por um estreito desfiladeiro do rio Virgin, que tem 25km de comprimento. Essa ravina de 800m é tão estreita em alguns pontos que o rio preenche todo o espaço e nos obriga a patinhar na água para passar.

O progresso é lento quando você está caminhando na natureza. Dá tempo de ver e entender a realidade, sentir os perfumes, ouvir os sons, tocar a terra e assimilar as impressões. Matém-nos de pés no chão e é a forma mais primitiva e natural de viajar. Entretanto, fazer trekking não é o mesmo que caminhar. Há uma diferença fundamental entre as duas coisas. Caminhar é algo que fazemos todos os dias, em geral por curtas distâncias. Trekking é uma viagem por regiões inexploradas, quase sempre por trilhas, mas às vezes por caminhos mais perigosos – e a liberdade é uma parte inerente da aventura.

Hoje, o ato de percorrer longas trilhas mundo afora é definido de maneira mais apropriada pelo verbo "trek", uma palavra que os bôeres cunharam na África do Sul, onde ela significava "viajar sem carro de boi". Os dicionários modernos afirmam que trek é uma viagem longa e difícil, e que trekking envolve uma árdua migração. Num sentido ligeiramente mais estrito, trek também pode significar "viajar a pé por regiões onde a natureza apresenta perigos". É isso que passo a maior parte do tempo fazendo, e é disso que trata este livro.

Trekking é um conceito bastante conhecido na minha Suécia natal como "fell-walking" (caminhada pela montanha), porém a palavra em inglês estende esse significado, porque podemos tomar "trek" por selvas e desertos, assim como por paisagens montanhosas povoadas, mas remotas. Viajar sem veículo a motor, quando possível, é essencial para desfrutar as experiências e aventuras que estamos buscando; portanto, esquiar ou cavalgar por regiões onde não há estradas também é considerado trekking.

A bagagem quase sempre será acomodada numa mochila, mas nem sempre é preciso carregá-la ou cozinhar sua comida. Em muitas regiões pode-se contratar carregadores, cavalos de carga e guias, o que definitivamente torna o trekking mais fácil e ao mesmo tempo favorece a economia local. Em alguns lugares há cabanas e albergues ao longo da trilha. A disponibilidade desses abrigos evita que se carregue muito peso. Com uma mochila leve, caminhar por ambientes desconhecidos torna-se uma experiência prazerosa. No entanto, muitas vezes não há alternativa a não ser carregar uma bagagem pesada para viajar por paisagens emocionantes. Isso também tem seu charme, mesmo que não seja tão agradável.

A maioria dos que praticam trekking gosta de procurar áreas onde a flora, a fauna e a paisagem sejam primitivas e intocadas – e as mais remotas possíveis. Quanto a mim, gosto de regiões que tenham uma localização geográfica interessante, o que é difícil definir em palavras. Mas, se uma simples espiada no mapa desperta meu insaciável desejo de viajar, há uma boa chance de eu ter acertado o alvo. Também gosto de me aproximar das pessoas que vivem ao longo das trilhas, o que nem sempre é fácil, uma vez que sou um estrangeiro, que surge com badulaques intrigantes e costumes estranhos. Um bom conselho para quem viaja nessas condições é empenhar-se em conhecer o estilo de vida e a cultura da população local, sem bajular nem moralizar. Apesar de tudo o que já foi dito sobre a globalização, ainda existe uma imensa diversidade cultural nesse mundo.

Atualmente, o trekking é considerado uma forma de ecoturismo, um tipo de viagem que respeita a natureza, feita em geral em pequenos grupos e para áreas intocadas, onde é possível desfrutar humildemente a paisagem e a cultura local. Segundo princípios acordados por várias organizações de ecoturismo, uma viagem desse tipo deve ser instrutiva, ambientalmente responsável, e contribuir para a economia da região. São esses objetivos que devemos levar a sério. O turismo pode revolucionar e destruir lugares que se tornam populares, e as trilhas de trekking nos levam a ambientes vulneráveis. Se viajamos com uma atitude de respeito e consideração, o trekking pode contrabalançar a exploração das paisagens e dos ambientes culturais que está ocorrendo em todo o mundo. A meu ver, o trekking é bom para a preservação da natureza se as pessoas que vivem em vilas remotas puderem ganhar a vida com um intercâmbio que exija um ambiente intacto. Também é bom porque nós que viajamos temos prazer em apoiar esse esforço.

Mas o trekking também é uma viagem interior, um encontro com nosso ser mais profundo em regiões exóticas, e às vezes em condições extremamente árduas. Para mim, o trekking se tornou uma filosofia de vida e uma terapia mental. Hoje, os benefícios da caminhada para a saúde física e mental são reconhecidos. Fazemos exercício e desfrutamos da vida ao ar livre, e mesmo um curto e fácil trajeto pode promover nosso bem-estar. Longos percursos ainda promovem nosso condicionamento físico. É, de fato, recreação no verdadeiro sentido da palavra.

Naturalmente, não estamos diante de um fenômeno novo. Os habitantes das aldeias primitivas já conheciam a migração desde a aurora da humanidade, mas a caminhada como método de alcançar o bem-estar só surgiu no século XVIII. Jean-Jacques Rousseau registrou seus pensamentos sobre a filosofia da caminhada – palavras que hoje são um clássico. E o poeta William Wordsworth foi um dos primeiros a escrever sobre seus longos passeios a pé pelo Lake District, na Inglaterra. Em consequência da industrialização e da migração para as cidades, caminhar passou a ser popular no Ocidente nos séculos seguintes. Associações turísticas e clubes de caminhantes surgiram por toda parte na segunda metade do século XIX. As viagens tinham como destino paisagens próximas, montanhas e regiões ainda virgens dentro

Um vaqueiro cavalga pela Cordillera Blanca, no Peru. O contato com a população local permite experiência direta com a grande variedade de culturas existentes ao redor do mundo.

do próprio país ou em países para onde se podia viajar com facilidade, principalmente na Europa e na América do Norte.

Mas foi só nos anos 1960 que o trekking se tornou um conceito para viagens mais distantes. Abriram-se oportunidades para que muitos ocidentais passassem as férias caminhando por lugares desconhecidos. As primeiras incursões ocorreram no Himalaia, e hoje há excursões organizadas para a maioria das regiões do mundo. O trekking faz parte dos programas de inúmeras agências de viagem ao redor do globo, o que tornou consideravelmente mais fácil para pessoas inexperientes alcançar regiões surpreendentes e inacessíveis.

A criação de equipamentos modernos para atividades ao ar livre também desempenhou um papel importante. Mochilas, barracas e calçados estão cada vez melhores e particularmente mais leves. Atualmente, mapas e guias nos fornecem informações sobre trilhas, o que seria inconcebível há apenas meio século. Isso também estimulou novos desenvolvimentos.

Hoje é evidente que o trekking e outras atividades ao ar livre são um modo de vida. O lema de Rousseau era "de volta à natureza", algo que nós, que vivemos no século XXI, podemos fazer praticando trekking – um passo em direção à natureza.

Pireneus

A MONTANHA DO CONDE LOUCO

Além do vale Marcadau, o pico Vignemale ergue-se orgulhosamente a 3.300m – o mais alto da parte francesa dos Pireneus. Foi abaixo dele que o conde Henry Russell cavou grutas no século XIX. Hoje, a Haute Randonnée Pyrénéenne, uma trilha que pode ser percorrida em 45 dias, contorna-o e atravessa o vale.

Apenas a cabeça de Henry Russell ficou de fora quando ele foi "enterrado vivo" sob uma rocha numa gelada noite de 1880, não muito longe da trilha por onde agora caminhávamos. Como se sentiria um viajante caso topasse com um crânio depositado no chão à sua frente? Mas Russell sobreviveu a essa bravata e ainda pôs em prática muitas outras loucuras.

Provavelmente não existiu um alpinista tão excêntrico e tão cheio de entusiasmo quanto esse conde nascido em Toulouse, filho de pai irlandês e mãe francesa. O encontro entre ele e o pico Vignemale, nos Pireneus, acabou se tornando um verdadeiro caso de amor. Ele o arrendou do Estado francês por um franco ao ano e cavou algumas pequenas grutas perto do pico. Por longos períodos, viveu nesses refúgios inacessíveis, que guarneceu de tapetes persas e onde realizou banquetes. Chegou a organizar missas católicas na geleira, e ali, como já foi dito, ele se deixou enterrar até o pescoço. Russell foi um romântico que explorou a beleza da montanha e a estética da vida. O que o movia era muito diferente da força motriz de outro pioneiro dos Pireneus, seu amigo Charles Packe, que mapeou cientificamente a topografia, a geologia e a flora da região.

Quando Björn Wessman e eu passamos pelas grutas, estávamos seguindo Russell para investigar e discutir quais seriam as possibilidades estéticas da montanha para Björn, que é pintor, e para mim, que sou fotógrafo. Uma trilha elevada entre o Atlântico e o Mediterrâneo, a "haute route" (alta trilha) dos Pireneus leva em direção a um desfiladeiro abaixo do Vignemale, o pico mais alto do lado francês.

Os Pireneus eram um excelente lugar para o nosso encontro. Caminhantes anteriores me haviam dito que esta barreira entre a Espanha e a França é singular. Há uma profusão de flores nos vales e um nítido contraste entre essa vegetação pastoral e a aridez cinza das rochas escarpadas lá no alto. Estas não são damas de gelo como os Alpes; são menores e nuas como querubins de pedra. Não há grandes geleiras aqui. No Parque Nacional de Aigüestortes, do lado espanhol, blocos cinzentos cavam precipícios na montanha. Esse é o lugar mais selvagem dos Pireneus. A popular região ao redor de Gavarnie, na França, tem características mais atraentes, com montanhas mais escarpadas e maravilhosos bosques de faias. Aqui, nestes verdes vales, a grama sobe pelas encostas.

Gavarnie será nosso ponto de partida. Estamos no fim de setembro e a invasão de turistas acabou. Uma vaca morta atrai cerca de 50 abutres quando nos voltamos na direção do Vignemale. O dia está perfeitamente definido: o ar está calmo e claro, e o calor do fim de verão ainda se prolonga. Os prados se mantêm verdes, enquanto as folhas das árvores começam a adquirir tons outonais. A trilha serpenteia pela encosta acima, em direção a uma cabana.

A Haute Randonnée Pyrénéenne é uma longa trilha que cruza muitos desfiladeiros altos. Levaremos 45 dias para percorrê-la do Atlântico ao Mediterrâneo. Estamos viajando pela parte mais popular, entre a turística Gavarnie e o pico du Midi d'Ossau. Um dia a oeste de Gavarnie, e a apenas 2.600m acima do nível de mar, fica o sólido rochedo do Refuge de Bassellance. Aqui fazemos uma pausa. Se você não quiser subir até o pico que Russell adorava, o Petit Vignemale oferece uma alternativa menos difícil. Nós nos mantemos na trilha e nos perguntamos como essa paisagem florestal poderia ser traduzida em imagens com um toque pessoal. Achei interessante saber como Björn enfrentaria o desafio. Ele jamais esteve numa montanha tão íngreme.

Continuamos conversando sobre isso no Refuge Wallon, onde passamos a noite. Esse refúgio fica a oeste do Vignemale, onde a paisagem já é bem mais escarpada do que ao redor de Gavarnie. No vale Marcadau há uma densa floresta de pinheiros. Árvores troncudas e retorcidas ocupam até as encostas mais íngremes do vale. Elas são fotogênicas, e, com a chuva persistente que nos castiga, essa paisagem florestal

Debaixo de chuva, chegamos ao Refuge Wallon, um velho edifício de pedra construído no limite da floresta, no vale Marcadau.

A luz da aurora revela a exuberante florescência de angélicas em contraste com o fundo de uma parede de pedra de quase 1.500m, no nicho da geleira Gavarnie. Este é o lugar mais famoso e impressionante dos Pireneus. Do outro lado destes picos fica a Espanha. Poucas cadeias de montanhas constituem uma fronteira tão vigorosa como essa. O nome Pireneus pode ter origem na palavra celta "byren", que significa "cadeia de montanhas".

Os Lacs d'Opale, 2.300m acima do nível do mar, ficam a oeste do Refuge Wallon. O depósito das águas do degelo é que dá aos lagos a sua cor azul. Nos Pireneus só restam uns poucos glaciares: desde meados do século XIX, 85% da massa de gelo já derreteu.

Estes são espécimes retorcidos de pinheiros da montanha encontrados no vale Marcadau. Trata-se de árvores fortes e atrofiadas.

reforça o clima sombrio. Como somos criadores de imagens, não nos incomoda nem um pouco essa harmonia.

A chuva faz parecer triste até a cabana, com suas velhas paredes de pedra. Na primeira noite não há mais do que dez pessoas, para quem preparam comida e servem vinho. Pelas regras, em geral só se pernoita uma vez num abrigo ao longo da Haute Randonnée Pyrénéenne, porque o refúgio pode ficar lotado. Ao anoitecer seguinte, uma sexta-feira, o refúgio se enche de caminhantes franceses de fim de semana. Somos cerca de 50 amontoados na sala de jantar, mas os três funcionários são bons em guardar na memória quem pediu o quê. Depois de um delicioso jantar, dormimos bem, apesar de nosso quarto ser pequeno e de paredes finas.

Nossos passos nos levam na direção do Col de Cambales, enquanto a rota principal dessa alta trilha de montanha atravessa outro desfiladeiro, o Col de la Fache, que leva à Espanha. (São muitas as variantes da Haute Randonnée Pyrénéenne, e a fronteira é cruzada várias vezes.) Agora chegamos à parte alpina dos Pireneus. O cenário torna-se árido e menos colorido, encantando meus olhos, mas não muito os de Björn. Quase não se vê um pedacinho de neve para aliviar aquele mar de rochas cinzentas. Em toda a cadeia de montanhas só há uns poucos e pequenos glaciares, mas no inverno a neve é abundante, e Gavarnie é apenas uma das várias estações de esqui. Caminhamos até os Lacs d'Opale, uma série de pequenas piscinas azuis em meio a tanto cinza. Essa austera simplicidade de formas e cores é uma fonte de inspiração para um fotógrafo como eu. Björn, que faz pintura a óleo, prefere a vegetação luxuriante. A rica diversidade dos Pireneus agrada a nós dois, e essa é uma das conclusões de nossa viagem.

La Gomera

A ILHA DOS BEM-AVENTURADOS

Na Playa del Ingles, onde o vale Gran Rey se abre para o Atlântico, ergue-se a montanha La Mérica, atravessada por uma das muitas trilhas da ilha. As diferentes camadas de lava existentes nessa rocha vulcânica colorem sua superfície, rica em ácido silícico e, portanto, pálida, mas o vulcão está extinto há muito tempo. La Gomera é a única das ilhas Canárias que não assistiu a uma erupção vulcânica nos últimos milhões de anos.

Pela manhã, tomamos um ônibus no vale Gran Rey em direção ao Parque Nacional de Garajonay. Aqui em cima, a neblina cobre os bosques de loureiro. Em vista do tempo, decidimos não escalar o pico mais alto de La Gomera, que é o segundo menor das ilhas Canárias. Caminhamos por entre os bosques e, chegando ao centro da ilha, seguimos para o norte, pela trilha que atravessa o parque nacional e desce para o mar. Ao nosso lado, vemos o monte Garajonay, cenário de um drama no estilo Romeu e Julieta ocorrido na ilha. Gara, princesa de Gomera, apaixonou-se por Jonay, filho de um pequeno proprietário de terras de Tenerife. Conta a lenda que Jonay remou um bote de couro de cabra para visitar sua amada. Mas as famílias, pertencentes a classes sociais muito diferentes, não aprovavam a relação deles, que preferiram a morte à separação. Subiram ao ponto mais alto do lugar, onde um apunhalou o outro com uma lança de madeira de loureiro. Daí o nome da ilha.

As árvores nos protegem da chuva, que agora cai sem parar. Este bosque de loureiros, que é único e foi considerado patrimônio da humanidade, remonta a uma época anterior à Idade do Gelo, quando essa costa era cercada deles. Várias espécies de árvores crescem aqui; a mais alta atinge quase 30m de altura, e muitas plantas raras prosperam nesse clima úmido. A chuva e o orvalho mantêm a vegetação tão viçosa quanto numa floresta tropical.

Chove o dia todo, e chegamos a El Cedro ensopados até os ossos. Trata-se de uma pequena vila, que abriga o único camping da ilha. No restaurante, remanescente de um refúgio alpino, podemos secar nossas roupas ao redor de um forno a lenha. No dia seguinte, a névoa ainda cobre as encostas como um véu quando descemos na direção da cidade de Hermigua e do litoral. De El Cedro, a trilha serpenteia por curvas muito fechadas e íngremes. Entrevemos uma linda cachoeira que despenca pela encosta como uma faixa prateada. Logo estamos passando por plantações de banana e por um impressionante penhasco fálico, onde as casas começam a ficar mais próximas e se unem para formar uma cidade. Em La Gomera, as distâncias são curtas.

Mas nossa trilha é uma das mais longas. A ilha surge de repente, como um monte solitário erguendo-se do Atlântico. Tem uma costa quase circular e atinge a altura de quase 1.500m acima do nível do mar. A paisagem é formada de verdes vales e profundas ravinas, chamadas de barrancos. Como as outras ilhas Canárias, La Gomera se formou do magma existente sob a crosta terrestre. Há 5 milhões de anos, a lava se lançou acima da superfície do mar, formando um vulcão que depois se extinguiu, sendo o único desse grupo que não entra em erupção há muito tempo. Depois que a atividade vulcânica cessou, a água escavou profundas ravinas de 800m, que se irradiam do centro da ilha em direção ao mar como os raios de uma roda. Essa impressionante paisagem é um paraíso para os caminhantes. Em geral, os visitantes ficam em um hotel e partem em incursões de um dia. A ilha tem pouco mais de 20km de ponta a ponta e apenas 16 mil habitantes.

Em La Playa, onde o vale Gran Rey se abre para o Atlântico, um "Grande Chefe" exercia o seu poder até a tomada da ilha pelos espanhóis. Em tempos antigos, as Canárias eram conhecidas como "as ilhas dos bem-aventurados". O filósofo e naturalista romano Plínio, o Velho (23-79 d.C.), deu-lhes o nome de Canárias por causa dos cães (*canis* em latim) selvagens que aqui viviam. As ilhas foram redescobertas no século XIV pelos mercadores que partiam de Gênova. Nessa época, eram habitadas pelos *guanchos*, povo aborígene cujos muitos dialetos indicam uma ligação regular com os berberes do Saara. Conta a lenda que os espanhóis cortaram ao meio a língua dos habitantes de La Gomera, e foi assim que surgiu a sibilante *el silbo*, uma língua que só é falada na ilha e sobrevive até hoje. Com o tempo, os *guanchos* se misturaram com os invasores espanhóis e sucumbiram como grupo étnico.

No primeiro dia, caminhamos de La Playa até o barranco Argaga, o mais impressionante dessa parte da ilha. Depois da entrada estreita da ravina, perdemos a trilha e saímos numa encosta íngreme, de onde deslizamos pelos pedregulhos até um pequeno riacho. Então, sob penhascos muito altos, começamos a subir. Em certos pontos a inclinação é muito forte, e suamos para subir até um platô, onde há pequenas fazendas e alguns edifícios esparsos. A mudança de cenário é encantadora, e fazemos uma parada ao lado da capela branca da Ermita de Nuestra Señora de Guadalupe. Não há dúvida de que estamos em território católico.

A paisagem parece inóspita. Daqui podemos ver montanhas, penhascos, vales e o mar. O terreno é acidentado. Caminhantes solitários vêm em nossa direção, e canais de irrigação já esgotados acompanham a trilha. Ou será que correm no sentido contrário? Vemos lá embaixo o desfiladeiro onde o vale Gran Rey começa. Um idoso que deve residir por aqui passa por nós a passos rápidos, seguido por dois cães. Um pouco mais adiante, topamos com um telefone celular caído na estrada. Apanho-o com a intenção de entregá-lo em um bar qualquer. Antes de chegar à vila de El Cercado, o telefone toca. Um companheiro que fala espanhol responde prontamente a uma certa Carmencita. Ficamos sabendo que o velho com os cachorros é seu pai e que o celular é dele. Por sugestão dela, entregamos o telefone em um bar chamado "Maria", administrado pelo seu marido. Somos recebidos como heróis e nos oferecem cerveja antes de um táxi nos levar de volta a La Playa.

A trilha que passa pela ravina Argaga é a mais perigosa de La Gomera. Subimos encostas íngremes, passando por áreas de vegetação diferente. Aqui, cerca de 700m acima do nível do mar, a vegetação alpina é dominada por eufórbias, e a planta que se vê no canto inferior direito da foto é a "verode", ou "vero canaries", arbusto com uma composição de flores. Ao fundo ergue-se o pico da Montana del Adivino.

Madeira

CAMINHADA À BEIRA DO ABISMO

Ao ar gelado da aurora, uns poucos trekkers estão a caminho do pico do Cidrão. De manhã bem cedo, as nuvens quase sempre se formam no norte da montanha. As duas mais altas da Madeira atingem 1.800m acima do nível do mar. Essa trilha, a mais desafiadora da ilha, passa por elas. A rocha é vulcânica, mas não ocorrem erupções há meio milhão de anos.

Quando saímos da alameda de altos ciprestes e atravessamos um túnel de 100m de comprimento, estreito e escuro como piche, a paisagem é espetacular. Nossa rota se torna uma trilha estonteante pela orla da montanha, entre a parede rochosa e o abismo. Seguimos pela Levada do Caldeirão Verde, que conduz a um anfiteatro de erosão com o curioso nome de Caldeirão do Inferno. Acompanhando um canal de 1m de largura, corre uma trilha da mesma medida, além da qual nada mais existe, a não ser o despenhadeiro.

A palavra "levada" é de origem portuguesa e deriva do verbo "levar". Trata-se de canais que coletam e transportam a água da chuva das montanhas da Madeira para as cidades e terras aráveis. No século XVI, os primeiros canais foram construídos por milhares de escravos trazidos da África e das ilhas Canárias. Com o tempo, esse sistema se espalhou por quase toda a topografia do local, e hoje em dia conta com uma rede de mais de 2.100km de estreitas valas, algumas das quais obtidas pela explosão das encostas, que às vezes atravessam bosques e campos, e vez ou outra serpenteiam por entre povoados. Quase sempre, uma levada é uma trincheira cimentada, que acompanha as encostas e as faces rochosas igual à linha de contorno num mapa. Sua largura varia entre umas poucas dezenas de centímetros e 1m, e podem atingir até 1m de profundidade. Ao lado do canal quase sempre encontra-se uma vereda estreita. Muitas levadas possuem túneis apertados, onde a montanha engole a trilha e uma lanterna é um acessório muito importante. Caminhamos ao lado das águas murmurantes. A levada é como uma trilha que não se quer abandonar. Parece um caminho natural, que nos leva por onde os operários fizeram valas para a água passar. Existe um fascínio nisso, e também uma grande vantagem. A trilha não se inclina sensivelmente. Ao longo das levadas, não há ladeiras acentuadas.

Por longos trechos, a levada é escavada nas paredes verticais da montanha. Em alguns pontos, o caminho beira o precipício, e fazemos um voto de agradecimento a todos os levadeiros que construíram e preservaram o local e o dotaram de grades de proteção, que, entretanto, estão quebradas em diversos trechos. Pessoas sujeitas a vertigens com certeza não devem caminhar por aqui. Mas para quem conseguir

andar pela borda do abismo, um magnífico espetáculo natural se descortina. Eu e meus dois companheiros estamos encantados. A ilha da Madeira nos deslumbra com seus contrastes. Sua fácil acessibilidade, aliada à vegetação tropical, ao clima agradavelmente quente e à topografia acidentada das montanhas, seduz qualquer trekker. E uma levada como esta tem a capacidade de nos levar a locais que seriam impenetráveis se ela não existisse, tão íngreme e inacessível é o terreno da ilha. Através da extensão norte do vale, podemos vislumbrar o reluzente Atlântico.

Passamos por alguns alegres levadeiros que limpam um trecho do canal. Pouco mais à frente, encontramos uma cachoeira. No Caldeirão Verde, vimos como as águas transbordam pela borda e despencam num jato de 50m numa piscina natural, de onde são canalizadas para uma levada. Agora, estamos diretamente abaixo do pico mais alto da ilha, o pico Ruivo, 1.862m acima do nível do mar. Precipícios nos cercam claustrofobicamente enquanto fazemos nosso almoço e desfrutamos o sol e a paisagem.

Na ilha da Madeira, a maioria das excursões dura um dia. Mas nem todas as trilhas acompanham os canais. Experimentamos várias trilhas e deixamos os picos mais altos para o fim. Certo dia, ainda de madrugada, partimos de carro de Funchal, a capital, em direção ao terceiro pico mais alto da ilha. No fim da estrada, onde uma pilha de pedras assinala o topo, há um hotel que mais parece uma casamata. Ali, no pico de Ariero, 1.818m acima do nível do mar, aguardamos a aurora, mas o vento cortante e a baixa temperatura nos obrigam a acender uma fogueira. Finalmente, o sol nasce, revelando uma paisagem espetacular. Isto é o Natal do trekker! Não tínhamos noção do cenário que se apresentaria. É uma experiência incrível, que só crianças sem nenhuma ideia preconcebida podem desfrutar. Vemos que pináculos pontiagudos e estreitas cumeeiras se entrelaçam numa intricada fortaleza, que despenca verticalmente por quase 2km até se lançar no Atlântico. "Imenso" é a palavra que nos vem à mente; "magnífico" é a pronta resposta. Que profundidade de precipício! É para lá que devemos ir. Um companheiro aponta a trilha que atravessa agilmente os picos.

Assim que o sol começa a esquentar, iniciamos nossa viagem. Da crista rochosa em formato de cúpula, seguimos diretamente para uma face vertical, onde foram cavados degraus que tornam a trilha acessível apesar da localização vertiginosa. É necessário ser um exímio montanhista para se sentir seguro aqui, embora não seja perigoso, pelo menos não mais que o usual. Depois que percorremos a cumeeira na direção norte e passamos pelo pico das Torres, o terceiro mais alto e o mais escarpado da ilha, nos vemos diante de uma subida difícil, que contornamos para chegarmos a uma velha hospedaria de 1939. A casa está protegida por um bosque, quase no topo do pico Ruivo. Falta pouco até o cume da Madeira. Buscamos abrigo contra o vento atrás de uns arbustos. Daqui até o Atlântico, o qual podíamos ver tanto ao norte quanto ao sul, são 1.800m. A cidade, densamente povoada ao longo da costa sul, torna-se uma vila em miniatura. Temos quase toda Madeira aos nossos pés, e

Páginas anteriores: Caminhamos pela Levada do Caldeirão Verde, no vale do Ribeira Grande. O nome "caldeirão" é uma referência à origem vulcânica do vale. A trilha que acompanha o canal é de dar vertigem. Também tivemos que abrir caminho por alguns túneis. No fundo do vale, um bosque de loureiros, único na ilha, parece uma floresta tropical, constantemente úmida.

Alguns levadeiros mantêm os canais em bom estado. Eles precisam ser limpos continuamente para não bloquear o fluxo da água. A primeira levada foi construída em madeira no início do século XV, quando a ilha foi colonizada. Logo depois foram erguidas muretas de pedra, que constituem o tipo mais comum de levada. A construção desses canais, que hoje se estendem por mais de 2.100km, trouxe muitos escravos à ilha ao longo dos séculos.

lá no fundo do abismo é possível avistar as minúsculas fazendas do Curral das Freiras, a meta de nossa longa caminhada. O sol continua se derramando conforme penetramos na floresta ao longo de um espigão que aponta para o oeste. À distância, parece impossível haver espaço para uma trilha naquela encosta íngreme; no entanto, ela vai e volta, descendo sempre. Das clareiras, podemos olhar para o penhasco escarpado de outra perspectiva. A floresta fica mais densa, e percebemos que estamos descendo direto para o coração da ilha, o lendário Curral das Freiras, cujo nome se deve às irmãs que aqui se esconderam dos piratas em 1566. Logo chegamos à aldeia repleta de vida, com jardins e casas caiadas de branco, onde crianças e adultos correm pelos campos e as abelhas zumbem nas margens dos canais. O ponto final é um lugar tranquilo cercado de íngremes montanhas, que esteve afastado do mundo até 1959, quando uma estrada foi construída.

Dolomitas

UMA ROTA LONGA E ÍNGREME

Os Tre Cime di Lavaredo, ou Drei Zinnen, são ícones das Dolomitas. Os trekkers que percorrem a Alta Via 4 confrontam suas faces norte de quase 500m de altura.

De bermuda e carregando uma mochila leve, caminhamos em direção ao orgulho da região: o trio de picos chamado "Tre Cime di Lavaredo", em italiano, ou "Drei Zinnen", em alemão. Os montes exibem sua majestosa face norte à medida que subimos em direção ao abrigo Locatelli. A vista é um símbolo das Dolomitas. Paredes como estas sempre atraíram montanhistas, e, no início do século XX, já havia aqui um grupo de guias experientes. Um deles, Sepp Innerkoffler, tornou-se uma lenda e morreu em circunstâncias dramáticas durante a Primeira Guerra Mundial. Travava-se uma feroz batalha ao redor dos Drei Zinnen na noite em que Innerkoffler tentou escalar a face norte do Kleine Zinne, o menor dos três montes, para levar uma linha telefônica até o posto da fronteira austríaca. Quando escalava o Paternkopfel, pico vizinho, foi atingido fatalmente pelos italianos. Nessa época, o Tirol do Sul era parte do Império Austro-Húngaro. Desde o Tratado de Saint-Germain, assinado em 1919, a província passou a pertencer à Itália. Em outras palavras, as Dolomitas representam um ponto de encontro entre as culturas europeias do centro e do sul.

Na encosta do Paternkopfel há pequenas cavernas que foram construídas pelo homem e usadas durante a guerra. Subimos até elas e olhamos para as famosas faces norte, que, vistas da nossa perspectiva, parecem alinhadas. A caminho do abrigo, avistamos o trio do tradicional ângulo em que ele é visto do pé da montanha. Os Drei Zinnen agora parecem gigantescas lápides sepulcrais de quase 500m de altura.

Essas montanhas extremamente íngremes no nordeste da Itália se formaram há 25 milhões de anos a partir de antigos recifes de coral que se elevaram ao céu ao mesmo tempo que os Alpes. A erosão moldou os velhos rochedos em picos pontiagudos, com encostas escarpadas, por onde se espalham ressaltos e terraços. A rocha tem uma dureza perfeita para alpinistas e constitui o marco mais impressionante que um caminhante pode encontrar. No final do século XVIII, o geólogo francês Déodat de Dolomieu descobriu que ela quase não reagia a ácidos corrosivos. Além do cálcio, possui muito magnésio, que em alguns pontos a natureza substituiu por ferro, o que a torna mais amarela e marrom do que branca como calcário. Chamada de "dolomita" em homenagem a seu descobridor, é muito resistente à degradação.

Aqui, há encantadoras flores do campo, como campânulas, dentes-de-leão, ranúnculos, trevos e outras de espécies semelhantes. Ao fundo vê-se o pico Rautkofel.

Por sua geologia, as Dolomitas são muito diferentes dos Alpes. A superfície é mais áspera; os picos são mais baixos e não tão cobertos de gelo, mas igualmente brilhantes graças à rocha de que são formados. No entanto, aos meus olhos, o que as torna irresistíveis é o forte contraste entre sua beleza idílica e seus precipícios aterrorizantes. Qualquer pessoa pode ficar tonta só de olhar os penhascos que cercam a trilha, embora também se possa caminhar tranquilamente por campos gloriosos.

Quase não há mais natureza selvagem nas Dolomitas, apesar de que um terreno tão diversificado esconde nichos e fendas aonde as pessoas raramente chegam. Apesar da incrível popularidade das trilhas e do fato de os abrigos estarem lotados na alta estação, ainda é possível encontrar lugares desertos e momentos de solidão. No calor do verão, chegamos a um canto remoto depois de atravessar os bosques do Val de Rinbianco, na região de Sesto (Sexten, em alemão). Sozinhos e sem estradas ou construções à vista, chegamos a campos alpinos cheios de flores no passo Forcella del'Arghena. E, do outro lado do vale inabitado, podemos ver o Rautkofel (monte Rudo) erguendo-se 2.800m acima do nível do mar. Aqui, são raras as montanhas mais altas que essa, mas sua silhueta aguda cria uma espécie de privacidade. Nesse lugar, também sentimos que a paisagem é intocada – um sentimento agradável quando estamos na natureza.

Mais adiante, chegamos à Alta Via 4, um dos oito caminhos de longa distância das Dolomitas que ligam os abrigos e são trilhas de alto nível. Os números indicam o grau de dificuldade: quanto menor o número, mais fácil a caminhada. A via de número 4 é moderadamente difícil, tem 90km de comprimento e pode ser percorrida em oito dias. Há uma variante, uma trilha em subida chamada *via ferrata*, que oferece uma mescla de caminhada e escalada. Nas passagens mais íngremes há escadas, cordas e, às vezes, pontos de apoio escavados na rocha. Com o vazio sob os pés, essas passagens podem ser apavorantes.

No dia seguinte, quando caminhávamos por outro trecho da Alta Via 4, passamos pelo abrigo Fonda Savio, nos dirigimos para o sul e resolvemos experimentar a *via ferrata*. Ela leva a um desfiladeiro 600m acima do nível do mar, no maciço Cadini di Misurina. A descida do outro lado tem alguns trechos íngremes, com escadas de aço fixadas na rocha que facilitam a travessia, embora não haja nada de muito desafiador nesse local.

A montanha à nossa frente tem vários cumes escarpados, uns próximos aos outros, brilhando graças à rocha dolomita. Sob o sol, essas formações de pura rocha oferecem uma paisagem resplandecente, que fascina não só os montanhistas de todas as partes do mundo, mas também artistas e escritores. Gustav Mahler compôs sua nona sinfonia durante uma temporada aqui. Henrik Ibsen também descobriu a região. Franz Kafka escreveu frases significativas em uma carta à namorada, e suas palavras resumem bem as Dolomitas: "Que terra é esta! Meu Deus, se você estivesse aqui!".

Mont Blanc

A GRANDIOSA JORNADA

As estrelas formam linhas tênues no céu noturno acima do Mont Blanc. Esta foto de longa exposição foi tirada quando acampávamos acima do Val Veni, do lado oposto da imponente face sul do maciço, que fica na Itália. São 3.000m do fundo do vale até o topo.

Um caminhante dedicado provavelmente diria que Jill e eu estamos trapaceando, mas é bom não ter que iniciar a caminhada por uma encosta muito longa e íngreme. O teleférico de Les Houches nos transporta até o Col de Voza. Em alguns pontos do Tour du Mont Blanc, você pode se poupar com a ajuda de funiculares ou ônibus.

Do outro lado, descemos para o vale Montjoie, passando por chalés em cujas janelas as floreiras transbordam. As vilas alpinas nos trazem uma lembrança imediata: por mais selvagens que pareçam as montanhas, estamos viajando por uma antiga paisagem cultivada. No primeiro dia, caminhamos por estradas asfaltadas e trilhas que se entrecruzam, passando por construções amontoadas, pastos e bosques de pinheiros.

Estamos percorrendo uma das mais tradicionais trilhas do mundo, o Tour du Mont Blanc. As montanhas que nos cercam são consideradas entre as mais belas, e o nome, Mont Blanc, descreve não apenas o pico mais alto, mas também uma cadeia compacta, uma magnífica cidadela de 25km de comprimento feita de rocha, neve e gelo, com 400 picos e cerca de 40 geleiras, que abriram caminho pelo leito de rocha e criaram altos e baixos que rivalizam com os do Himalaia. De Chamonix, cidade que fica no sopé dos montes, são 3.700m em linha reta até ela.

Ao longo dos picos correm as fronteiras nacionais da França, da Itália e da Suíça, e a cadeia de montanhas é delimitada por sete vales. Eles formam as linhas naturais do Tour du Mont Blanc, abreviado para a sigla TMB, que se vê nas placas de sinalização pelo caminho. Mas a trilha não percorre apenas o fundo dos vales; longos trechos escalam as encostas das montanhas e atravessam no mínimo seis desfiladeiros estratégicos, dependendo da rota que se escolha seguir.

A primeira pessoa a contornar o maciço, em 1767, foi Horace Bénédict de Saussure, próspero cientista de Gênova que se apaixonou pela paisagem. Mais tarde, ofereceu uma recompensa a quem conseguisse subir o monte. Isso foi o catalisador do esporte atualmente conhecido como escalada. Em 1783, Gabriel Paccard, um médico de Chamonix, fez uma tentativa malsucedida com Marc-Théodore Bourrit, de Genebra, que depois escreveu um livro sobre a aventura. Nos anos seguintes, os dois, como muitos outros, voltaram várias vezes aos picos.

Alguns caminhantes percorrem a rota que leva do lado suíço ao desfiladeiro Fenêtre d'Arpette, no fundo do vale. Por aqui passa a fronteira com a França.

Les Drus emerge das nuvens e revela a face escarpada dessa montanha de granito. Os livros o chamam de "a joia da coroa de Chamonix". Ele é considerado uma das mais desafiadoras *aiguilles* (agulhas) do Mont Blanc.

Paccard cobiçava o prêmio e convidou Jacques Balmat, um jovem colecionador de cristais, a acompanhá-lo. Perto do topo, os dois encontraram problemas, e Balmat quis voltar, mas Paccard o convenceu a seguir. Às 18h10 de 7 de agosto de 1786, os dois pisaram o teto da Europa. Por muito tempo, o Mont Blanc foi o monte mais alto do mundo a ser escalado.

Seu sucesso deixou Bourrit louco de inveja. Em um artigo, ele tentou manchar o nome de Paccard, alegando que Balmat praticamente o arrastara até o topo. Paccard encarou o caso filosoficamente, mas o estrago estava feito, e aos olhos do público apenas Balmat se tornou um herói. Ganhou fama internacional e foi homenageado com uma estátua no centro de Chamonix. Só por ocasião do bicentenário da primeira escalada foi erigido um monumento de bronze em honra de Paccard.

Do vale Montjoie, atravessamos os bosques em direção aos campos alpinos acima da linha das árvores. Viajávamos em meio a uma procissão de caminhantes que subiam com esforço em direção ao Col du Bonhomme. Ali, descansamos por algum tempo, cercados por uma vista ilimitada – sensação até estranha se você quiser gastar um centavo que seja! Para quem quer se isolar do grupo, o melhor lugar é uma encosta logo acima. No Col des Fours alcançamos o desfiladeiro mais alto da trilha, 2.710m acima do nível do mar. Dali, pode-se pegar um curto desvio para Tête Nord

des Fours, de onde se avista o flanco oeste do Mont Blanc. Foi aqui que Saussure chegou em 1781, e fazemos o que ele fez, absorvendo a grandiosidade da paisagem. A trilha desce para o Vallée des Glaciers, o menor dos sete vales, mas ficamos na encosta, onde montamos nossa barraca. A convite do crepúsculo, acampamos num lugar de onde podemos ver todas as montanhas. O abrigo mais próximo fica no fundo do vale – uma localização não muito atraente.

Col de la Seigne, o próximo desfiladeiro, faz fronteira com a Itália. É uma trilha muito antiga, que provavelmente foi usada por Aníbal, general e estadista de Cartago, quando cruzou os Alpes trazendo elefantes em 219 a.C. Do outro lado, vimos pela primeira vez a imponente encosta sul do Mont Blanc. Como o bom tempo persistia, ousamos experimentar uma rota mais alta do que a trilha normal. Nosso objetivo era o monte Fortin. Os caminhos alternativos dão um tempero extra ao TMB. Você pode adaptá-los de acordo com sua habilidade e o clima predominante.

Numa rota que quase não havia sido trilhada, subimos em direção a um novo desfiladeiro, de onde avistamos a Itália. O caminho continua abaixo de uma montanha que oculta o Mont Blanc, e então alcançamos um ponto cuja vista nos induziu a permanecer por um longo tempo. A face sul do Mont Blanc é tão impressionante que eu a comparo ao Himalaia. A nossos pés situa-se o Val Veni, uma área verde com pastagens convidativas. Como uma enorme cabeça de morsa, cujos dentes são dois pequenos glaciares, a rocha escura rachada como uma pele enrugada e uma fronte saliente, o monte mais alto dos Alpes alcança 3.000m em um único movimento a partir do fundo do vale. Em nenhum lugar da Europa a paisagem é mais majestosa. Além de tudo isso, temos o privilégio de acampar com esse panorama à nossa volta.

Enquanto tomávamos o café da manhã na frente da barraca, sob o sol quente, passaram por nós os primeiros caminhantes vindos do abrigo Elisabeth Soldini, lá embaixo no Val Veni. O TMB continua pela encosta do vale oposta ao Mont Blanc, onde todas as trilhas são fáceis e a vista torna-se mais sensacional do que nunca. Os picos nos inspiram com suas formas encantadoras e seus lindos nomes: Aiguille Noire du Peuterey, Dent du Géant, Grandes Jorasses. É pura poesia.

Em Courmayeur, começaram a formar-se nuvens pesadas, e no dia seguinte tomamos o ônibus para Val Ferret, no fim da estrada, de onde seguimos a pé para a Suíça. Várias tempestades caíram sobre as montanhas, e chegamos à cidade de La Fouly sob chuva. Passamos a noite num *gîte d'étape*, uma hospedaria particular. O trecho suíço do TMB é mais calmo, ou pelo menos foi o que nos pareceu quando percorremos os bosques de Val Ferret em direção à cidade-spa de Chamonix. Para nosso prazer, a paisagem então assume um novo crescendo. Optamos pela alta rota sobre o passo Fenêtre d'Arpette. A procissão de turistas reaparece, e, na última subida até uma fenda na cadeia de montanhas, temos que entrar na fila. Mas o astral está tão bom que há um empurra-empurra entre as paredes de rocha. A trilha do outro lado é igualmente íngreme, e, mais adiante, descemos uma longa encosta, paralela ao deslumbrante glaciar Trient.

Páginas anteriores: do Lac Blanc pode-se avistar, além do vale Chamonix, o coração do Mont Blanc. A geleira Mer du Glace estende uma língua de gelo em frente à maciça face norte das Grandes Jorasses. À esquerda, ergue-se o Petit Dru.

O Mont Blanc e a ponta escura da Aiguille Noire du Peuterey se refletem no pequeno lago Chécroui, do lado italiano.

Há mais um desfiladeiro antes de retornarmos à França. No Col de Balme, antes de voltarmos a descer para o vale Chamonix, um abrigo nos oferece o conforto há muito desejado. Infelizmente, uma nuvem paira sobre as montanhas e não conseguimos ver nada, mas no dia seguinte o tempo está perfeito de novo. Caminhamos num ritmo confortável até a Aiguillette d'Argentière. O TMB acompanha os amplos ressaltos da montanha no Massif des Aiguilles Rouges, bem acima do vale. Depois de uma passagem difícil, por escadas fixadas na rocha, chegamos ao Lac Blanc, cujas margens estão cheias de gente. Ao fundo, ergue-se o Mont Blanc, coberto de neve e gelo, e com nossos binóculos podemos rastrear a rota de Paccard e Balmat até o topo. Pobre Paccard! Em que cilada ele se meteu!

No último dia da jornada, desfrutamos um almoço delicioso e um bom vinho em Brévent, que para muitos tem a melhor vista do Mont Blanc. Dali descemos para Les Houches e completamos o circuito da grande excursão alpina.

Creta

AS MONTANHAS DOS PASTORES

A neblina sobe da profunda garganta Samaria enquanto percorremos a estreita trilha de pedra a 1.500m de altitude. Bosques cerrados de juníperos e cedros cobrem as encostas da cadeia de montanhas Lefka Ori.

"Vamos a Creta para umas férias ensolaradas", sugere minha mulher. Acho uma ótima ideia, desde que façamos mais do que apenas lagartear ao sol. Uma caminhada pelas montanhas, por exemplo. Esse súbito impulso nos faz embarcar num voo fretado, de botas e com uma mochila lotada de equipamentos para uma aventura ao ar livre. Nosso destino é Chania, cidade situada na parte ocidental da ilha. Ali, nos hospedamos no hotel incluído na viagem, que será nosso "acampamento base".

Creta é um lugar esplêndido para caminhadas. Tem magníficas paisagens de montanha, talvez as mais impressionantes que a Grécia tem a oferecer. O maciço mais alto é Psiloritis, situado a 2.456m de altitude no centro da ilha, mas foram as Lefka Ori (Montanhas Brancas), mais a oeste, que ficaram famosas como a terra prometida dos caminhantes, uma área de cerca de 30 por 30km sem trilhas. O ponto mais alto é Pékhnes, apenas 3m mais baixo que Psiloritis. O povo de Creta brinca que os fãs das Lefka Ori querem construir um grande monumento no topo para fazer da montanha a mais alta da região.

As serras são de calcário. As partes mais altas cobrem-se de neve no inverno, e as rochas claras refletem a luz do sol com tal intensidade que parecem brancas mesmo no verão. Daí seu nome. São mais de 30 picos acima de 2.000m, e toda a cadeia apresenta um forte relevo acima do Mediterrâneo, que fica apenas 10km ao sul. Cerca de 50 profundas ravinas cortam a rocha calcária, sendo que a mais famosa é a garganta de Samaria, muito procurada para viagens de um dia.

Aqui estamos nós, na primeira semana de novembro, mas Samaria está fechada para a temporada. Isso não nos afeta, porque nosso objetivo são as montanhas Brancas. Alugamos um carro e rodamos até o fim da estrada, em Xiloskalo, onde começa a rota que desce para a famosa garganta. Daqui também se pode tomar uma trilha que leva às Lefka Ori. Para começar, caminhamos com dificuldade por um trecho de pedra cheio de curvas em direção ao abrigo Kallergi, que oferece alimentação e hospedagem, desde que se faça a reserva com antecedência.

O dia está ensolarado, e o suor escorre por nosso corpo quando subimos os morros com nossas mochilas preparadas para acampamento. A vista do abrigo é impressionante, sobretudo quando se olha para as profundezas da garganta Samaria. As montanhas que vemos têm os cumes arredondados, mas encostas íngremes, cobertas por um maqui baixo, formado de arbustos e plantas espinhosas.

A trilha de pedra nos leva ao fundo das remotas Lefka Ori, onde os montes parecem perturbadoramente semelhantes e a topografia não revela perfis agudos. Os cumes ondulantes e nus dominam o panorama em todas as direções. A paisagem parece deserta, e, quando uns velhos pastores caminham em nossa direção, rindo alegremente, é uma surpresa. Num alemão hesitante, tentamos nos entender. Eles parecem estar descendo depois do trabalho terminado. São muitas ovelhas e – principalmente – cabras, mas infelizmente o pasto dos animais custou caro à vegetação natural. Quando os pastores passam, estamos de novo sós em meio àquela árida paisagem montanhosa, até que, de repente, avistamos três caçadores de pássaros alguns quilômetros à nossa frente. A comunicação com eles é primitiva, porém conseguimos entender que eles também estão descendo. Não esperávamos encontrar habitantes locais aqui em cima. Quando eles desaparecem, o silêncio volta a reinar.

Ciprestes crescem nas encostas das montanhas. Essa árvore é comum em toda a região mediterrânea.

Um pastor descansa sobre os arbustos espinhosos do maqui. Os principais animais das montanhas são cabras, cujos hábitos alimentares causam consideráveis falhas na vegetação.

Enquanto a tarde cai rapidamente, encontramos um bom lugar onde acampar em meio às samambaias, a um passo da trilha.

As Lefka Ori exigem muito do caminhante. Só há alguns poucos poços com água, e, portanto, é preciso carregá-la em grande quantidade – a altitude, o calor e o esforço nos deixam sedentos. O clima é instável. Sob o sol de verão, o calor é ardente, mas de repente uma tempestade pode transformar a caminhada numa aventura arriscada. Não há muitas trilhas, e várias não possuem nenhuma sinalização. Longe delas é fácil se perder. Todos esses fatores tornam a região selvagem, ou seja, atraente para os caminhantes – do meu ponto de vista, pelo menos.

No dia seguinte, bem cedo, estamos sentados em uma rocha, vendo lá embaixo a garganta Samaria, onde giram umas poucas nuvens. Depois, caminhamos ao longo da Trilha Europa, que segue por mais umas dezenas de quilômetros pelas montanhas até a cidade de Anápolis. Quando chegamos a uma selada entre os picos de Mávri e Melidaú, podemos ver que a paisagem nada mais é do que um amplo e elevado deserto alpino, com lindas encostas cor de terra, plantas esparsas, muitas pedras e picos arredondados. Lefka Ori é simplesmente um lado de Creta muito diferente do que se mostra nos guias turísticos.

Montes Pirin

UMA INESPERADA VIAGEM

Do monte Vichren, podemos avistar a paisagem deserta de granito do parque nacional até o pico triangular de Kamenica, com 2.822m de altitude. No primeiro plano, vê-se um oco na montanha, isto é, um circo de erosão.

"Pirin tem as montanhas mais escarpadas da Bulgária", diz nosso guia, Kostadin. "Faço trekking lá sempre que posso. Os bosques são maravilhosos, e as montanhas, íngremes. Há muitos lagos no fundo dos precipícios. Brilham como joias. Nós, búlgaros, adoramos lagos, que não são muitos em nosso país. Para nós, essa região é uma paisagem indomada."

Meu parceiro e eu concordamos polidamente. É uma alegria ouvir um patriota declarar seu entusiasmo, e Kostadin parece saber o que está dizendo. Ele nos dá diversas dicas enquanto comemos nosso almoço debruçados sobre um mapa, porém vamos viajar sozinhos e cruzar os montes em uma semana. A travessia do Pirin acompanha as cristas do norte para o sul, percorrendo a cadeia de montanhas assoladas por tempestades que se localizam entre áreas cultivadas. Para aqueles que não conhecem nada melhor, a paisagem parece surpreendentemente alpina e intocada. Aqui, as claras rochas de calcário, adornadas de plantas raras, encontram-se lado a lado com os picos de granito que se agigantam, escuros e pobres em matéria de botânica.

Kostadin nos leva de carro até o abrigo Vichren, na periferia dessa paisagem alpina. No ponto onde as encostas se estreitam para um vale profundo, oculta-se um castelo de pedra, cercado por um pinheiral. Como estamos em meados de junho, a temporada mal começou. Saímos para uma caminhada vespertina, seguindo uma trilha íngreme que passa por bosques de pinheiros. As cores são sutis, a relva esbranquiçada como palha, as encostas quadriculadas por pedaços de neve. O início do verão é uma época espartana, mas agitada. Tapetes de açafrão selvagem cobrem um prado. A trilha leva a um vale abaixo das íngremes paredes da montanha. Os contornos do Pirin são agudos graças a pequenos nichos de geleiras há muito desaparecidas, que esculpiram a paisagem. Caminhamos do vale até um platô, e daí em diante só há o cone de calcário do cume acima de nós.

De Vichren, a segunda montanha mais alta da Bulgária, a 2.915m de altitude, podemos avistar a fantástica região que estamos prestes a explorar. Picos e mais picos estendem-se para o sul, em uma área de granito como um indomável império

balcânico, não infinito, porém ondulante e comovente. E na direção oposta vê-se a mais estreita das cristas, que conduz aos picos de calcário em formato de pirâmide, ao norte.

Páginas anteriores: Uma nevasca em junho salpicou a paisagem no Glavniski Cirkus. O nome Pirin tem origem no deus eslavo do trovão, Perun. Segundo o mito, ele atravessava a Terra com um saco cheio de pedras imensas, que, sendo pesadas demais, certa vez caíram no chão, formando o Pirin.

Aqui em Vichren, iniciamos nossa travessia do Pirin e entramos na área de granito. A partir do abrigo, a trilha serpenteia entre bosques de pinheiros e nos leva a um nicho de geleira que parece uma caldeira. No mapa ele se chama "Bandiriski Cirkus", e decidimos batizar a travessia do Pirin de "circus tour", porque leva a uma bacia, subindo uma montanha e depois descendo para uma baía do outro lado.

Começa a chover e depois cessa, mas as nuvens vieram para ficar. Do vale, são 2.400m até o alto do Vazela, onde o caminho continua num nível mais alto. Andamos com esforço pela neve macia até a crista, e então os trovões começam a rugir. De repente, o lugar parece ameaçador. Abandonamos imediatamente a trilha alta e atravessamos direto para a arena seguinte, acompanhados pelos fortes estrondos do céu. Montamos a barraca à beira de um pequeno lago, ao mesmo tempo que começa a nevar e os trovões arrefecem. Aqui estamos protegidos.

A rota improvisada continua abaixo da crista, por onde corre a trilha. Passamos por outro nicho de geleira e voltamos à trilha. Imediatamente depois começa a outra subida, quando volta a chover e por um momento temos consciência do vazio abaixo de nós. Apesar dos 2.400m de altitude, os pinheiros ainda nos fazem companhia – até no topo encontramos uma árvore entre as rochas áridas. Esse penacho dá à paisagem um caráter único.

A travessia do Pirin é uma subida em zigue-zague, e a topografia é engraçada. As montanhas não são nem muito fáceis nem muito difíceis. Parecem pérolas num cordão, e, como não são grandes demais, podemos atravessá-las em cerca de uma hora. Elas oferecem ao caminhante rápidas mudanças de cenário, mas hoje não podemos ver muita coisa, apenas sentimos as variações em nossas pernas.

O lago Tevnoto Ezero é o coração do Pirin. O gelo ainda não derreteu, e a neve espessa, aliada ao clima inóspito, nos faz apreciar a cabana perto da margem. Na sala principal, encontramos um homem de meia-idade que fala inglês. Alexander Marinov estudou nos EUA e está apaixonado pelo Pirin. "Vou subir até o monte Orlovec para ver os três lagos no Kremenski Cirkus", ele diz, e nos mostra um postal na parede. "Aí está, o lugar mais belo da Bulgária. Vocês já viram Kamenica?" Balançamos a cabeça, sem saber ao certo do que se tratava. "Uma imponente montanha", ele diz. "Vocês podem vê-la da porta."

O dia seguinte amanhece com uma luz brilhante, e finalmente Kamenica emerge, uma verdadeira catedral de rocha escura 2.822m acima do nível do mar. Caminhamos pelos áridos arredores, subimos uns montes baixos e estudamos as plantas que se aventuraram a brotar em meio à neve: prímula anã, floco-de-neve e maços de açafrão.

Alexander sugere uma rota diferente da que pretendíamos fazer. "Para o sul, a travessia do Pirin é enfadonha e menos interessante", ele diz, e marca no mapa uma

A cabana de Tevno Ezero fica no centro da região. No verão, costuma encher-se de caminhantes. Os búlgaros adoram caminhar nas montanhas.

rota mais gratificante. Deixamos Tevno Ezero logo em seguida e tomamos a direção oeste, cruzando um desfiladeiro no vale Dolina, onde acampamos num lindo prado cercado por montanhas íngremes. Esse é mesmo um típico lugar selvagem.

Nossa rota agora nos leva por áreas habitadas e terras férteis, onde o gado pasta. Quando contornamos uma pequena colina gramada, três grandes cães pastores saltam e correm em nossa direção, salivando. Felizmente, sempre levo comigo um robusto cajado e, se os cachorros se aproximam, eu automaticamente contra-ataco, surpreendendo a mim mesmo tanto quanto a eles, que param e ficam latindo, furiosos, quando atiro pedras na direção deles. Isso os afasta, mas eles nos seguem por um curto trecho, rosnando.

A cabana Kamenica está bem escondida na floresta. Daqui, uma trilha de jipes desce para uma vila, de onde a estrada continua para a cidade de Sandanski. Alguns guardas do parque nacional estão sentados na construção vazia. Um deles fala alemão e nos conta de um atalho, mas não entendemos. Logo depois os guardas reaparecem em seu jipe de fabricação russa. Oferecem-nos carona e nos contam que estão procurando caçadores ilegais. Seguem para Sandanski, aonde chegamos bem na hora de tomar o ônibus para Sófia. O fim da viagem, que foi quase tão improvisada quanto planejada, termina de uma maneira inesperadamente simples.

Ilha de Skye

O CÉU AZUL SOBRE A ILHA DAS NUVENS

Num fim de tarde claro, a luz vai esmaecendo sobre os pastos de Glenbrittle e Sgurr Alasdair, o pico mais alto do Black Cuillin. Os vikings noruegueses ocuparam Skye durante 400 anos e a chamaram de ilha Skuy, que significa "Ilha das Nuvens". Em gaélico, seu nome é Eilean a' Cheo.

"Só há dois tipos de clima", diz o alpinista Bob Whittow quando nos conhecemos em um pico no Black Cuillin. "Na maioria dos dias chove. É isso que você deve esperar. Então o tempo muda, como hoje, você fica feliz e perdoa o clima."

Eu sei o que isso significa. As "montanhas negras" no Black Cuillin desfrutam o sol numa alta pressão estável, e caminhar pelo maciço está se tornando uma odisseia tranquila. Começa com um despertar bem cedo em Glenbrittle, aos pés da montanha. O Black Cuillin fica no lado sul da ilha de Skye, que faz parte das Hébridas Interiores. Aqui estão as mais impressionantes montanhas da Grã-Bretanha. Os alpinistas acorrem às faces rochosas, e os caminhantes também são atraídos para cá. O maciço escarpado e os campos de pasto, que descem gradualmente em direção ao Atlântico, formam uma rara combinação: litoral, habitação humana e pastos.

Estou aqui de férias com a família, mas tenho um dia só para mim. Minha rota se chama "travessia" e acompanha as cristas rochosas que formam uma ferradura ao redor do profundo vale Coire Lagan, em cuja base há um pequeno e encantador lago. A travessia vai de um pico a outro, subindo e descendo os estreitos túneis entre eles. Por longos trechos, passa por estreitos rebordes rochosos. No ponto mais alto, atinge quase 1.000m acima de Glenbrittle, e a caminhada varia entre escaladas íngremes e subidas fáceis. Como estou andando sem uma corda, preciso tomar mais cuidado nas passagens mais expostas. Meu equipamento consiste em uma pochete com uma câmera e uma minúscula mochila com garrafa térmica e sanduíches. Estou vestido com camiseta, shorts e botas.

Graças a essas roupas leves e à pouca bagagem, sinto uma rara ligação com as montanhas. Geralmente, escalamos os picos carregando muito peso. A rocha chega a queimar de tão quente, e a paisagem mostra seu lado mais bonito com esse tempo bom. O Black Cuillin é sinônimo de natureza selvagem – encostas emaranhadas e pináculos escarpados. O Atlântico, com suas ilhas e o mar infinito na direção contrária, é a imagem da liberdade. Juntos, os cenários reforçam minha sensação de independência e humildade em face da natureza. Além disso, ao subir sem corda ou equipamento de segurança (que em geral pesa muito) e tocar as rochas com as mãos quando me alço sem acrobacias, sinto uma afinidade física com a montanha. Essa simplicidade de uma escalada desafiadora, a beleza da paisagem e o clima contribuem para uma experiência da natureza como nunca tive.

Sgurr Alasdair é o pico mais alto do maciço, com 993m de altitude. Ali encontro Bob Whittow e três outros alpinistas. Eles vieram de Edimburgo para aproveitar a alta pressão do fim de semana. "Um alpinista que se preze não pode perder uma oportunidade como esta", ele diz. Como o grupo está indo na mesma direção que eu, juntamos nossas forças.

O Black Cuillin é constituído de gabro, uma rocha dura e escura que dá à região um aspecto característico. Sua singular qualidade se torna evidente quando a comparamos com os maciços vizinhos, que são mais arredondados e de cor mais clara – especialmente o Red Cuillin, com seus afiados domos de granito. Dos dois tipos de rocha encontrados no clima úmido da ilha, o gabro é o que mais se desgasta – o que explica seus picos recortados –, além de ser magnético e interferir nas bússolas. Em alguns lugares, o macio magma vulcânico penetrou nas rachaduras da rocha, formando fendas.

Alcanço uma dessas fendas, abaixo do topo do Sgurr Mhic Coinnch. Do outro lado, os escoceses escalam, sem corda, uma rampa chamada Collies Ledge, que sobe em diagonal pela encosta até a parte mais alta do pico. Essa passagem parece perigosa, mas a rampa de 1m de largura se revela segura para caminhar mesmo sem uma corda, apesar da náusea que sinto.

Os nomes dos lugares nesta região são de origem gaélica. Sgurr Alasdair significa "Pico de Alexander", uma homenagem ao xerife Alexander Nicholson, o primeiro a escalá-lo, em 1873. O pico é um dos vinte do Black Cuillin acima de 914m de altitude. Esse número, que corresponde a 3.000 pés, é um número mágico para o montanhismo britânico! Nesse país, as pessoas se referem respeitosamente aos "munros", montanhas acima dessa altura. O termo vem de Sir Hugh Munro, que em 1891 publicou uma lista dos picos escoceses mais altos que isso. Ele queria dar ordem e método à topografia, mas não suspeitava do efeito que sua lista teria. Com isso, iniciou um novo esporte: escalar munros. Na Grã-Bretanha, um alpinista deve pôr os pés no maior número de munros possível. Sir Hugh identificou 545 picos dessa altura mágica, dos quais 277 são maciços independentes. Eu mesmo colecionei cinco munros nesse dia glorioso.

Bob tenta me fazer escalar mais um, o Pináculo Inacessível, um rochedo fálico empoleirado em outro munro chamado Sgurr Dearg. Ele só pode ser alcançado por uma trilha curta, mas muito exposta. Temos uma acalorada discussão sobre os riscos e acabo declinando do convite de me juntar ao seu grupo munido de cordas. Meu interesse por escaladas arriscadas não é tão grande quando a família me espera lá embaixo na barraca. Então, tomamos caminhos diferentes.

Um alpinista põe-se de pé sobre uma borda do Sgurr Alasdair. A montanha ao fundo é chamada de Bla Bheinn ou, às vezes, de Blaven, que significa "montanha azul", a 8km dali. Mais distante, veem-se as colinas do continente escocês.

Sarek

O VALE DOS ALCES

O Bielloriehppe ergue-se 1.300m acima do fértil delta do Rapadalen. O Sarek tem três grandes deltas, que se formaram dos sedimentos gerados pelo derretimento de geleiras. Na densa floresta de bétulas no fundo do vale, a vida selvagem é abundante.

Finalmente, podemos ver de perto um dos reis do delta do Rapadalen. O grande alce vem caminhando por um bosque de vidoeiros retorcidos. Majestoso e decidido, vem direto em nossa direção, aparentemente indiferente à nossa presença. Não precisamos ficar imóveis quando ele passa a apenas 9m de nós e continua seu caminho entre as árvores atrofiadas de seu reino selvagem. Assobiamos e mudamos a posição da câmera, e ele não dá a menor importância. Seus grandes chifres em forma de pá se inclinam um pouco, mas seu corpo forte não recua diante de nada. Este é seu território. É época do cio, quando a moderação é esquecida. Um adversário com os chifres polidos descansa na relva alguns quilômetros à frente. Ao redor dele há um círculo de fotógrafos da vida selvagem. Todos querem um close desse régio animal.

No Parque Nacional de Sarek talvez vivam os maiores alces da Europa. Aqui, a vegetação oferece pastos excelentes, e eles crescem protegidos em seus vales inacessíveis, onde a caça é proibida desde 1909, quando a Suécia criou os primeiros parques nacionais da Europa. Com isso, o Sarek tornou-se uma lenda – considerado o paraíso da vida selvagem e dos trekkers, foi mais tarde declarado patrimônio da humanidade. A região sul do parque tem vales profundos, cobertos de florestas luxuriantes, deltas pantanosos e uma fauna muito rica. No norte, a paisagem é mais árida, e os vales não têm árvores, mas charnecas, pastos, terrenos rochosos e menos vida selvagem. Entretanto, em toda a área há íngremes maciços, geleiras, rios estrondosos e lagos verde-azulados, uma impressionante paisagem que desafia qualquer descrição.

O Sarek sempre representou muito para mim. Foi aqui que aprendi a praticar trekking e a apreciar a vida selvagem. Depois de quase 40 anos de trilhas pela região, minha memória já não consegue se lembrar de todas. Após caminhar por fantásticas regiões montanhosas em outros continentes, ainda considero esta uma das regiões mais extraordinárias para o trekking. Aqui eu me sinto em casa, o que pode me influenciar, mas o parque tem qualidades raras que todo mundo pode apreciar.

Os contrastes. Num curto espaço, as trilhas vão de altas a baixas altitudes. O platô de Luottolako é estéril, como um deserto perto do polo Norte. O bosque de bétulas de Rapadalen, a 10km de distância, é tão emaranhado quanto uma floresta tropical.

A luz. Muda constantemente com as estações. Ilumina as noites de verão com o sol da meia-noite, os dias escuros do inverno com a aurora boreal.

O clima. Em geral inconstante, exposto a tempestades vindas do Atlântico, com muita chuva, muito sol, ondas de calor e às vezes nevascas, mesmo no verão.

Vazio. Nenhum abrigo e nenhuma trilha sinalizada. As viagens se tornam pequenas expedições. É preciso carregar tudo na mochila e tirar no mínimo uma semana.

Contudo, a maior parte é topografia – uma estimulante topografia. O território é ideal para a prática do trekking, o que você pode ver pelo mapa. O Sarek produz uma cartografia interessante. Altos picos, com suas geleiras, se concentram nos maciços que margeiam os vales. Isso dá ao mapa do local certa similaridade com os mapas urbanos, se é que se pode fazer tal comparação com uma região selvagem. Os vales são como estradas, que se entrecruzam e são mais estreitos que largos, enquanto as montanhas se elevam como prédios de apartamentos. No mapa já é uma paisagem atraente, mas são as viagens que lhe dão vida.

Tanto que eu e meus companheiros não vamos ao Sarek para seguir a pista de animais selvagens. Ursos e *wolverines* também são encontrados no parque. Mas estamos aqui como trekkers, ou seja, para caminhar pelo lugar. Queremos ver as variações de paisagens de um vale para outro, encontrar novos campos de morangos silvestres, escalar picos e conhecer toda a região. Saber que os animais têm um santuário nos deixa felizes. Vê-los é um bônus, mas é a montanha que nos atrai.

Dias depois partimos para outra viagem pelo Jilavagge, um dos vales menos visitados do parque nacional. Em setembro, o lugar está completamente vazio. No auge do verão, alguns milhares de pessoas atravessam os vales mais conhecidos, mas,

Páginas anteriores: com a neblina cobrindo os picos do Sarek, dois caminhantes alcançaram o topo do Gådoktjåhkkå, a 1.928m de altitude, no sul do Rapadalen. Entre os picos é fácil distinguir, no centro, o Sadelberget (Montanha Sela). Um famoso pioneiro do parque, Axel Hamberg, chegou até lá em 1901. Ainda temos a mesma vista que ele vislumbrou. É uma paisagem fora do tempo.

Um alce de chifres polidos passeia majestosamente por um dos pântanos do Rapadalen. Durante o inverno, a maioria deles deixa o Sarek e desce para as florestas de pinheiros mais a leste.

No outono, o nível da água em geral está baixo. Uma trilha irregular acompanha a margem dos lagos e rios de Rapadalen.

quando as montanhas se cobrem de neve e o inverno se aproxima, pouquíssimas pessoas escolhem essa rota. Portanto, essa é a melhor época: sem mosquitos, apenas vibrantes cores outonais e dias claros como cristal.

Escalamos as montanhas e tentamos identificar outros picos velhos conhecidos de um ângulo até então ignorado. Quando reconhecemos um deles, é mais fácil distinguir os outros. O terreno montanhoso nos faz querer fazer exercícios onde estivermos. Essa é uma das atrações do trekking. Isso, mais a vida selvagem, nos traz de volta ao Sarek várias vezes. Somente o rápido rastro de um jato cruzando o céu indica que essa região faz parte de um planeta povoado.

Kebnekaise

O PICO GELADO

A inóspita paisagem de janeiro é gelada e azul. À esquerda, Tarfaladalen, o majestoso pico norte de Kebnekaise, veste uma armadura de gelo, e a cabana onde pernoitamos pode ser vislumbrada no vale abaixo. O nome lapão da montanha mais alta da Suécia é Giebnegaise.

O termômetro registra -30°C, e Nikkaluokta, porta de entrada para o monte Kebnekaise, faz jus à fama de lugar mais frio da Lapônia. O ar fustiga, arranhando o rosto como unhas de gato e queimando na garganta como conhaque. Bastante diferente das temperaturas que prevalecem na costa, muito mais altas, o clima aqui no alto dói.

Estamos aqui, Örjan Nyström e eu, em meados de janeiro. Viemos esquiar na montanha mais alta da Suécia – por livre e espontânea vontade, acho que devo acrescentar. Nessa época do ano, é fácil acreditar que somente masoquistas escalam esses picos; no entanto, o pleno inverno tem um charme todo seu. A luz fraca deixa o dia muito estranho, e a sensação de isolamento é estimulante. Não há quase ninguém por aqui. Quando se encontra alguém, é natural entabular uma conversa. Encontramos Lasse Sarri, que veio em sua moto de neve. "O clima esse ano está ameno", ele diz. "Algumas semanas atrás, choveu torrencialmente. O tempo muda muito hoje em dia." Há um rebanho de renas no vale, que, durante o dia, ele ajudou a reunir. Mas não se encontram muitos pastores de renas na Lapônia.

Dois dias depois, a temperatura desceu abaixo dos -30°C. Saímos do complexo turístico aos pés do Kebnekaise, que estava vazio, e subimos para Tarfaladalen. Está bastante difícil esquiar, e a visibilidade é pouca. A neve está cedendo e precisamos erguer os joelhos bem alto para caminhar. Depois de passar a noite em um abrigo, partimos para Storglaciären (o Grande Glaciar). A neve agora está mais firme e a estabilidade é melhor. Apesar do céu claro, a temperatura se mantém em níveis razoáveis, em cerca de -15°C. A altitudes acima de 1.000m, o frio raramente é tão extremo quanto mais abaixo, no Nikkaluokta, que se situa a 500m. O ar frio é pesado e desce.

Rastros de raposas marcam a crosta gelada da Södra Klippberget (Montanha Rochosa Sul). Pegamos uma subida muito íngreme em direção à geleira e, de repente, temos a impressão de estar no Himalaia. Na parede vertical do Kebnekaise, a neve parece creme chantilly. Isso faz a montanha lembrar uma cidadela rochosa coberta de gelo na maior cadeia de montanhas do mundo.

A parte mais alta do glaciar se junta à parte superior das geleiras Isfall e Kebnepakte. Juntas elas formam um planalto, onde duas gargantas em forma de sela oferecem uma pista de esqui levemente ondulante a 500m de altitude. Parece tentador. Assim que a escassa luz do dia se apaga, deslizamos com nossos esquis para o desfiladeiro externo e paramos por um momento sobre um estreito cume coberto de neve que se transforma em uma encosta íngreme e convexa voltada para o norte. Lá no fundo vê-se o lago Tarfal, com seu cobertor branco, e, do outro lado deste estreito vale, o maior pico de todos, Kaskasapakte, envolto por uma crosta de gelo. A paisagem é surpreendentemente alpina para a Lapônia, mas, virando a cabeça 180 graus para o leste, podemos ver que ela se torna mais típica desta região. Atrás da Norra Klippberget (Montanha Rochosa do Norte), a planície se estende em ondulações suavemente arredondadas. Julgamos ver lá longe a silhueta do monte Dundret, certamente a 150km de distância.

Fazia -35°C quando encontramos o Lasse Sarri. Ele é um dos treze irmãos da família Sarri. Seu pai, Nils Sarri, se estabeleceu no povoado de Nikkaluokta em 1910, junto com mais umas poucas famílias.

Örjan esquiou um pouco para longe e parou. Em silhueta contra a neve, ele parece a única pessoa existente no mundo. Temos certeza de que não há outra criatura de duas pernas entre nós e o Nikkaluokta, a 20km daqui. Provavelmente está igualmente deserto muitos quilômetros para oeste, até a costa da Noruega. Nem um sopro de vento perturba a paz. As cores geladas do céu aumentam a sensação de isolamento e vulnerabilidade. Nossas almas estão aquecidas, porém nossos corpos estão frios depois de permanecerem parados por tanto tempo.

Uma longa descida nos aguarda. São apenas 2 horas da tarde, mas, se quisermos evitar a escuridão, precisamos nos pôr a caminho. As encostas do glaciar Isfall descem verticalmente. Andamos em zigue-zague, deslizando entre as torres de gelo e a Södra Klippberget, e finalmente chegamos ao abrigo, que quase não conseguimos avistar.

Quando partimos de Tarfala alguns dias depois, o dia está claro, frio e sereno. Nossa viagem se transforma numa lição de meteorologia. Na saída, a 1.100m de altitude, fazia -10°C. No vale Laddtjovagge, que fica 400m abaixo, o termômetro marcava -15°C, e depois, quando continuamos nossa rota para oeste, a temperatura despencou para -25°C. Apesar do frio, ou graças a ele, fomos abençoados com o lado mais benévolo do clima de inverno nos picos: uma maravilhosa luz e paz interior. Não ousamos contemplar seu lado mais cruel. Uma semana depois, soubemos pelos jornais que um vento terrível, com a força de um furacão, chegou a 80m por segundo em Tarfaladalen. Uma casa vizinha ao abrigo onde passamos a noite foi destruída pelo vento. Imaginem só...

Laugavegur

UMA VIAGEM PELAS CORES

Com 100km de comprimento, o rio Markarfljot tem um cânion de quase 200m de profundidade perto de Laugavegur. Foi formado provavelmente por uma inundação catastrófica há 2.500 anos. Hoje, a água do degelo de Myrdalsjökull corre pela garganta.

"Landmannalaugar" significa "um banho quente para o povo do campo". Foi exatamente assim que começamos: com um banho. O clima está frio, mas fica ótimo quando se chega a uma fonte de águas quentes! As montanhas formam um anel de picos pitorescos ao redor dessa piscina natural. Da fonte brota uma corrente de água quente que se junta a outra de água fria, e, nessa mistura, você pode escolher a temperatura do seu banho. Por um bom tempo, ficamos sentados dentro da água como sapos, e ninguém sai naquele vento frio antes que a pele comece a se transformar numa esponja.

É neste lugar, no interior da Islândia, que a trilha de Laugavegur começa. Aqui não existe apenas uma fonte de águas quentes, mas uma galeria de arte natural. Atrás ergue-se Torfajökull, um vulcão com dois glaciares menores em sua "coroa". Nos últimos 100 mil anos, suas muitas erupções esculpiram e pintaram uma paisagem como nunca vi igual. Uma rocha chamada riólito é responsável pelas cores. Ela teve origem no magma que se cristalizou lentamente à grande profundidade da crosta terrestre. E foi ainda mais embelezada por gases aprisionados. Por onde caminhamos, os picos estão tingidos de lindos tons pastel, quase sempre amarelo, rosa ou azul-acinzentado. E onde o magma foi empurrado para a superfície, esfriou tão depressa que formou a obsidiana, o vidro preto vulcânico. Nós também o vemos.

Tons ferrosos resultantes da percolação da água também fazem parte do espectro, assim como as faixas estreitas de musgo esverdeado e os tapetes verde-oliva de outro tipo de musgo que cresce no cascalho de lava escura. Fontes sulfurosas criam bolhas claras no terreno. Tudo isso forma uma enorme coberta em patchwork.

Laugavegur é um lugar para os que amam a beleza. Começamos por uma viagem de um dia ao redor do Landmannalaugar. Caminhamos por uma estreita fenda na Stóra-Brandsgil, que tem encostas pedregosas em tons de marrom. Aqui a paisagem parece a de Marte. Então, enfrentamos uma subida fácil pela montanha azul-escura de Bláhnúkur. Do topo, temos uma vista panorâmica da paisagem. As encostas são riscadas por ravinas, onde há linhas de neve que não derreteu; entre as linhas vislumbra-se o riólito. A natureza raramente cria uma obra de arte tão bela.

Páginas anteriores: a paisagem é árida onde a trilha serpenteia perto do Kaldaklofsfjöll e de seu glaciar. A montanha é parte da cadeia que forma a grande cratera desmoronada de Torfajökull. Não ocorrem erupções nesta região desde o século XV.

A combinação de cores fortes, formas sugestivas e vegetação escassa é muito fotogênica. O trio de neve derretida, depósitos de óxido de ferro e musgo verde é encontrado em Jökulgil.

Quando subimos a trilha que parte de Laugahraun, podemos ver um grande campo de lava ao norte e fontes de águas quentes borbulhando à sua borda. Além dali fica Landmannalaugar, onde nossa caminhada começou.

Os trekkers islandeses consideram Laugavegur uma trilha esplêndida. Nos anos 1960, membros da associação turística da Islândia descobriram a extraordinária paisagem ao redor de Torfajökull. Começaram a organizar caminhadas regulares, e algumas décadas mais tarde a ideia de uma rota do Landmannalaugar a Thorsmork deu frutos. Os grandes rios glaciais eram um obstáculo a ser vencido. Pontes e abrigos foram então construídos. Em 1978, a trilha de Laugavegur foi inaugurada e rapidamente se tornou popular.

O primeiro estágio nos leva ao monte Reykjafjöll, por um terreno descampado e pedregoso. No todo, a trilha é tão fácil que raramente temos que observar onde pomos os pés. O trecho de hoje não chega a 10km, mas sobe 500m e, no começo, atravessa uma espessa camada de lava. Ele se chama Laugahraun e se estende perto do Landmannalaugar. O vulcão entrou em erupção em 1480. Desde então, musgos e liquens cobriram as rochas angulosas. Onde acaba a cobertura de lava, o vapor de uma fonte sulfurosa forma ondas e jorra de pequenos poços. Podemos ouvir o assobio e sentir o cheiro de ovo podre.

Daqui a trilha sobe uma encosta pedregosa até um platô deserto que faz parte da seção mais alta do Torfajökull. O tempo piora e cai uma nevasca passageira antes que possamos chegar ao abrigo de Hraftinnusker, do outro lado de uma selada entre dois cumes. O abrigo está lotado, o que não é problema, já que temos nossa barraca.

Durante a noite, a camada de nuvens se dissipa e, com o tempo bem melhor, continuamos a viagem por outro platô rochoso entre duas ravinas. Diretamente a oeste, bem longe do terreno multicolorido próximo, ergue-se o vulcão Hekla, mas a trilha segue para o sul, subindo até outro desfiladeiro, com fontes ainda mais fumegantes. Ali, cruzamos uma fronteira natural da paisagem. O terreno de repente muda de forma, torna-se mais ondulado e de cor mais escura. À distância, ergue-se o Myrdalsjökull, uma cúpula impressionante de gelo cintilante. Entre as montanhas corcovadas que existem nessa direção, vemos também um grande lago aparentemente interessante. Depois de uma descida acentuada, chegamos ao Alftavatn (Lago dos Cisnes Tranquilos), onde um abrigo marca o fim desse trecho da caminhada.

Aqui, Laugavegur atravessa uma trilha de cascalho bastante usada. Alguns jipes estão estacionados perto do abrigo. Podemos dar conta sem eles, e, como o próximo trecho corre paralelo à estrada, escolhemos nosso caminho pelo lado sul de Alftavatn. Mais à frente, porém, descobrimos que o Blafjallakvisl constitui um obstáculo muito grande e acompanhamos o rio de volta à estrada. Nossa trilha acaba se revelando um desvio, mas, como prêmio de consolação, podemos ver o lado oeste da Storasula, uma montanha muito incomum. As encostas estão cobertas por um musgo tão denso que veste a montanha de uma viva capa verde.

Depois de seguir por 5km e ver jipes deixando atrás de si nuvens de poeira, a estrada se transforma num desolado deserto de pedra, por onde caminhamos em curvas suaves por entre os montes estéreis. O dia termina com uma longa descida para o abrigo em Botnar. Numa pequena e fértil garganta de um riacho abaixo do abrigo, pode-se acampar em meio a angélicas e outras flores.

Daqui pode-se fazer uma excursão ao rio Markarfljot, que escavou a terra num espetacular desfiladeiro de centenas de metros de profundidade, muito colorido, de onde voam fulmares. Caminhamos até a borda, o que nos provoca uma tontura, e nos perguntamos por que esse imenso cânion não é um dos mais famosos do mundo. Naturalmente, porque é bastante inacessível.

O próximo trecho nos leva por uma ponte resistente, construída sobre um ramo lateral da garganta. O rio corre com estrondo sob nossos pés. Adiante de Thorsmork, temos que caminhar pela água de alguns riachos, o que é fácil, pois o nível da água está baixo, e, finalmente, atravessamos uma vegetação espessa. O frondoso bosque de bétulas é uma agradável surpresa, visto que a essa altura já ansiávamos por um pouco de verde.

Laugavegur termina oficialmente em Thorsmork, mas nossa viagem ainda não acabou. Continuamos subindo para o passo entre Eyjafallajökull e Myrdalsjökull. Agora a paisagem se torna ainda mais alpina. A trilha margeia precipícios e profundas ravinas, e, ao fundo, cintilam ofuscantes campos de gelo. No último dia, caminhamos até a mais bela cachoeira da ilha. O rio Skogá despenca por uma borda rochosa e cai 60m até a planície costeira lá embaixo. Não chega a ser Niágara, mas ainda assim é uma impressionante cortina de água, que alegra o coração de qualquer pessoa que ame a natureza. Estendemos nossa viagem por mais dois dias na cachoeira Skogáfoss, o que nos permite observar a gama completa de cenas mutáveis entre o interior da Islândia e a costa do Atlântico. Vale absolutamente cada minuto.

A cachoeira Skogáfoss despenca e borrifa uma linda névoa sobre nós. É aqui que termina nossa jornada, perto da trilha circular que faz um giro completo pela Islândia.

Alto Atlas

A MONTANHA BERBERE

A lua ilumina a neve recente nos picos dessa cadeia de montanhas de 4.000m de altitude chamada Mgoun, e os 20 minutos de exposição fotográfica criam linhas no céu estrelado. Quase 1.000m abaixo dos picos, estende-se o alto platô de Tacheddid.

Já havíamos ouvido falar de Toubkal, o pico mais alto do Marrocos e da cordilheira Atlas, mas onde fica Mgoun? Björn Esping, que sugeriu essa viagem, me mostra um mapa da cordilheira. Sabemos que Mgoun, 4.060m acima do nível do mar, é o segundo pico mais alto. Finalmente o localizamos perto de Marrakech. Hamish Brown, um inglês que conhece bem a região e com quem Björn entrou em contato, foi quem nos recomendou essa caminhada. Nessa parte da cordilheira Atlas, os berberes ainda vivem à maneira tradicional, em vilas aonde as estradas não chegaram. A paisagem é diferente da de Toubkal, onde os picos são escarpados e constituídos de xisto cristalino. Mgoun é formado de rocha sedimentar, que se desgasta facilmente com o tempo. É por isso que existem extensas cristas e longas encostas, assim como profundos cânions. É extraordinário, eu penso, e me sinto cada vez mais fascinado pelas estreitas gargantas.

Viajar em um Land Rover de Marrakech até nosso ponto de partida – a vila de Agouti, no vale Bougoumez – leva um dia inteiro. A partir daqui a viagem é organizada por nosso guia, Muhammed. Um cozinheiro, quatro tropeiros e cinco mulas são fornecidos pela vila, e nós, os quatro trekkers, só temos que carregar uma pequena mochila. Nosso grupo afasta-se das terras cultivadas de um vale e penetra em outro mais estreito, que nos aponta o caminho para os picos nevados. Ficamos imediatamente impressionados com os contrastes. O vale Bougoumez parece fértil, mesmo em outubro, quando começa a colheita das maçãs. Por outro lado, as encostas parecem terrivelmente áridas, com pedregulhos soltos e penhascos escuros. Durante a caminhada, percebemos que esse contraste entre o fundo do vale e os picos é típico da cordilheira Atlas, cujo nome vem do deus grego que carregava o firmamento sobre os ombros e foi transformado no monte.

Assim como no Himalaia, muita gente usa essas trilhas. Os berberes são um grupo étnico do Alto Atlas. Parece provável que tenham chegado até aqui pelo estreito de Gibraltar, mas sua origem é incerta. Na vila de Ait Said, algumas jovens debulham grãos, outras lavam roupa num riacho e outras apenas caminham. Depois daqui, a paisagem se torna mais vazia. Durante muito tempo, somos cercados por densos bosques, que se abrem e nos permitem chegar mais alto nas montanhas.

No caminho encontramos uma fila ininterrupta de berberes, povo que constitui a maioria da população do Marrocos. Eles têm uma língua própria, mas muitos também falam árabe. É uma cultura que existe nos montes Atlas há cerca de 5.000 anos.

Uma jovem berbere caminha entre as casas de tijolos de barro em Megdaz, a 1.960m de altitude. A vila é considerada uma das mais belas dos montes Atlas. As casas de cor ocre se confundem com a encosta, e raramente resistem por mais de 50 anos às chuvas esporádicas e repentinas.

Perto de uma cabana de pedra, um rebanho de ovelhas pasta num prado, vigiado por um pastor. Veem-se juníperos retorcidos nas encostas escarpadas.

Antes que a noite caia, admiramos a pequena ravina onde termina o vale Assif Arous. Os cânions são quase sempre interessantes, mas nesta cordilheira eles são traiçoeiros. Se cair uma chuva pesada, o nível da água sobe rápido e carrega tudo o que encontrar no fundo da ravina. Às vezes ocorrem acidentes fatais, e demorar-se entre as protuberantes paredes do Assif Arous é ao mesmo tempo empolgante e desconfortável. Algumas pessoas diriam que é uma sensação de claustrofobia.

A 2.000m de altitude, ponto que atingimos no dia seguinte, o vale é inabitado. Em uma encosta, veem-se minerais púrpura em meio ao cascalho marrom, e, quando a chuva começa a cair, a paleta de cores torna a paisagem mais ameaçadora. Andamos com cuidado até um desfiladeiro. O pico em forma de pagode do Ighil-n-Ikkis se destaca acima das nuvens. Passando pela longa crista de Jbel Tarkedid e pelo passo a 3.250m de altitude, chegamos a um platô inesperadamente amplo, cercado de picos altos. É aqui que os nômades passam o verão, mas nesta época do ano eles já deixaram a região. O inverno está a caminho, e neva abundantemente durante a noite, que passamos num gelado abrigo de pedra. Ao amanhecer, contemplamos a rara vista de uma África branca de neve. Do outro lado do platô, o cintilante Mgoun é um objetivo

Um cedro solitário foi descoberto neste cânion de quase 1.000m de profundidade escavado pelo rio Tessaout. Seguimos o curso do rio, mas depois de alguns quilômetros paramos diante dos penhascos escarpados.

tentador para um dia de caminhada, mas um dos nossos companheiros passa mal do estômago e decidimos descansar ao invés de subir a montanha.

Uma noite depois, chegamos a Oued Tessaout, a maior ravina nessa parte do Alto Atlas. Cedros nodosos crescem em encostas íngremes e secas ao redor do cânion. Entretanto, o mundo de pedra onde entramos é quase totalmente infértil. De nosso acampamento podemos explorar a ravina e seguir rio acima, cercados por paliçadas de altas rochas de 700m de altura. Usando uma corda, começamos a escalada, partindo desse recesso para chegar ao alto platô de onde saímos, mas resolvemos voltar quando chegamos a uma cachoeira e um descampado, e caminhamos na direção oposta, para longe da ravina. A paisagem muda de repente. O vale se alarga e se torna realmente verde. Num certo ponto, a água do rio foi desviada pelos habitantes para engenhosos canais que irrigam seus pequenos campos. Chegamos a Amezri, uma vila grande, mas isolada. Ouvem-se os gritos das pessoas que trabalham nos campos, e, quando chegamos às casas, crianças curiosas vêm ao nosso encontro.

Nossa viagem continua para oeste por mais alguns dias, ao longo do rio Tessaout. Com tempo bom, atravessamos um campo aberto no fundo do vale, passando por bosques de árvores decíduas e indo de vila em vila. Por onde passamos, vemos berberes lavando, debulhando, cavando, andando a pé ou a cavalo. Durante todo o tempo, somos cercados pelos escarpados montes Atlas, que aqui e ali despencam um pouco ou se elevam a imponentes alturas. Muhammed se encarrega de fazer contato com os aldeões. Algumas casas empoleiram-se nos penhascos como ninhos de águias – ficamos sabendo que as mais sólidas chamam-se *casbahs* e já foram lar de príncipes e potentados. São construções quadradas, com altas torres de defesa nos quatro cantos. No século VII, o Marrocos foi invadido por árabes que disseminaram o islamismo pela população. No Alto Atlas, porém, as mulheres não usam véus. A vida na montanha é dura: vemos mulheres carregando pesados feixes de madeira ou cavando, com as costas curvadas, os campos onde plantam milho.

Mais adiante, o vale se torna ainda mais largo, e, com o nível normalmente baixo das águas, o curso do rio parece uma avenida coberta de seixos. Uma caravana de mulas e berberes itinerantes percorre esse leito seco. Na vila de Ait Ali-n-Ita, um afluente junta-se ao rio, e os dois vales de pedra convergem como um entroncamento de estrada. Paramos aqui algumas noites, numa estalagem à margem do leito do rio. Numa caminhada de um dia, escalamos a encosta do vale até Megdaz, a mais bela e antiga vila berbere dos montes Atlas.

À noite, nosso anfitrião nos oferece uma festa. Serve *mechoui*, um carneiro inteiro assado lentamente num forno de barro. A carne é servida com o tradicional cuscuz marroquino. Vários homens de meia-idade sentam-se num balcão e cantam alto acompanhados pelo ritmo empolgante dos tambores, enquanto as jovens da vila dançam, usando vestidos de cores vivas e botas verdes de borracha – uma visão incongruente. Em nossas viagens pelo Alto Atlas, conhecemos não só a cultura berbere, mas também um cenário natural impressionante.

Simien

AS MONTANHAS QUE CANTAM

Em Chennek, 3.600m acima do nível do mar, o alto planalto etíope termina em um imenso precipício. Da borda do abismo, admiramos o crepúsculo ao norte, onde se destacam duas montanhas em forma de meseta, Amba Toloka e Amba Ton. Em primeiro plano, uma urze viceja a essa altitude. Abaixo, em Simien, crescem árvores que parecem lobélias gigantes, semelhantes às que se veem em outras altas montanhas do leste da África, como o monte Kilimanjaro (ver pp. 100-8).

A vista abrange 180 graus. Embora eu já tivesse lido sobre essa característica e até a esperasse, foi surpreendente. Adoro o fato de a realidade superar qualquer descrição. No final do platô, um profundo abismo se abre em direção ao norte. Paramos à beira do precipício e contemplamos a vista. Abaixo de nossos pés estende-se uma paisagem ondulante em todas as tonalidades de marrom, salpicada aqui e ali por manchas verdes de terra cultivada. No horizonte distante, o calor provoca cintilações através da neblina. As paredes de rocha abaixo de nós são assustadoramente altas e escuras, decoradas com uma vegetação resistente dependurada nos pontos mais expostos.

Depois de ter feito trekking em muitos lugares espalhados pelo mundo, ouso dizer que Simien é uma excepcional paisagem de montanha. A topografia coroa o planalto etíope, a maior região montanhosa da África. Enquanto caminhamos, pela parte norte do país, o platô se eleva num final majestoso que lembra a crista de uma onda, com as faces sul planas e os vagalhões espetaculares de quase 1.500m de altura na encosta norte. É uma região maravilhosa para os trekkers, porém, ao mesmo tempo, muito difícil. Estamos o tempo todo a altitudes entre 3.000 e 4.000m – além disso, o ar é rarefeito.

"As pessoas costumam comparar Simien com o Grand Canyon", diz nosso guia, Addis. Há certas semelhanças na paisagem, com mesetas independentes e profundas ravinas. Mas as cores e os aromas são diferentes, assim como a flora, a fauna e as pessoas. Às vezes somos cercados por povoados esparsos e terrenos cultivados ou muito desgastados pelo pastoreio. A paisagem não é totalmente selvagem. As autoridades do país promovem o parque nacional, com pontos de apoio para os trekkers. Todo mundo precisa ter um guia e um patrulheiro armado da vila local para se proteger dos animais e guardar o equipamento. Nossa expedição é pequena: dois trekkers, um guia, o cozinheiro Jilak, o enigmático patrulheiro Morhusen, que usa um paletó verde de seda e um fuzil *kalashnikov* pendurado no ombro, além das seis mulas que carregam a bagagem. Nosso objetivo é escalar Ras Dashn, a montanha mais alta da Etiópia (e a quarta maior da África), com 4.533m de altitude.

A trilha acompanha o vertiginoso precipício, oferecendo ampla visão da profundidade que nos cerca. Do outro lado e à mesma altura em que estamos, vemos ondas de cristas áridas, esporadicamente intercaladas por vilas e estradas. Nosso adorável acampamento é Chennek, onde somos cercados por babuínos em busca de alimento. A espécie costuma ser chamada de "babuíno de coração sangrando", por causa das manchas vermelhas no peito. São nativos do planalto etíope. Os fortes caninos dos machos inspiram respeito. Eles se pavoneiam arrogantemente à nossa volta, balançando as jubas. Se não fossem tão pacíficos, seu estilo viril assustaria qualquer um. Eles se alimentam principalmente de grama e raízes, mas um babuíno mais audacioso consegue furtar meu almoço num momento de distração.

Imet Gogo fica fora do platô por onde caminhamos e parece um promontório dentro do abismo. Subimos ao topo e descansamos o olhar no enorme espaço entre nós e as distantes montanhas em forma de meseta. Não são picos pontiagudos. No mundo da arquitetura das montanhas, podemos descrevê-los como "funcionalistas". Imet Gogo e os outros picos têm topo plano e paredes verticais. De Chennek, atravessamos o passo Bwait, 4.200m acima do nível do mar. Muitos habitantes da região caminham pela trilha atrás de caravanas de mulas e asnos, que pacientemente carregam produtos entre uma vila e outra. Em Chiro Leba, muitos moradores substituíram as habituais cabanas de barro por chalés com teto de lata.

"A vila quer se transformar numa cidade", diz Addis, quando paramos para descansar na casa de um mercador. A esposa dele está preparando o café. Com 22 anos, Debrito tem dois filhos e é muito bonita. Uma xícara de café é muito apreciada na Etiópia, terra natal do cafeeiro. A mulher mói os grãos e ferve a água numa fogueira acesa no chão de barro. Ela trabalha incessantemente naquela casa escura.

Na descida do monte Inatye, 4.070m acima do nível do mar, para Chinnek, caminhamos à beira de um vertiginoso precipício.

Debrito é membro dos *amhara*, a tribo dominante, que aderiu à Igreja Ortodoxa Etíope, mas também existem muçulmanos nas montanhas. O planalto etíope tornou-se um reino há cerca de mil anos antes de Cristo. Segundo a lenda, aqui se situava o antigo reino de Sabá, cuja rainha foi para Jerusalém e teve um filho com o rei judeu Salomão. Essa criança recebeu o nome de Menelik, de quem descendem, segundo a mesma lenda, os antigos reis da cidade de Aksum, cerca de 100km ao norte de onde estamos. Cem anos antes de Cristo, os reis de Aksum unificaram o país depois de séculos de divisão. Acredita-se que os laços de sangue com Salomão foram mantidos ao longo de toda a história etíope até o imperador Hailê Selassiê, que foi coroado em 1928 e modernizou o país.

Depois do desfiladeiro Bwait, descemos 1.000m até um vale e caminhamos pelo leito do riacho. A montanha acima da vila é mais escarpada do que os penhascos que vimos antes. Agora a topografia mudou, e a paisagem é mais austera. No alto fica Dashan, o teto da Etiópia. Na vila de Ambiko, montamos acampamento para passar a noite. Podemos ouvir crianças brincando e o cortejo constante dos moradores das montanhas. A toda hora um grito ecoa pelos arredores. É fácil ver por que as Simien são chamadas de "montanhas que cantam". São pessoas que se comunicam de um lado ao outro do vale. Os gritos podem atravessar longas distâncias.

O alarme soa às 5 horas na manhã do dia seguinte. Ainda no escuro, iniciamos a subida. No começo o ar é gelado, e nas sombras por onde caminhamos o frio persiste bem depois do nascer do sol. Levamos conosco uma parelha de mulas, que tentamos montar. A 4.000m acima do nível do mar, vemos algumas paredes de pedra, que foram utilizadas para defesa durante a guerra civil ocorrida na Etiópia nos anos 1990. Do outro lado do desfiladeiro, a vista se abre para o sul em grandes extensões de platôs. A vegetação é esparsa, e o terreno, pedregoso. Contornamos uma crista e somos surpreendidos pela vista de uma longa muralha de penhascos de não mais do que 100m de altura. Esse é o ponto mais alto, e não é difícil escalar até um pequeno platô

Páginas anteriores: perto do acampamento de Sankaber, vislumbro ao crepúsculo essa imensa vista que abrange o Gidir Got, a 3.428m de altitude. A rocha é constituída de lava basáltica escura do tipo havaiano. A formação rochosa, datada de 25 milhões de anos, se estende por uma grande área. O planalto etíope é a maior região montanhosa da África.

Um abutre-barbudo aproveita a corrente térmica ao lado do precipício. Ele voa ao longo do penhasco com uma envergadura de quase 3m. Espécie rara, é encontrada só em locais isolados, mas há uma população incomumente grande em Simien.

Babuínos gelada posam com as montanhas em forma de meseta ao fundo. Embora cada macho possua um harém de de até cinco fêmeas, o bando é um matriarcado. As fêmeas escolhem, e os machos têm que lutar entre eles por seus favores. Eles não temem os trekkers, mas fogem quando aparece um residente das montanhas. Destroem as plantações e são habitualmente afugentados com pedras.

com vistas infinitas em todas as direções. Um babuíno grita no precipício. Nuvens de cúmulos deslizam sobre as terras baixas para o norte. Apesar de estarmos no monte mais alto da região, a paisagem não é tão impressionante quanto em Chennek, mas é mais escarpada. Pousamos numa paisagem lunar.

O momento passa rápido. Comemos a fruta que trouxemos conosco e voltamos pelo mesmo caminho. O patrulheiro Morhusen, geralmente tão carrancudo, agora está de bom humor. Cantando alegremente, ele escala Ras Dashan pela primeira vez. Seu amor pela terra é contagiante, e entendemos seus sentimentos. Nuvens de chuva e de tempestade se reúnem mais ao sul. Quando chegamos ao vale, já próximos da vila e de nossas barracas, um aguaceiro cai de repente e nos obriga a buscar abrigo sob algumas árvores, enquanto os aldeões param de ceifar o feno e correm para suas cabanas. É tempo da colheita, e nas terras cultivadas as pessoas apanham o que produziram com uma faca curva – um processo trabalhoso.

Retornamos pela mesma trilha, passando pelo desfiladeiro Bwait, mas poderíamos ter continuado para o norte, atravessando as terras baixas durante três dias, uma alternativa que Addis recomenda. De Chennek, voltamos numa caminhonete para Gondar, a maior cidade da Etiópia e capital do velho império.

Monte Quênia

CIRCUITO DE UM SOLITÁRIO

Atrás de uma gigantesca jacobeia, a encosta leste do monte Quênia é dourada pelo sol matinal. Para o povo *kikuyu*, o monte é conhecido como Kirinyaga (Pico da Grande Luz), em cujo topo seu deus Ngai sentou-se depois que criou o mundo. O monte também é sagrado para os *masai*. Foi no ponto mais alto que o primeiro *masai* chegou ao mundo com gado do paraíso.

Às vezes parece natural. Alguém decide caminhar ao redor de um monte e vê-lo de todos os ângulos. Particularmente se esse monte constitui um marco solitário. O monte Quênia é um deles. Esse pico árido e carregado de gelo é único, não pertence a nenhuma cadeia de montanhas e não se situa a uma alta latitude. É um maciço bem definido logo abaixo do Equador. E apesar disso é como se pertencesse aos Alpes.

Durante minha primeira viagem, no fim dos anos 1970, eu o contornei. Havia alguns trekkers percorrendo a rota mais conhecida, que parte de Naro Moru, passando pelo vale Teleki, e, no sentido oposto, através do passo Hausberg. Depois de passar a noite no primitivo abrigo Kami, onde os ratos rodeavam nosso saco de dormir, tentamos ir em frente, passando por um desfiladeiro entre as geleiras Gregory e Lewis, mas fomos detidos pelo gelo duro como rocha. Em vez disso, tomamos a rota que passa pelo desfiladeiro Simba em direção ao alto abrigo Austrian, o qual deixamos nas primeiras horas dessa maravilhosa manhã, quando nossa viagem deve atingir seu auge em Point Lenana. Caminhamos pela borda da geleira Lewis e vemos que o pico está começando a arder como uma tocha gigantesca aos primeiros raios de sol. Uma hora mais tarde e 200m acima, atingimos o terceiro pico mais alto do monte Quênia, a quase 5.000m do nível do mar. Quando voltamos o olhar para o sul, podemos ver uma minúscula protuberância no horizonte. É o Kilimanjaro, a cerca de 300km de distância. Em seguida, nesse mesmo dia, descemos para o vale Teleki e completamos o circuito. Em 24 horas estamos de volta a Naro Moru, nosso ponto de partida – tínhamos visto o monte mais solitário do planeta dos quatro pontos cardeais.

No montanhismo, isso que acabamos de fazer se chama "orbitar". Caminhar em círculo ao redor de montes importantes tem antecedentes religiosos. Existem no mundo algumas montanhas sagradas que os peregrinos contornam como uma espécie de ritual. "Orbitar" é, por natureza, um passatempo secular, mas também é particularmente uma maneira de expressar nosso amor pelas montanhas.

Apesar de sua aparência alpina, o monte Quênia é um vulcão. Isso explica o porquê de sua localização solitária. O topo se formou de uma obstrução vulcânica,

Perto do abrigo Austrian, vimos lá embaixo o lago Thomson, no deserto vale Hobbley. Há cerca de 30 pequenos lagos nos vales que se irradiam do topo do monte Quênia.

De Point Lenana são apenas uns 800m até as íngremes encostas do Nelion, passando pela geleira Lewis em processo de derretimento. Em 1979, correu o mundo a notícia de um africano de meia-idade e descalço que passou vários dias no topo do Nelion. Ele dizia ter sido enviado por Deus. Os alpinistas ficaram surpresos – chegar lá normalmente requer equipamento e muita experiência de montanhas.

constituída de sienito que se solidificou no corpo da rocha milhões de anos atrás. As encostas sofreram erosão, e as pedras de lava foram carregadas pela água corrente. A partir da savana ao redor do monte, é possível deduzir que originalmente o vulcão devia ter o formato de uma proa de aproximadamente 40km de comprimento, com um cume pontiagudo na parte mais alta. O que se observa são as paredes rochosas dos picos mais altos da montanha.

O missionário Johan Ludwig Krapf viu o monte dessa forma em 1849; entretanto, 40 anos se passaram antes que um europeu voltasse aqui. O conde Samuel Teleki von Szek liderou uma expedição que tentava escalar o monte Quênia, no entanto chegou somente até o vale que leva o seu nome. Depois de mais algumas tentativas, realizadas por outras pessoas, o geógrafo Halford Mackinder e dois guias conseguiram conquistar a montanha em 1899. Foi Mackinder quem deu nome aos seus principais picos. O mais alto, 5.199m acima do nível do mar, recebeu o nome de Batian, em homenagem a um lendário chefe *masai*. O segundo pico mais elevado, que recebeu o nome de seu irmão Nelion, localiza-se apenas 10m abaixo do Batian, separado dele por uma profunda garganta de 50m que Mackinder chamou de "Porta da Neblina". Em terceiro lugar, com 4.985m, fica o pico que leva o nome de Lenana, filho de Batian.

Páginas anteriores: no centro do espetacular vale Gorges encontra-se o lago Michaelson, ladeado por altos precipícios. Esses nomes foram dados por Halford Mackinder, o primeiro homem a escalar o monte. Gorges foi o capitão que ajudou a expedição de Mackinder, e Michaelson era o melhor amigo de Mackinder.

O sol se põe por trás da nuvem vespertina, e o pico escarpado do Point John se mostra em silhueta. Esse maciço fica 20km ao sul do Equador, onde a noite cai rapidamente.

O monte Quênia é uma montanha compacta com três rotas de acesso. Vinte anos depois de minha viagem na década de 1970, volto com Björn Esping para percorrer a mais linda delas, de leste para oeste. Partimos da pequena cidade de Chogoria, onde conseguimos contratar dois carregadores. Juntos, viajamos de jipe pela floresta tropical até a entrada do parque nacional, na borda da floresta. Nosso plano é ficar aqui mais um dia, a fim de nos acostumarmos melhor à altitude. Isso nos dá tempo de fazer uma excursão de um dia ao redor do lindo lago Ellis, que fica ao lado da trilha, numa clareira cercada de campos gramados. Além do lago, colinas ondulantes estendem-se para o leste. A oeste, vemos os picos mais altos cobertos por suas vestes diárias de nuvens. Quase todas as tardes, o monte Quênia se envolve em névoa, que se levanta ao anoitecer.

Duas etapas depois, no acampamento Halls Tarn, fazemos um pequeno desvio para Temple, uma pequena colina cujas paredes caem verticalmente para o estonteante cânion do vale Gorges. De um peitoril, com as pernas penduradas no vazio, pode-se ver, no fundo do abismo, o circular lago Michaelson, e, do outro lado do abismo, os picos escarpados Macmillan e Delamere. Há alguns sul-africanos no acampamento. Um velho no grupo está tão feliz que quase chora quando falamos com ele. Desde a infância ele sonhava com o monte Quênia, que agora está tão perto. Sua alegria é contagiante, e entendemos sua atração pela montanha, que tem um forte carisma.

O pico ergue-se provocadoramente à nossa frente. A trilha serpenteia em curvas por entre incríveis plantas gigantescas. O maciço é famoso pela grande quantidade de senécios leste-africanos. Na roseta de folhas de uma dessas estranhas plantas, observamos um rato das pedras comendo a fruta. Apesar de esses animais destemidos parecerem porquinhos-da-índia muito desenvolvidos, estão mais relacionados aos elefantes.

A trilha nos leva por uma encosta cheia de pedregulhos e por uma selada, até que finalmente chegamos ao abrigo Austrian, que é basicamente um refúgio primitivo. Quando caminhamos em direção a Point Lenana ao amanhecer, noto que a geleira encolheu consideravelmente desde minha última visita. Dessa vez contorno a montanha no sentido anti-horário. Do topo, descemos pela encosta norte até uma pequena lagoa, Harris Tarn, e depois nos arrastamos até o abrigo Kami, onde preferimos acampar a entrar em guerra com os ratos de novo. A trilha então nos leva a Two Tarn, de onde se abre a vista muito admirada que faz todo o lado sul do monte Quênia parecer uma fortaleza inexpugnável: as geleiras Tyndall e Darwin pendem como escudos de neve em meio às paredes rochosas.

Adiante, vemos algo que não existia em minha visita anterior. No vale Teleki, foi construída uma grande casa de pedra chamada Teleki Valley Lodge. Uma hospedaria semelhante, a cabana Shipton, também foi construída no vale Mackinder, no norte da montanha. O número de trekkers na região cresce sempre, assim como o lixo, mas no todo as mudanças não foram grandes durante esse tempo.

Monte Elgon

UMA VIAGEM INACABADA

Koitoboss se impõe acima de uma charneca florida e uma árvore desenraizada. É o pico mais alto do lado queniano e parte de uma cadeia de montanhas ao redor da cratera do Elgon. O vulcão, cujo nome se deve à semelhança com a forma de um seio de mulher, está inativo há muito tempo, e acredita-se que um dia ele tenha sido mais alto do que o Kilimanjaro.

De repente, nossa viagem sofre uma reviravolta. Os guardas do parque nacional param o ônibus do safári que nos levaria ao ponto de partida da nossa caminhada. Eles descem e nós os seguimos, mas, justo quando a paisagem começa a chamar pela câmera, mandam-nos subir de novo e, com um ronco, o ônibus dá meia-volta. No cascalho da estrada podemos ver pegadas de botas e cascos fendidos. Caçadores furtivos estavam à frente do nosso veículo, e os guardas dizem que eles estão fortemente armados. Se alguém os seguir, eles atiram. Por um triz, evitamos uma possível troca de tiros ou mesmo a morte. Os olhos afiados dos guardas foram a nossa salvação.

Quando voltamos, há consternação na sede do parque nacional. Os guardas visivelmente respeitam esses caçadores e não interferem. Mais tarde ficamos sabendo que o ataque dos bandidos já era conhecido. Uma gangue de Uganda, do outro lado da montanha, havia atacado durante uma semana os proprietários de gado do Quênia. O bando se esconde na floresta com suas presas durante o dia e conduz os animais montanha acima à luz da lua, que hoje está brilhando. "Provavelmente vão cruzar a fronteira esta noite", diz o comandante do parque nacional, que não quer impedir nossa viagem.

Gostaríamos de levar adiante a viagem que havíamos planejado. O monte Elgon é um alto vulcão isolado na fronteira entre os dois países. Existe uma grande região inabitada para a prática do trekking, que, entretanto, não é conhecida da maioria dos que escalam as mais famosas montanhas da África oriental, o monte Quênia e o Kilimanjaro. Regiões esquecidas, com uma topografia e uma localização interessantes, são uma atração especial. Você fica curioso por descobrir que segredos elas escondem.

O vulcão Elgon entrou em erupção há 10 milhões de anos e hoje está extinto. O que sobrou foi um anel de picos escarpados em alguns pontos. Sua base é muito larga: tem dezenas de quilômetros de diâmetro. As partes mais altas são uma vastidão erma. As encostas são recobertas por densas florestas, com trechos de terras férteis nos pés da montanha. Nosso objetivo é o pico mais alto do lado do Quênia, o Koitoboss, 4.187m acima do nível do mar.

Como poucos trekkers percorrem a região, o parque nacional tem sido rota de caçadores ilegais. Ficamos sabendo que as autoridades do Quênia têm negligenciado o problema, e nós mesmos não o levamos em consideração quando chegamos, em fevereiro de 1997. Por razões de segurança, o diretor do parque nos oferece uma escolta de dois guardas armados. Da sede do parque, viajamos no ônibus de safári até o ponto de partida, onde a estrada termina a uma altitude de 3.400m. Através de clareiras na floresta, temos vislumbres do Koitoboss, que parece uma fortaleza. Quando chegamos à linha das árvores, a paisagem se torna quase pastoril, com uma vegetação típica de charneca. É aqui que os vestígios dos caçadores ilegais aparecem.

Na manhã seguinte, retomamos a viagem, escoltados por um caminhão do exército com oito guardas do parque. Quatro deles nos acompanham pela trilha; os outros nos aguardam nesse ponto. A trilha nos leva morro acima, por áreas de lobélias e senécios, as estranhas e gigantescas plantas dos montes da África oriental. Caminhamos lentamente e chegamos a uma garganta a 4.000m. Daqui podemos vislumbrar o reino oculto da montanha. A parte superior do Elgon é uma cratera extinta incomumente grande. Mas não temos a sensação de uma cratera. O vulcão mais parece uma extensão deserta de colinas ondulantes em muitas direções. Só o Koitoboss se ergue, como uma rocha, ao lado do desfiladeiro.

Durante uma viagem a Uganda em 1878, Henry Stanley foi o primeiro estrangeiro a ver o Elgon. Essa vista desolada que se tem da borda da cratera revela um pouco do que desmoronou da cratera, a maior parte situada em Uganda. Encontra-se aqui o ponto mais alto, Wagagai, a 4.321m de altitude. Também há mais espaço para o trekking nessa área. A primeira mulher a alcançar o ponto mais alto foi a sueca Ingeborg Lindblom, que participou de uma expedição botânica na Suécia em 1920.

Björn Esping fotografou junto aos guardas armados do parque nacional, em nossa viagem pela rota dos caçadores ilegais em direção à cratera extinta do Elgon.

Parece impossível que caçadores ilegais possam passar por aqui com suas armas, porém os guardas estão muito nervosos, olhando ansiosamente em todas as direções, e não querem seguir adiante. O trecho final da trilha até o topo passa por uma caverna onde, segundo os guardas, eles podem estar escondidos. Mas nós estamos céticos e achamos que provavelmente os guardas não estejam interessados em subir. O pico é alto, o ar é rarefeito, e o que pode aguardar por eles num monte escarpado?

Permanecemos no desfiladeiro por algumas horas, tempo insuficiente para absorver a interessante e bela paisagem. Voltamos pela mesma trilha, frustrados por não termos chegado ao nosso pico e com um estranho incidente em nosso currículo. Durante a descida, o caminhão do exército para onde os caçadores ilegais se escondem, de tocaia à margem da estrada. Ao redor dessa área, a poucas centenas de metros do lugar em que demos meia-volta, a vegetação está pisoteada. Só então entendemos a gravidade da situação. Contudo, embora tenhamos escapado ilesos e isso nos deixe felizes, consideramos nossa viagem um revés, já que passamos muito pouco tempo no Elgon.

Kilimanjaro

A CAMINHO DO NIRVANA

As duas pessoas diante do pequeno campo de gelo da geleira Arrow dão uma ideia da escala deste penhasco de 50m chamado Breach Wall. A encosta ocidental do Kilimanjaro é significativamente mais íngreme do que a oriental, onde a maioria dos trekkers segue pela rota Marangu. À esquerda da geleira fica a trilha mais difícil, a rota ocidental.

"Então ele soube que era para lá que estava indo." Esta é a última frase do conto *As neves do Kilimanjaro*, de Ernest Hemingway. A montanha é magnética. Não só porque é o ponto mais alto da África. É também um vulcão incomumente bem estruturado. E os vulcões possuem uma coisa que outras montanhas não têm: uma cratera no céu.

Da primeira vez que escalei o Kilimanjaro, o fiz com dois amigos pela popular trilha Marangu. Depois de três dias caminhando, deixamos o abrigo Kibo à 1h30 da manhã e subimos com dificuldade uma exaustiva encosta de pedregulhos de lava para ver o sol nascer sobre a cratera. No ponto mais alto, lemos uma placa de metal datada de 1961 e assinada pelo presidente Julius Nyerere: "Nós, povo de Tanganica, acendemos uma vela no topo do monte Kilimanjaro, que brilhará além de nossas fronteiras, gerando esperança onde existe desespero, amor onde existe ódio e dignidade onde antes só havia humilhação".

Só aqueles capazes de superar a si mesmos podem escalar esse monte. É necessário ter extrema determinação. E, no topo, os sentimentos são tão avassaladores que você deseja gritar para o mundo: "Eu consegui!".

Trata-se de um desafio para trekkers experientes, mas não precisa ser um montanhista para vencê-lo. Pode-se atingir o topo caminhando o tempo todo. Não é preciso se preocupar com avalanches, quedas de pedras ou com caminhadas difíceis sobre rocha ou gelo. Por outro lado, tem que estar preparado para os problemas causados pela falta de oxigênio. Isso pode esgotar qualquer um. O último trecho sobre cascalho de lava é um teste de resistência. O pouco tempo necessário para a subida torna o Kilimanjaro um desafio ainda maior que o da trilha do Everest.

Agora, quando volto ao Kilimanjaro muitos anos depois, meu companheiro é o guia Samuel Mosha, conhecido como Sami. Ele afirma ser filho de um dos carregadores que participaram da primeira escalada do Kilimanjaro. A história parece inacreditável. Sami nota isso e fica chateado. Mais tarde, leio o nome do pai dele numa placa comemorativa que lista todos os participantes da primeira escalada. Toma Mosha era um homem viril de 85 anos quando Sami nasceu. Na juventude, panhou o geógrafo alemão Hans Meyer em sua segunda e mais bem-sucedida expedição. No dia 6 de outubro de 1889, enquanto os carregadores aguardavam no nível mais baixo, Meyer e um guia dos Alpes chegaram ao ponto mais alto, o qual batizaram em honra do cáiser Guilherme. Quando a Tanzânia se tornou uma nação independente, o nome foi mudado para pico Uhuru.

No século XIII, um cronista chinês relatou que havia uma alta montanha no interior da África. O primeiro europeu a mencionar a mesma coisa foi o espanhol Fernando de Encisco, em 1519. Em meados do século XIX, William Cooley, britânico "especialista em África", ouviu falar de um pico chamado Kirimanjara, que significava "pedras vermelhas", mas nunca chegou lá. Em 1848, o missionário John Rebman escreveu em seu diário sobre um pico africano que era branco. Quando perguntou a um guia de onde vinha essa cor, ele disse que vinha do frio, o que levou Rebman a escrever: "Uma maravilhosa ideia me passou pela cabeça, de que se tratava de uma conhecida visitante da Europa, a neve". Quando a descoberta veio a público na Europa, causou alvoroço. Cooley rejeitou a ideia maluca, mas, após sua primeira escalada em 1862, o missionário europeu Charles New contou que de fato havia neve lá em cima.

Kilimanjaro é um jovem vulcão com três núcleos extintos, sobre uma base oval de 60km. Há 2 milhões de anos a terra começou a afundar nessa parte do vale Great Rift e, 1 milhão de anos mais tarde, o magma fluiu das fendas. O vulcão ocidental, Shira, entrou em colapso depois de um breve período de atividade, e o oriental, Mawenzi, também se extinguiu. Dos três vulcões originais, só Kibo continuou a crescer, tornando-se o cone simétrico que é o símbolo do Kilimanjaro.

Nosso guia, Samuel Mosha, costuma subir ao topo dez vezes por ano. Começou como carregador antes de se tornar um guia autorizado.

A névoa do anoitecer desce sobre o vale Great Barranco e sua estranha vegetação. As altas montanhas da África oriental possuem espécies nativas dessa gigantesca planta, o senécio. A viagem ao Kilimanjaro é uma jornada fascinante que vai da floresta tropical ao alto deserto alpino.

Sami arranjou dois meninos para carregar a comida e o equipamento. Seguimos pela trilha Machame (também conhecida como "Rota do Uísque"). Normalmente, é uma caminhada de quatro dias até o pico Uhuru. O ritmo é extremamente lento. "Pole, pole." "Cuidado, cuidado" em suaíli. Subimos "em câmera lenta", atravessando uma densa floresta tropical. Depois de uns 15km, avista-se o acampamento Machame. O trecho seguinte nos leva até o platô Shira, onde a floresta termina. No terceiro dia, partimos para o sopé do Kibo, mas então desviamos para sudeste e descemos para o vale Great Barranco. Baixamos centenas de metros de altitude, o que é mentalmente exaustivo, mas bom para nossa adaptação à altitude. A regra é caminhar no alto e dormir embaixo.

Durante a viagem, Sami fuma muito: um maço por dia; e afirma que o cigarro reduz a necessidade de oxigênio, o que parece duvidoso. Sua tosse às vezes me preocupa. Mas a verdade paradoxal é que alguns poucos fumantes conseguiram escalar o Kilimanjaro, enquanto muitos atletas tiveram que voltar. O mal da altitude é um distúrbio imprevisível.

Quando as nuvens se dissipam, uma imponente paisagem toma forma. A encosta ocidental do Kibo é muito mais escarpada que a oriental. Aqui há um alto penhasco. O monte parece ter pouco em comum com o tímido cone vulcânico que recebe os trekkers na trilha Marangu.

Sami nos sugere mudar de itinerário e seguir pela mais difícil das três rotas para o pico do Kilimanjaro. É a rota ocidental. Para mim não é problema. O lento período de aclimatação funcionou bem. Em Kilimanjaro o passo é de lesma.

De Barranco seguimos a trilha para o acampamento da geleira Arrow, logo abaixo da parede da montanha. Daqui, os carregadores fazem meia-volta, para nos encontrar no dia seguinte do outro lado da montanha. O último trecho começa no meio da noite. Uma subida íngreme cheia de pedregulhos nos conduz aos penhascos abaixo da cratera. É aqui que começa o tormento. À luz de minha lanterna de cabeça, tento localizar algo em que possa me segurar. Estou ofegante, minhas pernas pesam, e entendo por que todo mundo diz que o Kilimanjaro é pura loucura. Se conseguir pensar, você vai querer passar o resto da vida ao nível do mar. Pole, pole. Cuidado, cuidado. Hora após hora, arrastamo-nos pela parte mais íngreme da parede, onde se inicia uma subida mais fácil. Quando começa a amanhecer, recuperamos o fôlego dentro da cratera do Kibo, perto da geleira Furtwängler, que surge como um iceberg encalhado, com uma parede de gelo de 15m de altura. O frio é cortante. Deve fazer -10°C, enquanto o azul-escuro da noite lentamente tinge o horizonte de laranja.

Quando há mais luz, reunimos nossas forças para a parte final da escalada. Faltam 200m, os mais difíceis de toda a viagem. Subimos a encosta abaixo do pico Uhuru em zigue-zague. Primeiro Sami, depois eu. Trinta passos à frente e um descanso. E de novo. De novo. É uma inclinação muito forte, nosso pulso dispara e nossa respiração é liberada com urros. Mas estamos caminhando, para a frente e para cima, e, justo quando o sol emerge como um tomate de trás da silhueta do Mawenzi,

Páginas anteriores: depois de uma escalada bem-sucedida, uns poucos caminhantes seguem pela borda da cratera em direção ao Stella Point. Diante deles estende-se a paisagem sem limites que leva ao pico Mawenzi, 5.120m acima do nível do mar, e às nuvens sobre a savana. Uma lenda do povo *wachagga* diz que Kibo e Mawenzi foram esposas do deus Ruwa. Um dia Kibo se enfureceu e atacou Mawenzi com um porrete, e é por isso que a montanha tem essa aparência.

Da savana no sul, o Kilimanjaro se eleva a quase 5.000m num só lance. No topo há as bacias de três crateras, uma dentro da outra, como bonecas russas. Kibo é um vulcão dormente, mas nos anos 1940 temeu-se uma nova erupção.

chegamos ao ponto mais alto do Kilimanjaro, a 5.895m. Sentimo-nos heróis. Tudo fica mais fácil, e a aurora tropical nos deslumbra com seu súbito aparecimento. Em minutos, a escuridão se transforma em luz, e o frio se torna um calor agradável.

Normalmente, o Kilimanjaro oferece algo incomum para uma alta montanha, ou seja, uma descida fácil. Todavia, dessa vez o pico Uhuru está coberto por um estranho canal de gelo. Uma cama de pregos branca cobre a borda da cratera, e Sami nos diz que ela se formou na primavera anterior, depois das chuvas de El Niño. Toda a cratera do Kibo está branca de neve, e os raios verticais do sol esculpiram espinhas de 1m de altura na cobertura de neve. Da outra vez, caminhei sobre pedras o caminho todo. Agora tropeçamos no gelo, descendo em direção ao Stella Point, onde encontramos um cortejo constante vindo de Marangu.

Na descida, de repente me sinto fraco e desmorono na estrada como se estivesse bêbado. Estou desidratado e tenho que beber a pouca água que restou. Escorregando nas pedras, chego ao abrigo Barufa e sou obrigado a dormir por duas horas antes de continuar. À tarde, encontramos os carregadores. Eles já montaram a barraca perto do abrigo Mweka. A tensão se acalma, enquanto o cansaço adormece todos os membros. Em que estou pensando? Em nada. Estou apenas embriagado – pode chamar de contentamento, felicidade ou, talvez, nirvana.

Ruwenzori

DRAMA NAS MONTANHAS DA LUA

Para variar, os picos do monte Stanley estão livres das nuvens. O pico à direita é o Margherita, o ponto mais alto da cordilheira Ruwenzori, a 5.100m de altitude. Em primeiro plano, 4.000m acima do nível do mar, um gigantesco sinécio cresce acima do desfiladeiro Freshfield.

Por que esse desejo de chegar a uma das montanhas mais chuvosas do mundo? Minha resposta honesta seria: por isso mesmo. Por causa do clima muito úmido, é difícil de explorar Ruwenzori, e a vegetação parece possuída de uma fúria assassina. É aqui que fica a maior geleira da África, e seus picos só foram vislumbrados por um europeu no século XIX. Além disso, Ruwenzori é a única verdadeira cadeia de montanhas do continente: as lendárias Montanhas da Lua, na nascente do Nilo.

Até os antigos gregos se perguntavam onde começava o Nilo. Heródoto acreditava que a água nascia da neve derretida. Aristóteles achava que a fonte das águas era uma montanha de prata, e, depois de estudar antigos manuscritos na biblioteca de Alexandria, o geógrafo Ptolomeu traçou um mapa esquemático da África em 150 a.C. Bem mais ao sul, no interior do continente, entre dois afluentes do Nilo, ele anotou: *Lunae Montes finis orientalis*. A montanha de prata de Aristóteles havia se tornado as Montanhas da Lua. Assim nasceu a lenda que intrigou viajantes, mercadores de escravos e exploradores por quase 200 anos.

Em meados do século XIX, quando os europeus exploraram a África central, as Montanhas da Lua ocupavam o topo da agenda. Os exploradores descobriram o monte Quênia e o Kilimanjaro e se perguntaram: seriam esses os *Lunae Montes*? Não, estavam muito longe do rio, e a busca continuou. John Hanning Speke chegou ao lago Vitória em 1861 e viu a nascente do Nilo. Pensou então que os vulcões de Virunga, mais para o sul, eram as Montanhas da Lua, mas eles não tinham campos permanentes de neve. Ninguém acreditou nele.

Vinte anos depois, o mais famoso aventureiro da era colonial, Sir Henry Morton Stanley, juntou-se à busca. Em 1888, durante uma expedição à fronteira entre Uganda e o Congo, anotou em seu diário:

"Olhando para o sudeste (...) um menino me aponta uma montanha que se diz estar coberta de sal, e vejo uma nuvem de forma peculiar e da mais linda cor de prata (...) Fico convencido de que aquilo que vi não era a imagem e semelhança de uma vasta montanha, mas a concreta substância de uma montanha real, com seu pico coberto de neve (...) Eu tinha descoberto as perdidas Montanhas da Lua."

O pico do Grande Dente ergue-se a 4.950m de altitude, acima do platô da geleira Stanley. A misteriosa e lendária cordilheira Ruwenzori e, como descobrimos, a paisagem alpina fizeram muitos exploradores e montanhistas seguirem os pioneiros, que alcançaram o topo em 1906. Há cem anos, a cobertura de gelo da montanha era muito mais espessa. Mas a geleira Stanley ainda é a maior da África.

A caminho do abrigo Elena, pudemos avistar de cima o lago Bujuku. Os lendários exploradores Eric Shipton e Bill Tillman acamparam à margem do lago em 1932. Shipton escreveu: "Ruwenzori perderia muito de sua beleza, de seu mistério e de seu encanto se perdesse as eternas nuvens e sua umidade".

Então ele lhe deu o nome de Ruwenzori, que é uma mistura de vários nomes locais e significa "montanhas onde a chuva nasce".

O jovem guia Philimon, um guarda do parque, Lasse Österström e eu caminhamos da vila Niakalengija até o abrigo Niabitaba, passando pela floresta tropical. A trilha é lodosa, frequentemente bloqueada por pedras que deslizaram do alto, e às vezes muito íngreme. Nossos carregadores, catorze homens do povo *bakonjo*, chegam mais tarde ao abrigo.

A trilha continua pelo vale Kujuku e sobe mais 700m. Uma floresta muito estranha nos cerca. Para nosso encantamento, no fim do segundo dia surgem por entre a folhagem os picos nevados de uma montanha muito alta. Do abrigo John Matte, avistamos pela primeira vez o Margherita, o pico mais alto.

Temíamos o terceiro trecho, com os pântanos Bigo inferior e superior recobertos de erva rasteira, mas eles não são tão exaustivos como pensamos. Não é mais difícil atravessar os terrenos alagadiços do que aqueles que havíamos deixado para trás. Já estávamos acostumados a andar com a lama até a virilha! Abaixo do monte Speke, o vale faz uma curva. Subimos com dificuldade até uma ravina ainda mais estreita e chegamos a um profundo caldeirão abaixo do Margherita. O rudimentar abrigo Bujuku é nossa meta para hoje.

Geralmente, as nuvens sobre Ruwenzori se dissipam pela manhã, e as noites são claras até o amanhecer. No dia seguinte, quando subimos ao abrigo Elena, base para uma tentativa de chegar ao pico, 4.540m acima do nível do mar, ainda está quente. Agora, trocamos a lama e o verde por um mundo árido e pedregoso, sólidos lençóis de gelo e picos escarpados. A temperatura cai rapidamente, ao mesmo tempo que o terreno se torna mais íngreme.

A noite clara e estrelada é um bom presságio. Todavia, surge um problema: Lasse tem um distúrbio estomacal. Fica no abrigo Elena quando amanhece, e eu sigo para o mais alto pico de Ruwenzori com Philimon e outro guia. Por um breve instante, a geleira Stanley cintila, mas o brilho desaparece quando coloco os óculos de sol. Com os grampos de ferro e um martelo de quebrar gelo, escalamos até chegar em um desfiladeiro elegante, uma selada de neve entre os picos mais altos, Alexandra e Margherita. Lá embaixo podemos avistar a segunda maior floresta tropical do mundo, a do Congo, a 4.000m de onde estamos. É aqui que a verdadeira escalada começa.

A primeira face rochosa não é totalmente fácil. Philimon sobe primeiro e me joga uma corda, que prendo aos meus arreios e uso para facilitar minha subida até um parapeito. Quando olho para baixo, uma sensação de vertigem sobe do fundo do estômago. A subida é feita por pontos menos expostos e, quando o penhasco termina, estamos numa crista coberta de neve que sobe suavemente em direção ao ponto mais alto. Fantástico! Todos os picos da cordilheira estão livres das nuvens, provavelmente uma chance em mil.

Quando voltamos ao abrigo Elena, Lasse já está melhor. Nossa caminhada continua durante a tarde. No passo Scott-Elliot, reencontramos a trilha e percorremos um trecho difícil, passando por grandes pedras, numa paisagem lunar. O estreito vale é cercado por penhascos de milhares de metros. A passagem sob o monte Baker é a mais perigosa de toda a viagem. Há o risco de pedras deslizarem lá do alto. Aumentamos nosso ritmo e chegamos ao abrigo, localizado à margem dos idílicos lagos Kitandara.

Lasse piorou de novo, mas temos que seguir pelo passo Freshfield para descer ao vale Mubuku e sair da cordilheira. Esse trecho extenuante exige de Lasse muito esforço. Do outro lado há descidas muito íngremes e uma longa caminhada pelos pântanos. A trilha passa por vários recessos rochosos, usados como paradas noturnas. O dia termina no abrigo Guy Yeoman, bem mais limpo que os outros.

Durante a noite, as condições de saúde de Lasse pioram muito e ficamos realmente preocupados. O trabalho de resgate em Ruwenzori é complicado. É difícil conseguir um helicóptero, e a única maneira realista de remover uma pessoa doente é numa maca. Decidimos pedir ajuda. O guarda do parque tem um walkie-talkie e consegue comunicação com o serviço de socorro em Niakalengija. Uma missão de resgate é providenciada e, enquanto continuamos descendo lentamente, uma equipe de maqueiros parte da vila. Na ponte sobre o vale Mubuku, alguns homens fortes

Páginas anteriores: não há nada igual a essa floresta de contos de fadas. A chuva é a responsável pela paisagem luxuriante, e, embora os cinturões verdes correspondam aos de outras montanhas africanas, os de Ruwenzori não são concêntricos. A cordilheira não é isolada, mas dividida por vales a diferentes altitudes. Aqui, no vale Bujuku, 3.500m acima do nível do mar, há uma floresta tropical com suas características lobélias gigantescas e outras plantas menores.

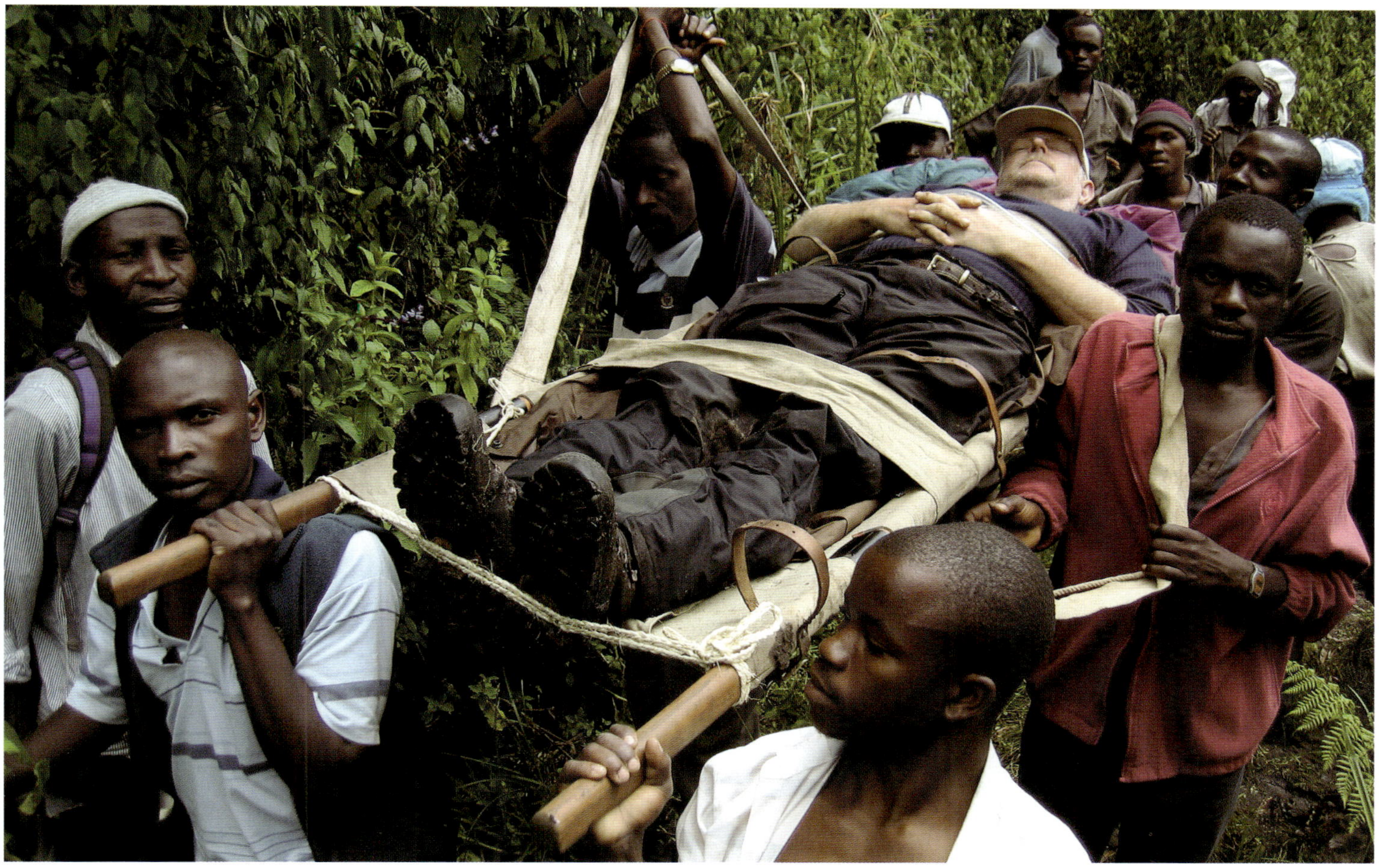

Uma patrulha de resgate do serviço de socorro da Ruwenzori vem em nosso socorro no último dia, quando Lasse Österström está tão doente que não tem força para caminhar.

nos aguardam. Seis deles colocam Lasse na maca e descem depressa por uma trilha que é uma das mais inacessíveis do mundo. Nossos carregadores se revezam para ajudar. Eles correm pelo pântano, subindo e descendo encostas, atravessando longos trechos difíceis, sempre segurando firmemente a maca e sem tropeçar. E ainda riem e cantam. "Da da one, da da two, da da three, money money." Que cortejo!

Mais tarde, Lasse nos diz que foi uma experiência inesquecível andar 12km na maca através da floresta tropical. Sempre que voltava a si, via as copas das árvores passando correndo por ele. Mas meu colega ainda não está bem. Em Niakalengija, terminamos a expedição, agradecemos, pagamos o excelente serviço de resgate e então pegamos um carro para Kasese, a fim de comprar remédios e passar a noite no Margherita, o melhor hotel. Depois do descanso, Lasse finalmente melhora. Apesar da experiência dramática, as palavras do alpinista Freshfield fazem sentido para nós: "Você pode conhecer bem os Alpes e o Cáucaso, o Himalaia e as Rochosas, mas, se não explorou a Ruwenzori, ainda tem algo maravilhoso que ver".

Isalo

AS MISTERIOSAS MONTANHAS DE SAFIRA

As colinas de arenito de Isalo parecem uma paisagem em ruínas, moldadas pelo vento e pela água e dispersas pela planície verde na borda do maciço. Muitos lugares são sagrados para as tribos locais. A planta nativa em primeiro plano se chama pata de elefante e é da mesma família da popular planta doméstica conhecida como palmeira-de--madagascar. A pata-de-elefante cresce nas rochas, e suas flores são periantos amarelos.

Nossa longa caminhada termina com um banho refrescante na Piscine Naturelle. Chegamos até aqui depois de atravessar uma região estranha num parque nacional de Madagascar. A trilha corta um canto do extenso maciço ruiniforme de arenito de Isalo, que se ergue no centro da metade sul da ilha. Aqui, o arenito do período jurássico criou uma paisagem retangular muito entrecortada por profundas gargantas e imponentes penhascos. O lugar é silencioso e tem um caráter todo próprio. Essa aura deriva também da quantidade de rochas arredondadas – algumas das quais, apesar de não muito altas, com apenas 20m de altura, se juntam em diferentes grupos. A vegetação de savana estende seu tapete castanho-amarelado pelo chão do vale entre os domos e os penhascos, criando um sedutor labirinto. As gargantas despertam o desejo de explorá-las, mas esta é uma excursão de um dia e só temos tempo para um breve vislumbre da singularidade da região.

Depois da caminhada, eu me pergunto quanto tempo seria necessário para percorrer essa área de extraordinária beleza de modo a entender suas peculiaridades. Hoje apenas tocamos a geografia de Isalo. Não temos muito tempo, e conhecer de fato esse local é, na verdade, um projeto para a vida toda. Nunca se chega a conhecê-lo inteiramente. Talvez não seja uma boa ideia voltar. A imagem dessa paisagem vista de passagem permanece em nossa memória e se dissolve com o passar dos anos. Mas uma trilha nos leva para muito perto da paisagem, e, embora hoje eu tenha perambulado por uma parte muito pequena de Isalo, sinto por essa região uma sensação muito mais forte do que as impressões deixadas por outras, as quais vi superficialmente muitas vezes, sem nunca caminhar por elas.

Foi minha paixão por paisagens originais que me trouxe até aqui. Estou com meu filho Måns e um guia. Nossa caminhada começa na garganta dos macacos, o Canyon des Singes, nome baseado num conceito equivocado, já que aqui vivem lêmures, e não macacos. Da pequena cidade de Ranohira, pegamos uma carona por cerca de 10km. À nossa frente, o maciço de Isalo forma uma alta muralha diante do relvado ondulante da savana, que se estende até a beira do precipício. Em meio a uma paisagem infinita que lembra o interior da Austrália, erguem-se altas cristas.

No fim da viagem, devemos sair do outro lado das montanhas. Cumes arredondados pelo vento e pela água elevam-se bem acima de nós. No ponto mais alto, as montanhas atingem quase 1.200m. A rocha é marcada por listras de liquens lindamente coloridas de amarelo, verde e laranja. A paisagem parece antiga, e a vegetação é singular. Passando por entre as árvores, chegamos a um pequeno cânion e logo descobrimos alguns lêmures sentados nos galhos mais altos. São exemplos vivos da vida selvagem do lugar.

Madagascar não é apenas a quarta maior ilha do mundo, mas quase um pequeno continente. A maior parte do que podemos ver nesse curioso pedaço de terra, do mesmo tamanho que sua antiga matriz colonial, a França, pode ser chamada de exótica. Para os que amam a vida na natureza, praticamente não há destino mais atraente. A ilha é um laboratório de biologia. A maior parte da flora e da fauna é nativa e só se encontra aqui. A fauna está representada apenas por uns pequenos animais. Não há caça de grande porte por aqui. Os lêmures são os mais típicos, assim como os camaleões. Metade das espécies de camaleões do mundo vive em Madagascar, oferecendo um carnaval de figuras grotescas e coloridas. Quase todos os lagartos, sapos e cobras (nenhuma delas venenosa) são nativos. Metade das mais de 250 espécies de pássaros da ilha só existe aqui, e 85% das plantas também são endêmicas. Há mais de mil espécies de orquídeas, a maioria nativa. Das 200 mil diferentes plantas e animais que a ciência identificou na ilha, 150 mil são exclusivas de Madagascar.

A explicação para essa natureza especial é a história geológica. A ilha se separou da África quando o continente Godwana se partiu em dois durante o período cretáceo, há 165 milhões de anos. Isso ocorreu antes da era dos mamíferos. Madagascar ficou isolada no oceano Índico, e sua evolução biológica transcorreu independentemente. Aqui, as espécies surgem sem influência externa. O desenvolvimento geológico também criou paisagens curiosas. Há incríveis maciços rochosos, diferentes de qualquer outro no mundo. São extremamente tentadores para trekkers experientes em busca de novos territórios. Isalo é um exemplo.

Do avião em que fizemos a viagem de volta para a cidade de Tolear, na costa sudoeste, vi outra paisagem, a do maciço de Makay, uma região montanhosa ao norte de Isalo e com a mesma aura de mistério, mas mais alta, mais selvagem e ainda mais desconhecida e inexplorada. Do Canyon des Singes, subimos com dificuldade a alta e íngreme encosta do maciço em direção à savana e penetramos em seu misterioso interior. Aqui, algumas montanhas são mais irregulares, e entre elas veem-se as entradas para gargantas estreitas. Aqui também há clareiras com vegetação arbórea. A relva alta oscila ao vento suave. Do interior do maciço, as paredes de rocha se elevam e se fundem numa cumeada semelhante a um platô, cortada por cânions ocultos. Não há muitas trilhas, e as gargantas estreitas são traiçoeiras quando chove. Rápidas inundações podem ocorrer. A água pode subir 7m e varrer tudo o que encontrar no caminho. Nossa rota é fácil, mas árdua no calor. Com esforço, subimos e descemos vários picos. Depois de cinco horas, chegamos à Piscine Naturelle.

No coração do parque nacional, a paisagem se arqueia para formar um alto platô, que é atravessado por pequenas ravinas. Só existem umas poucas trilhas para seguir, e grandes partes do Isalo são impenetráveis e desconhecidas dos trekkers.

Abaixo dos altos penhascos de 15m, encontramos uma piscina verde-esmeralda, alimentada por uma cachoeira e cercada por pinheiros de Madagascar. Não temos pressa de mergulhar na água fria.

No caminho de volta, vemos outro lado de Isalo. Chegamos a Ilakaka, o paraíso dos caçadores de safira. As primeiras pedras preciosas foram descobertas em 1998. Em poucos anos, o lugar se transformou numa cidade de 30 mil habitantes. Milhares de aventureiros acorreram ao parque nacional em busca de fortuna. A safira é uma pedra preciosa variante do mineral coríndon. Sua cor vem do ferro e do titânio. O rubi, que também se encontra em Ilakaka, mas em quantidades menores, vem da mesma fonte. Nele, a cor vermelha é criada pelo crômio. Ambas as pedras geralmente ocorrem nas camadas soltas do sedimento, como aqui em Madagascar. Comerciantes de perto e de longe estão aproveitando ao máximo esta jazida. Isso acabou resultando em conflitos de interesses entre a preservação da natureza, o turismo e o sustento do povo pobre. As organizações internacionais de preservação da natureza colocam a proteção da vida selvagem de Madagascar no topo da agenda global, e felizmente as autoridades locais proibiram a mineração da safira dentro do parque nacional.

Cânion do Rio do Peixe

LONGA CAMINHADA PELOS RIOS

Essa parte do cânion do rio do Peixe é chamada de Muralhas de Jericó. Chegamos a elas depois de dois dias de caminhada. Lá longe, aos pés da montanha, você pode pegar a única rota de fuga que parte do cânion.

Encontramos uma lápide pelo caminho. Uma placa de metal com a data de 14 de junho de 1905 diz: "Hier ruht in Gott Leutnant Thilo v. Trotha" (Aqui jaz em paz o tenente Thilo v. Trotha). Ele tinha 27 anos. Algumas flores de plástico adornavam o imponente túmulo. "Por que todo esse respeito em meio à natureza selvagem?", nós nos perguntamos, e sentimos um urgente desejo de descobrir.

O túmulo fica na menos conhecida das maravilhas da África, o segundo maior cânion do mundo, depois do Grand Canyon. Aqui, o rio do Peixe cavou uma profunda garganta de 90km de comprimento e mais de 500m de profundidade na parte central. O conjunto total de cânions tem 160km de comprimento e até 30km de largura. Caminhar por esse abismo ao longo das curvas do rio é um dos melhores trekkings africanos, que só é possível durante a estação seca, entre maio e agosto, quando o nível das águas baixa. A viagem tem que ser planejada com grande antecedência: é preciso providenciar um atestado médico atualizado, e o grupo deve ter no mínimo três pessoas. Caso contrário, os guardas do parque nacional não permitem a entrada. A única exigência que Anders Eriksson e eu cumprimos foi a dos atestados médicos. Esperávamos nos juntar a outros trekkers, como sugeriu o guia de viagem.

Quando acordamos em nosso hotel, soubemos que um grupo de sul-africanos se preparava para partir. Nas primeiras horas da manhã, saímos à procura deles, mas não encontramos ninguém. De repente, aparece um jipe com cinco mulheres que parecem prontas para partir para uma caminhada.

"Vocês são da África do Sul e estão indo para o cânion do rio do Peixe?", pergunto, e a primeira a descer do jipe faz um sinal afirmativo. "Podemos ir com vocês até o ponto de partida, por favor? Podemos nos separar pelo resto da viagem."

"Tudo bem", ela responde.

Pegamos um teleférico até o ponto de partida, a 90km de distância. Pela janela, avista-se uma paisagem lunar em tons de marrom e cinza. Quase não há vegetação. É uma vista impressionante sob um sol escaldante. Amplos espaços abertos se estendem até as montanhas distantes, e nada na paisagem sugere a presença de um cânion gigantesco. Em Hobas, chegamos à entrada do parque nacional. Nossos ates-

Margeando os profundos meandros do rio, atravessamos desertos arenosos, aqui, abaixo do Klippspringer Ridge.

As muitas piscinas ao longo do leito do rio refletem as montanhas circundantes, a maioria delas sem nome.

atestados médicos são cuidadosamente examinados pelos guardas. Ninguém tem permissão para entrar sem eles. O maior risco é de insolação.

Ainda são 10km até o cânion, que fica escondido. Mas sem se anunciar, como uma rachadura numa geleira, uma fenda se abre abaixo das encostas e sou dominado pela mesma estranha sensação que senti no Grand Canyon. Meu Deus! De onde veio esse buraco colossal? Aqui não há multidões de pessoas, fumaça de carros, barulho de aviões, nenhum vestígio de civilização a não ser as estradas primitivas por onde viemos. À nossa frente, o deserto de pedra continua em direção a planaltos distantes que tremulam na névoa de calor. O cânion tem contornos nítidos graças aos terraços planos das montanhas e a todas as pequenas ravinas verticais que cortam suas encostas. Nem uma mancha verde até onde a vista alcança.

Primeiro, temos que descer 500m até o rio. A parte superior da encosta é alta e oferece poucos pontos de apoio para a descida. Uma hora depois estamos à margem do moroso rio marrom. Ao longo da margem a areia é quente. Apesar de todos os sedimentos, a água é potável, um pré-requisito para toda a viagem. Nesse calor ardente, nossa sede é quase insaciável.

As curvas do rio despertam nossa curiosidade. Poucas trilhas são tão árduas quanto as que acompanham o curso de um rio. O rio do Peixe, o maior da Namíbia,

tem 650km de sua nascente no norte até sua junção com o rio Orange, na fronteira com a África do Sul. Como sugere seu nome, tem peixes em abundância, mas não trouxemos equipamento de pesca por causa do peso. Uma estupidez, talvez, porque agora temos que comer comida desidratada por vários dias.

Antes que a noite caia, caminhamos facilmente pelo leito do rio, algo que vamos repetir muitas vezes. Como sempre, montamos uma barraca, mas, por causa do calor, dormimos ao ar livre em sacos de dormir. Quando encontramos as mulheres, no dia seguinte, elas falam de uma noite sob as estrelas.

"As constelações são incríveis, mas, acima de tudo, não queríamos carregar equipamento desnecessário, como uma barraca", elas dizem, com toda a franqueza.

Em Palm Springs, água quente brota de uma fonte e há altas palmeiras. Aqui o cânion tem sua altura máxima, com paredes que parecem mais altas, mais íngremes e mais próximas umas das outras do que antes. Acampamos numa imensa bacia onde o rio joga suas águas numa piscina que reflete as encostas banhadas pelo sol.

Depois de doze horas de descanso, estamos restabelecidos para as aventuras do dia seguinte. Quando o sol encontra seu caminho para o nosso mundo oculto, partimos para mais um trecho desse imenso slalom que o rio escavou. Apesar das enormes distâncias sem nenhuma mudança real na paisagem, a caminhada não é monótona. Pelo contrário. O desejo de explorar é muito forte. A gente se pergunta o que há depois da próxima curva e avança com esforço extra. Às vezes caminhamos pela areia, às vezes por trechos de pedras. Escalamos um penhasco ou caminhamos por placas lisas, e atravessamos áreas ligeiramente maiores de terreno plano, onde a vegetação rasteira encontrou um lugar no qual se fixar abaixo das paredes de rocha. Às vezes, como nas piscinas Zebra, nos banhamos no rio verde.

Aqui embaixo é encontrada a zebra Hartmann das montanhas. É um animal tímido, e só vemos suas fezes. Leopardos e cudos também vivem nesse abismo, e quase não se deixam ver. Os animais com que temos maior contato são os babuínos – ouvimos seus gritos e alguns grupos passam por nós. Mas não é a vida selvagem que torna essa viagem memorável. O que mais apreciamos é o íntimo contato com o cânion, a paisagem desértica e a trilha natural ao longo do rio.

O cânion do rio do Peixe surgiu de uma falha que começou a ser escavada pela água corrente há 350 milhões de anos. Cinquenta milhões de anos depois, o gelo se depositou na região e foi sofrendo erosão, o que contribuiu para formar o cânion, que é consideravelmente mais velho do que o "jovem" Grand Canyon, nos EUA. Há arenito e xisto nas camadas superiores de rocha e, no fundo, um leito de rocha sólida de milhares de milhões de anos, constituído de gnaisse e quartzito. Em alguns lugares, faixas de rocha ígnea preta e quartzo claro são vistas nos penhascos. Formam-se lindos desenhos, mas a gama de cores é sóbria. O que mais se vê é areia, pedra e rocha. Não é uma paisagem para pessoas, você pode pensar. Mas o povo da região vem aqui há muito tempo, por causa da água e da caça. Embora o sul da Namíbia seja uma das regiões mais áridas do mundo, povoados de 50 mil anos foram encontrados no

Páginas anteriores: desse ponto, podemos ver, 500m abaixo, nossa rota anterior, passando por Palm Springs. Aqui, o "Grand Canyon" da África atinge sua altura máxima. Nas paredes rochosas veem-se faixas claras e escuras de quartzo negro e diábase.

Onde a garganta começa a se alargar, ergue-se o Four Finger Rock, uma montanha que parece ter sido arrancada das dolomitas. Na montanha em primeiro plano encontra-se o túmulo solitário do soldado.

cânion. Durante o século XIX, esse território foi motivo de uma guerra entre as tribos *nama* e *herero*. A luta cessou quando a Alemanha colonizou a Namíbia no final do século, entretanto o povo *nama* mais tarde se rebelou contra o poder colonial. Confrontos ocorreram no cânion do rio do Peixe. Somos lembrados disso pelo túmulo.

Mais para o fim da viagem, o cânion se torna dócil. A não ser pelos picos escarpados de Four Finger Rock, as encostas são inclinadas. Progredimos, passando pelo túmulo solitário, e chegamos a Ai-Ais, onde jantamos com as sul-africanas.

"O cânion do rio do Peixe é um teste de virilidade para os trekkers do sul da África", elas resumem.

"É um teste para os escandinavos também", concordamos.

E, antes de partir, descubro a resposta para o enigma do túmulo. Um livrinho alemão vendido no hotel conta o trágico destino de Thilo von Trotha. Ele era de uma famosa família prussiana. Quando criança, viveu em Schleswig Holstein, e mais tarde serviu o exército na África do Sul. Em 1904, casou-se com uma mulher vários anos mais velha, e juntos compraram uma fazenda na Namíbia, onde pretendiam viver. Segundo o livro, eram amantes da natureza. Um ano depois, num acampamento ao sul de Four Finger Rock, ele foi morto numa emboscada por um guerreiro nama.

Via Lícia

ENTRE O MAR E A MONTANHA

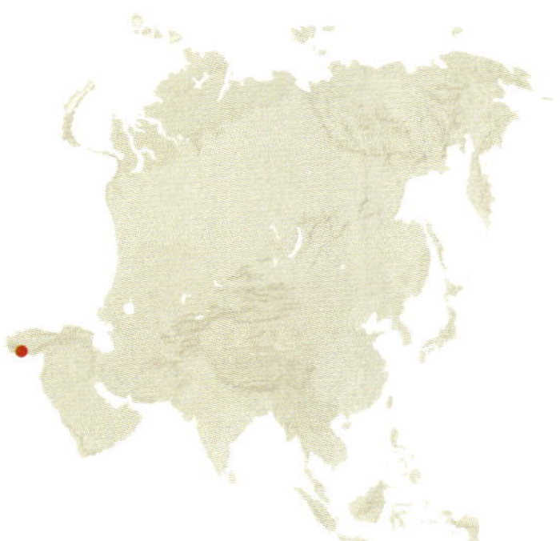

Na descida da vila de Kabak para a praia, pode-se ver por que a região é conhecida como Costa Turquesa. A trilha percorre as íngremes montanhas que acompanham a faixa de terra costeira.

Em abril, quatro velhos amigos e eu pegamos um voo barato para a costa sul da Turquia, a fim de percorrer um trecho da Via Lícia. Imaginamos uma viagem costeira, com um mar acolhedor de um lado da trilha e montanhas íngremes do outro.

Já no primeiro estágio, ao sul da cidade de Fethiye, ficamos deslumbrados, talvez porque não tivéssemos grandes expectativas. Nosso conhecimento da região chamada de Costa Turquesa era escasso. Do alto, o Mediterrâneo cintila a oeste, e a leste o monte Baba Dagi ergue-se abruptamente quase 2.000m acima do nível do mar. Íngremes penhascos de calcário tornam a paisagem luminosa e ferozmente escarpada, mas adiante outra grande surpresa nos espera: uma ravina espetacular, no verdadeiro sentido da palavra. Quando amanhece, caminhamos de uma pousada na cidade de Faralaya até a borda do vale das Borboletas. Daqui podemos olhar o fundo do abismo. Ficamos todos paralisados. A ravina é mais profunda que larga, com um precipício que despenca por mais de 500m até o fundo do vale. Onde ela se abre para o mar, as ondas banham uma prainha – o espaço entre as duas paredes rochosas não tem mais de 200m. Nessa área cercada, voam nuvens de borboletas, atraídas pela buddleja, um arbusto ornamental. A descida é perigosa. Têm ocorrido acidentes, mas no dia seguinte usamos cordas para vencer os trechos mais íngremes, onde um passo em falso pode ser fatal. A subida é mais segura e mais rápida. Conseguimos não escorregar na rocha.

Continuamos nossa caminhada por campos cheios de flores gloriosas. Na cidade seguinte, fazemos uma parada improvisada no Mama's Restaurant. Uma alegre matrona serve cerveja enquanto a filha assa uma espécie de pizza em uma fogueira. Depois de um descanso, a praia Kabak e um banho refrescante nos aguardam.

Afastamo-nos do mar por um desvio pelas montanhas. A trilha sobe 600m até um passo e continua para Alinca. De repente, a paisagem se torna mais selvagem. Atravessamos uma densa floresta de pinheiros e caminhamos com cuidado por curvas muito fechadas sobre picos escarpados de um calcário quase ocre. A pouco mais da metade do caminho há um abrigo cercado por uma plantação de oliveiras. Decidimos que era um excelente acampamento e paramos ali para passar a noite.

Ao lado do rio há terra plana onde podemos montar a barraca, após nos livramos de todas as fezes de cabras – os animais que mais vimos em nossa viagem estão pastando lá no alto. Muitos dos aldeões são pastores de cabras, embora a apicultura também seja popular.

O ar está mais abafado, mas agora chove menos do que há vinte anos. Os poços locais estão secando, o que causa graves problemas. Felizmente, o nosso está cheio e nos oferece a chance de uma parada deliciosa. Temos uma barraca, um forno portátil e comida desidratada congelada. Embora pudéssemos encontrar acomodação, o peso extra nos dá liberdade. É importante para nós poder parar no meio das montanhas.

Em Gey podemos escolher uma pousada. Ninguém fala inglês, mas a hospitalidade dispensa palavras. A vila situa-se sobre uma encosta, de onde se veem os vários promontórios de Yedi Burun entrando pelo Mediterrâneo – daí seu nome, que significa "os sete narizes". À noite, caminho até lá sozinho. O denso maqui dificulta a passagem. O terreno é pedregoso e coberto de arbustos espinhosos. Onde a rocha é exposta, há facetas pontiagudas, típicas do calcário exposto à chuva.

De Gey, a trilha leva de volta ao mar. Passamos por terraços para cultivo do trigo, e acima de um riacho seguimos uma reentrância na montanha. A dramaticidade da paisagem continua. Depois do próximo desfiladeiro fica Bel, onde encontramos um trecho alternativo da Via Lícia. A rota paralela começa numa bifurcação pela qual já passamos e leva às famosas ruínas de Sidyma, mais para o interior. Tomamos esse caminho secundário e voltamos na direção norte. Agora deixamos a costa para trás e, à medida que a trilha entra na floresta, perdemos contato com o mar.

Páginas anteriores: um iate está ancorado ao lago do vale das Borboletas, em turco "Kelebek Vadisi". Da vila de Faralaya, onde estávamos, pode-se descer por uma trilha desprotegida até o fundo do vale – "com borboletas no estômago".

No Mama's Restaurant, na vila de Kabak, é preparado um tipo de pão chamado *yufka*, recheado com queijo e cebola e servido como uma torta.

Entre Faralaya e Kabak, a trilha percorre campos cobertos por tapetes de papoulas e outras flores.

A vila em ruínas se chama Dodurga. Ao fundo, podemos ver os montes Toros. A mesquita tem um pátio, e há pedaços de antigas colunas e blocos menores com inscrições. Os restos arqueológicos espalham-se entre as casas, assim como muitos seixos, que são usados pelos aldeões como material de construção. Evidentemente, esses monumentos antigos não são preservados. O que nos atrai é um homem de meia-idade muito simpático. Ele nos permite montar acampamento diante da mesquita. Isso resolve o problema de onde passar a noite.

Por volta de 200 a.C., Sidyma foi uma cidade. Um século antes, Alexandre Magno marchou sobre a península Teke. Algumas partes da trilha seguem a rota do imperador. Mais tarde, a região foi conquistada pelos romanos. Durante esse período, as cidades da Lícia se uniram numa federação, cada qual com seu governo.

O monumento mais importante que vemos é uma coleção de túmulos impressionantes, altos e construídos como pequenos templos. Eles se localizam numa selada natural onde a trilha desce para o vale em direção a Bogazici, nosso destino. Enquanto caminhamos por entre esses antigos sarcófagos, é como se a viagem tomasse um novo rumo. Até então havíamos admirado a magnífica paisagem e desfrutado do contato com os aldeões, mas foi em Sidyma que, pela primeira vez, apreciamos plenamente a terra venerável pela qual caminhamos.

Petra e Wadi Rum

CAMINHADAS MONUMENTAIS PELO DESERTO

Nossa caminhada nos leva pela curta ravina de Siq el Barid à pequena Petra, a cidade de pedra que teve seu auge na época do nascimento de Cristo. A ravina termina um pouco adiante. Os nabateus escavaram no arenito imponentes câmaras mortuárias e templos, além de canais e cisternas. Na grande Petra, apenas 5km para o sul, os monumentos arquitetônicos são de uma escala ainda maior.

Al-siq é a entrada extremamente estreita, rochosa, profunda e sinuosa da cidade de Petra. Caminhamos pelo fundo arenoso da garganta, perto dos altos penhascos que os nabateus, um antigo povo árabe, cortaram para chegar à cidade de pedra muito antes de Cristo. Quase 2km depois, a garganta se alarga num vão mais amplo e bem protegido, cercado por paredes de montanha. A luz do sol se reflete na rocha e ilumina a fachada de colunas, Al-Khazneh, o mais nobre monumento da cidade de pedra. As montanhas e colunas esculpidas são de arenito, num tom rosa brilhante. O lugar está impregnado dos segredos e da história do Oriente. Raras vezes senti uma fusão tão sublime de magnífica paisagem e monumental herança cultural. O caminho pela ravina para Al-Khazneh culmina num impacto emocional de tirar o fôlego. Ficamos boquiabertos, porém a surpresa é ainda maior quando descobrimos que, por trás dessa deslumbrante fachada, há um vazio cavado na pedra – o monumento não é um templo espaçoso, mas uma cripta imensa.

Petra é uma maravilha tão esplêndida quanto as pirâmides do Egito. O nome vem do grego e significa “pedra”. Queremos checar as possibilidades de caminhar pela área, e os sítios históricos são destinos óbvios. Fevereiro é uma boa época para quem quer evitar o pior calor do deserto. Na companhia do beduíno Ibrahim, caminhamos pela cidade e percebemos que esse patrimônio da humanidade é um enorme museu ao ar livre, e que é preciso andar bastante para ver tudo. Seguimos pela garganta e chegamos a uma ampla bacia entre as cadeias de montanhas. No centro da cidade, há algumas ruínas isoladas, as únicas desse tipo que foram preservadas. Os nabateus provavelmente viviam nessa parte, em cabanas e tendas, protegidos dos ataques. No seu apogeu, Petra devia contar talvez com uns 30 mil habitantes. As paredes da montanha são escavadas em câmaras mortuárias em rocha macia e colorida. Em alguns lugares, os sedimentos minerais pintaram as encostas com todos os tons do arco-íris.

Os nabateus, um povo originário do extremo sul da península Arábica, transportavam bens para os portos do Mediterrâneo. Na Pré-História, suas caravanas atravessavam essas montanhas. Os primeiros vestígios de habitação datam do tempo de Alexandre Magno, mas foi só no último século antes de Cristo que os nabateus transformaram suas casas permanentes numa cidade de pedra. Quando deixamos Petra, entramos num território sem trilhas, passando por uma garganta que atravessa uma cadeia de montanhas. A Siq el Barid leva a um espaço aberto no qual os beduínos cultivavam a terra. Nosso objetivo é uma cripta abandonada, onde Awad e Hatem nos aguardam. Sentados em tapetes nessa antiga caverna, saboreamos a deliciosa comida dos beduínos, enquanto a noite cai e o frio aumenta. Alguns amigos dos beduínos aparecem e, durante a noite, desfrutamos de sua companhia. Na hora de dormir, partimos para a barraca que trouxemos e a montamos perto da caverna.

Sob a luz da manhã, as montanhas de arenito ganham um tom avermelhado. Faço uma pequena excursão por minha conta, para gravar a paisagem na memória antes de voltarmos na direção de Petra. Uma trilha indistinta e exposta contorna uma alta montanha e segue para El Deir, a mais remota das imensas faces rochosas. O nome significa "o mosteiro", em referência aos monges que viveram aqui há muito tempo. O cristianismo chegou à cidade de pedra, mas o islamismo não. Originalmente, El Deir era local de celebração, porém as mudanças avançaram, embora lentamente. Durante o século VII, Petra fazia parte do Império Bizantino, mas foi abandonada depois de atingida por terremotos. Durante 600 anos, ficou esquecida pelos europeus, até que, em 1812, o explorador suíço Johann Ludwig Burckhardt percebeu que "as ruínas de Wadi Mousa eram a antiga cidade de Petra".

Caminhamos pela selvagem paisagem de montanha de volta à cidade de pedra. Uma longa trilha isolada passa por outras câmaras mortuárias e sobe o monte Jabal Madhbah, onde fica o antigo local de sacrifícios em que os nabateus adoravam os velhos deuses árabes e sacrificavam bodes. Daqui se avista toda Petra. Descemos pela trilha turística. Nossa rota é como um número oito atravessado na região. Depois de 10km, finalmente deixamos o monumento pela mesma garganta tortuosa em que chegamos. Essa noite acampamos em outro lugar, onde passamos algumas horas dançando e cantando com nossos anfitriões, que dormem numa tradicional tenda beduína de pelo de cabra. No dia seguinte seguimos para a pequena Petra, que fica um pouco afastada e onde a experiência é mais autêntica, pois há menos turistas. Nessa garganta, os nabateus cavaram casas para receber os visitantes no apogeu da cidade. Chegamos por uma rota que era usada em tempos antigos e passa por um acampamento de beduínos com suas típicas tendas negras.

O deserto da Jordânia sobre o qual mais se escreveu é Wadi Rum. Ele nos instiga a fazer um verdadeiro trekking de deserto. Nosso carro abandona a rodovia entre Amã e Aqaba, e vemos que a paisagem toma a forma de um pequeno bloco de montanhas. Lawrence da Arábia esteve aqui em 1916, durante a Grande Revolução Árabe contra o Império Otomano. "Os penhascos são coroados por domos, menos vermelhos do que o corpo da montanha; mais exatamente cinza e pouco profundos. Eles dão a esse lugar um acabamento semelhante ao da arquitetura bizantina: essa forma processional que supera a imaginação." Assim T. E. Lawrence descreve a paisagem

Wadi um Ishrin estende-se como um largo canal em direção ao sul e à estrada para Aqaba. Nas montanhas à direita ficava o esconderijo de Lawrence da Arábia. "Wadi" é a palavra árabe que significa "vale ou leito de rio seco". Wadi Rum também é o nome do parque nacional que inclui esta magnífica área para trekking de deserto.

Páginas seguintes: do maciço Burdah avista-se a paisagem de Wadi Rum. Falhas geológicas e terremotos racharam esses grandes blocos de arenito, e o vento e a água poliram suas formas.

em seu clássico livro, *Os sete pilares da sabedoria*. Em Wadi Rum, ele encontrou a base perfeita para suas incursões.

A região é deserta e montanhosa, geralmente adequada ao trekking graças à sua interessante topografia e à sua acessibilidade. Caminhamos entre as altas faces rochosas marrons e beges, que às vezes parecem ter sido mergulhadas em chocolate derretido. Vejo Wadi Rum como um imenso arquipélago, cujas ilhas consistem em altos maciços de arenito, e as baías, em planícies de areia. Às vezes é uma área ampla e aberta; outras, estreita como canais, e as montanhas se agrupam em blocos coesos. Os maciços são perfurados por passagens e assustadoramente altos. Toda a geografia do lugar desperta grande curiosidade, emprestando-nos a energia necessária para caminhar pela areia pesada. Quase não conseguimos percorrer 20km por dia, e no trajeto nos perdemos em algumas gargantas estreitas que são becos sem saída. Uma ou duas vezes encontramos pontes naturais de pedra com estreitos arcos também de pedra. Passamos a noite a céu aberto, longe de qualquer construção. No dia seguinte, uma viagem de camelo nos aguarda. Alguns beduínos nos encontram pela manhã. Da corcunda dos animais podemos ver toda a paisagem que se estende à nossa frente. Mas o preço dói no bolso!

Montes Altai

A VERDADEIRA SHANGRI-LA

Quando subimos as encostas do monte Malchin, a vista se estende até a geleira Potunini e o maciço Tavan Bogd, no parque nacional de mesmo nome. Considerando que estão muito longe do mar, as montanhas se mostram extraordinariamente carregadas de neve. Altai significa "montanhas douradas" em mongol.

Em uma viagem de um dia na Ásia central, três de nós estamos escalando um monte cujo pico sem nome alcançamos finalmente a 3.300m de altitude – o primeiro que devíamos conquistar. Nosso guia, Canat, está certo disso quando contamos onde tínhamos estado. O que se pode ver não parece uma terra incógnita, desconhecida. Estamos muito longe do mar, a mais de 3.000km em linha reta. A região é frequentemente chamada de encruzilhada Altai, antiga confluência dos povos e religiões deste continente, e hoje ponto de encontro de três fronteiras nacionais: Mongólia, Rússia e China. Eu nunca havia posto o pé num lugar tão remoto.

Éramos um grupo de doze trekkers nos montes Altai. Percorremos trilhas por onde jamais um estrangeiro havia passado. Minha função é liderar o grupo, mas quem nos mostra o caminho é Canat, que vive em Ölgy, a pequena capital provincial da Mongólia onde nossa excursão começa. Depois de um dia atravessando planícies na direção oeste – 250km num veículo off-road russo –, chegamos ao Parque Nacional de Tavan Bogd, nome que significa "as cinco montanhas sagradas". No dia seguinte, caminhamos 15km até a geleira Potunini, a maior dos montes Altai.

Uma tenda asiática, ou *yurt*, ergue-se perto da língua de gelo que se projeta a partir de uma cadeia de picos escarpados. Dentro dela, o chefe tribal, Rentsen, está jogando xadrez com Shagdar, que está alegre. Os dois são cazaques que vivem nessa região inacessível. No momento, eles cuidam dos camelos que transportam nosso equipamento. O ar é bastante rarefeito, afetando várias pessoas, e por isso nos dividimos em dois grupos para caminhadas de um dia em diferentes direções. Vou com alguns até Malchin Uul (Pico do Pastor), cerca de 1,5km a oeste de nosso acampamento, a 4.037m de altitude. É um monte solitário, porém próximo de uma série de picos brancos e escarpados. Hoje, uma reconfortante tranquilidade permeia a paisagem, enquanto o sol brilha sem um sopro de vento.

Uma atmosfera de mistério que raramente se sente em outras regiões paira sobre essa erma cadeia de montanhas. Picos congelados, altas cumeeiras e platôs ondulantes se estendem em todas as direções. Aqui perto vemos o Khuiten Uul (Pico Gelado) totalmente envolto pela neve. Situado 4.374m acima do nível do mar, é o monte mais

Um caçador cazaque com sua águia-real. No fim do outono, os pássaros são usados para caçar pequenos animais e raposas. No oeste da Mongólia, os cazaques são o grupo étnico dominante. Há cerca de 400 caçadores.

A paisagem muda à medida que nossa caravana de camelos atravessa a estepe coberta de vegetação baixa a leste dos altos montes em Tavan Bogd.

alto da Mongólia. Bem ao lado dele, no cume do quase tão alto Nairandal Uul (Pico da Amizade), as três fronteiras nacionais se encontram. Do lado chinês, predomina uma paisagem alpina carregada de neve. Para leste, na Mongólia, a terra é ondulada como uma prancha de lavar roupa e tem longos trechos sem árvores. Para oeste, na Rússia, podemos ver um amplo platô que se estende na direção de altas montanhas distantes, o maciço de Gora Belukha, o pico mais alto dos montes Altai.

Talvez lá se encontre Shambala, a terra prometida dos textos sagrados tibetanos. Pelo menos, foi o que pensou Nicholas Roerich, o mundialmente famoso artista russo e especialista em Tibete, no início do século XX. Shambala mais tarde inspirou James Hilton a criar o mito de Shangri-la no romance *Horizonte perdido*. Hilton achava que Shangri-la ficava no Tibete, mas prefiro acreditar que ela esteja ao alcance de minha vista, preferivelmente ao sul da rede de montanhas nevadas localizadas na província chinesa de Xinkiang. Lá, sem dúvida, os picos jamais foram escalados, e a maioria dos vales, nunca visitados por estrangeiros. Essa deve ser a localização da terra prometida.

Rentsen e Shagdar cuidam das bestas de carga. Um tuvano chamado Dash Davaa juntou-se a eles quando partimos da geleira Potunini e seguimos o rio na direção leste até os pés de um monte menor, o Shiveet Hairhan Uul. Aqui, há pinturas

rupestres feitas pelos hunos em 200 a.C. Foram os hunos que obrigaram a China a construir a Grande Muralha e invadiram a Europa durante o período das “grandes migrações”. Canat está animado para nos mostrar essas antigas pinturas na rocha.

Não muito longe dali montamos acampamento à margem de um idílico lago de montanha. À noite, nosso guia bebe vodca feita em casa com Dash Davaa. Em nossa barraca, não percebemos nada, mas pela manhã o cansado Canat nos conta que os tuvanos vieram exigir um pedido de desculpas. A razão foi que uma estrangeira que ele guiou algumas semanas antes, apesar de ser advertida, desrespeitou a tradição que proíbe as mulheres de montar um garanhão não castrado.

“Precisamos mostrar respeito pelos nômades”, diz Canat.

Agora a direção da viagem muda, e nos dirigimos para o sul, para um alto desfiladeiro que só é usado pelo povo local em circunstâncias excepcionais e ainda não havia sido atravessado por ocidentais. A caravana toda, com camelos, cavaleiros e trekkers, se move por um amplo vale emoldurado por picos arredondados, mas muito altos. O dia termina com a escalada extenuante de um circo de montanha logo abaixo do desfiladeiro. À noite, cai uma forte nevasca, e de manhã despertamos para um resplandecente mundo novo. Os camelos estão ruminando nos pedaços de terra onde seus corpos derreteram a neve. A barraca está cedendo ao peso da neve, que brilha ao sol, e todos no acampamento andam de um lado para outro na expectativa de que Ainagull sirva o café da manhã na barraca-refeitório. Dash Davaa e Rentsen temem que nossos seis camelos escorreguem na trilha íngreme. Enquanto os animais aguardam que o sol derreta a neve, partimos. Após uma subida íngreme de cerca de 300m, chegamos ao impressionante platô, e, embora o clima agora esteja nublado, é incrível caminhar como um pioneiro pelo coração desconhecido da Ásia. Depois de cerca de 1,5km atravessando o platô, atingimos uma altitude de cerca de 3.000m. Depois, descemos a um estreito vale abaixo das altas paredes de montanha. Ele nos leva a um vale maior e, como por metamorfose, chegamos a terras verdadeiramente férteis, onde o vale Akzu se abre num berço suave. A paisagem se torna agradavelmente idílica, sem perder suas características emocionantes. Começamos a descer, e o tempo continua melhorando. Bosques de coníferas cobrem as encostas mais baixas das montanhas; o pincel do fim do verão coloriu o terreno de tons avermelhados e marrons. No fundo do vale, uma rede de riachos forma um esplêndido desenho. Uma alta barreira de planaltos ergue-se diretamente dos córregos. Mais para o sul, ela cede no ponto onde o vale leva às estepes da Mongólia. Para o norte, a topografia é mais abrupta, e os picos, mais escarpados. As altas paredes são íngremes, e, nessa direção, podemos ver as costas das montanhas nevadas de Tavan Bogd. O vale Akzu se parece mais com Shangri-la do que qualquer outro lugar que você possa imaginar.

Apenas uns poucos caçadores vêm até este lugar, muito longe da civilização. Caminhamos pela região durante um dia. Sobre prados pastoris ainda intocados, lindas plantas estão terminando a floração, e as coníferas são velhas e grossas. Na monta-

Páginas anteriores: do alto de uma montanha nunca antes escalada, podemos ver uma Shangri-la de vales e montanhas virgens. O vale Akzu, imediatamente abaixo de nós, não é habitado nem por nômades, e nossa rota acompanha o rio. As montanhas sem nome do outro lado do vale fazem limite com a província chinesa de Xinkiang.

Nossos animais de carga pastam à luz do amanhecer às margens do lago Khoton Nur. Há muitos camelos domesticados na Mongólia, mas os poucos camelos selvagens que restaram estão ameaçados de extinção – cerca de 400 vivem no deserto de Gobi.

nha sem nome acima de nosso acampamento, fazemos a escalada já mencionada até quase 2.000m de altitude.

No acampamento seguinte, todo mundo aproveita a oportunidade de um mergulho no que Canat chama de lago Verde. Não muito longe dali, deixamos nossa Shangri-la, e o vale se abre nas estepes mongóis. *Yurts* começam a surgir como flocos de neve na ampla paisagem. Nossa jornada agora nos leva por uma região que no verão é habitada por nômades e animais domésticos. Cavalos, iaques e cabras são visíveis em toda a planície, e somos recebidos com enorme hospitalidade. Aqui vivem tuvanos e cazaques, dois grupos étnicos de cultura e aparência distintas. Os tuvanos são minoria e vivem numa extrema mistura entre o velho e o novo: camelos e jipes, xamãs e jogadores de bilhar, *yurts* e antenas parabólicas.

Caminhamos muito tempo pela margem do lago Khoton Nur. Do outro lado, ao norte, podemos ver estepes excepcionalmente áridas e montes recortados. Do nosso lado há mais vegetação, com grupos de árvores, acima das quais os montes Altai se erguem como uma muralha ao longo da fronteira da China, 500-600km para sudeste. Na ponta sul do lago, surge o veículo off-road de Canat. Nossa viagem termina aqui, no meio das estepes mongóis. No rio que flui do lago, desfrutamos de uma incomparável pesca de água doce. Mas essa é uma outra história.

Khentii Nuruu

O LAGO SAGRADO DA TAIGA

Nosso guia Chinggis vadeia o rio Tuul Gol perto de sua nascente. O rio é um dos cursos d'água mais altos a alimentar o Yenisey. Além das montanhas, em linha reta, são 500km de uma imensidão isolada até a ferrovia transiberiana.

Formávamos uma pequena caravana montada, três ocidentais e quatro mongóis, além de cinco cavalos de carga. O espírito do povo das estepes impregna a região, mas logo se impõem considerações práticas, especialmente para mim, que só cavalguei uma ou duas vezes antes. O animal percebe minha insegurança e, de repente, escapa. Eu me seguro firmemente à sela para não cair. Um dos mongóis rapidamente nos alcança e nos faz parar. O cavalo e eu estamos exaustos, mas, assim que a calma é restaurada, a caravana parte. Cerca de 500m depois, a tropa atravessa o rio Tuul Gol com água até a barriga – e levando-nos às costas. "Fantástico!", penso quando chegamos à outra margem, e fico ainda mais encantado quando nosso guia, Tulga, diz que até o fim da viagem meu garanhão preto e eu seremos uma boa dupla. Ouvir isso aumenta minha confiança.

Nosso objetivo é Hagin Har Nuur, um dos poucos lagos na despovoada cadeia de montanhas de Khentii Nuruu, a nordeste da cidade de Ulan Bator. Os montes, que alcançam 2.800m de altitude, ainda estão salpicados de neve, apesar de ser verão. Ao lado de precipícios há montes naturais de pedra, e os vales se abrem em campinas, charnecas e pântanos. A vista mais impressionante é a da floresta que cobre a parte inferior das montanhas, e que nunca foi cortada. Essa região abriga a parte mais ao sul da imensa taiga siberiana. Aqui, a grande floresta se estende desde as estepes da Mongólia até a ferrovia transiberiana, ao norte – mais de 500km de um terreno quase inabitado, uma vastidão sem limites onde vivem ursos, linces, glutões, lobos, alces, cervos e zibelinas. Quem disse que na Mongólia só existem estepes e nada mais?

Cavalgamos pelo vale, atravessando campos floridos nos quais os cavalos pastam livres, cercados por planaltos arborizados. A paisagem e os animais se combinam perfeitamente, como morangos com creme, e em minha imaginação vejo ferozes guerreiros montados assomando no horizonte. No entanto, aqui a paz prevalece. Em junho, brotam todos os tipos de flores. Vemos ranúnculos amarelos e anêmonas sedosas no campo, e na floresta muitas bergênias, que reconheço por tê-las em meu jardim em casa.

Em nosso terceiro acampamento, estamos rodeados por montanhas na cordilheira de Khentii Nuruu. A floresta situa-se num dos trechos mais ao sul da taiga siberiana. O pico tem 2.626m de altitude.

Uns poucos caçadores cavalgam por essas regiões inabitadas, ricas em vida selvagem, e que oferecem boas áreas de caça aos nômades do sul.

No segundo dia, a viagem nos leva encosta acima, mas na parte final a inclinação é tão forte que temos de levar os cavalos até o "obo", monte sagrado de pedras que marca um túmulo e é encontrado em locais escolhidos do país. Os mongóis costumam parar e dar três voltas no sentido horário ao redor deles. Muitas vezes, jogam pedras ou presentes na pilha. Depois que fizemos isso, Ichee, que fala bem inglês, diz que vai cuidar do cavalo e desaparece na floresta. "Que cavalo?", nós nos perguntamos.

"É assim que os mongóis dizem quando precisam atender a um chamado da natureza", ele explica.

Voltamos a montar e descemos a encosta do outro lado do desfiladeiro, até a borda de um pântano, onde paramos para passar a noite. Daqui, a caravana segue por faixas de terreno pantanoso, uma dificuldade para os cavalos. O meu empaca diante de um poço e tensiona o corpo, até que se precipita e corre como um projétil. Quase mergulho por cima de sua cabeça.

Na floresta temos que descer por entre os troncos de árvores, e, de repente, um dos meus joelhos bate contra um abeto. Me atiro do cavalo, com muita dor. Ele galopa para longe e tem de ser apanhado por Tulga. "Não", ele diz, "não se aprende a montar em 5 minutos." Não basta sentar na sela durante alguns dias, mas estou começando a gostar de cavalgar e fazer com que esse animal vá para onde quero ir.

A noite cai sobre Hagin Har Nuur, um lago cheio de peixes considerado lugar sagrado pelos mongóis. Seu nome significa "lago negro".

Os guias mongóis escolhem o acampamento com cuidado, o que é fácil de entender. O lugar precisa ter uma localização prática, com acesso a água, a lenha e a uma linda paisagem. Paramos à margem de um pequeno lago, e imediatamente Tulga começa a desencilhar os cavalos. A comida é preparada num forno a lenha. Mais tarde, comemos *buuz*, uma massa recheada de carne.

Quando o dia nasce, caminho sozinho e encontro fezes de lobo em dois lugares ao redor do lago. Uns poucos patos-de-crina nadam no lago. Passarinhos cantam harmoniosamente, uma lavadeira saltita de um lado para outro, enquanto quebra-nozes voam animados na floresta de coníferas onde lariços de troncos grossos dividem o espaço com abetos. A região é inexplorada e irradia um harmonioso equilíbrio.

Hagin Har Nuur agora está ao nosso alcance, e, quando finalmente o avistamos, depois de cinco dias e cerca de 100km a cavalo, ele é uma joia brilhando atrás de uma cortina de árvores. Diante de nós está uma lagoa rasa, cheia de peixes, entre suaves cadeias de montanhas. Paramos e montamos acampamento em sua margem sul.

Desde tempos imemoriais os mongóis mantêm uma relação quase religiosa com a natureza, e muitos sonham chegar a Hagin Har Nuur. Porém, na verdade, poucos estiveram aqui, e talvez sejamos os primeiros ocidentais. O lago é conhecido no país como um presente dos deuses e um lugar quase inatingível. No século XIII, o imperador mongol Gêngis Khan declarou sagrado o vizinho monte Burkhan Khaldun e proibiu a caça e a pesca nos seus arredores.

Numa paisagem tão selvagem como essa, as estações governam e os animais são os únicos habitantes. Embora eu só tivesse visto fezes e pegadas de animais maiores, eles não saíam da minha cabeça. Um mapa confirma que estamos muito longe da trilha batida, o que empresta à paisagem um encanto ainda maior. A localização afeta o modo como percebo o lago. Próximo daqui ficam as bacias hidrográficas asiáticas; e a cordilheira abriga as nascentes de dois dos maiores rios do planeta, o Yenisey e o Amur.

Deixamos Hagin Har Nuur e atravessamos um estreito vale que leva aos prados abaixo das ruínas de um mosteiro do século XVII. Nessas florestas remotas, os monges mongóis, adeptos do budismo tibetano, puderam se esconder quando os chineses conquistaram seu reino. O mosteiro foi construído por um influente lama, e hoje o que restou dele está coberto por raízes e plantas.

Nossos cavalos pastam languidamente ao lado das barracas. Parecem calmos, apesar dos predadores que os cercam. Depois de sair caminhando sozinho por duas horas, Ichee fica ansioso e vem atrás de mim. Observo o imenso país deserto do qual só tocamos as bordas. "Há muitos ursos e lobos na floresta", ele diz.

Ainda nos restam alguns dias de cavalgada. Aos poucos, as montanhas vão parecendo mais baixas, enquanto os vales se estendem em planícies. Agora galopo e lamento ter que desmontar de meu amigo de quatro patas pela última vez. Voltamos ao ponto de partida, depois de uma viagem circular de 200km por uma das regiões mais selvagens do cinturão de coníferas do hemisfério norte.

Garhwal

UMA PEQUENA EXPEDIÇÃO

Assim que atravessamos o desfiladeiro Kuari, a neve úmida de novembro cobre a floresta mista de carvalhos e pinheiros sobre o Dakwani, 3.000m acima do nível do mar. Depois de uma tentativa malsucedida, lorde Curzon finalmente chegou até aqui em 1905, e seguimos sua rota, que leva a outro desfiladeiro, avistada ao fundo.

Nilsingh é um homem baixo, de meia-idade, dono de um bigode preto e um rosto simpático. Caminha com determinação e rapidez, e tem sempre um sorriso caloroso nos lábios. Desde o primeiro momento, sinto uma ligação com ele, apesar de seu limitado domínio do inglês.

Ele vai ser o cozinheiro de nossa expedição. Com um ar natural de autoridade, organiza os carregadores. Parecem ser mais do que esperávamos. A razão disso é o terreno. Vemos grandes cilindros de gás, um forno a gás de ferro fundido, uma barraca resistente e uma grande tenda comum. Além disso, há nosso equipamento de trekking e comida para uma semana.

"Uma pequena expedição", diz Nilsingh, preocupado e seguro ao mesmo tempo.

Não temos objeções. Caminhar com quinze carregadores e conhecer um pouco cada um deles pode nos aproximar dos moradores da montanha. Alguns são de meia-idade, outros mais jovens. As características variam: tímidos e confiantes, alegres e mal-humorados, altos e baixos. Todos parecem prestativos, mas nenhum fala inglês. O guia se chama Kushal. Com suas modernas roupas de esporte, lembra um instrutor de esqui.

Começamos nossa caminhada com uma íngreme subida que parte da estação de esqui indiana de Joshimath. Acima da floresta, os montes se revelam à nossa frente. Sentimo-nos imediatamente entusiasmados, mas uma citação dos antigos textos hindus de Skanda Purana é melhor do que qualquer palavra minha: "Nem mesmo cem gerações de deuses seriam suficientes para me fazer descrever a grandiosidade do Himachal. Assim como o orvalho evapora ao sol da manhã, também os pecados humanos à vista do Himachal". Muitos indianos chamam essa cordilheira de Himachal, que significa "montanhas nevadas". "Himalaia" é o nome em sânscrito, e quer dizer "lar da estação da neve." Logo ficamos sabendo que ambas as descrições da cadeia de montanhas mais poderosa da terra são verdadeiras.

Nossa rota passa pelo passo Kuari. Seguimos a trilha Curzon, nome de um vice-rei britânico na Índia que, no fim do século XIX, tentou cruzar a cordilheira vindo do sul, sem sucesso. É uma trilha bastante alta, embora 3.565m não sejam uma altitude impressionante numa região onde as montanhas ao redor ultrapassam 7.000m acima do nível do mar. A região por onde caminhamos é Garhwal, na província in-

Amanhece no acampamento de Gurson Bugyal. Todas as montanhas ao norte de Joshimath emergem como cristais facetados. À direita da imagem vê-se Nilkanth, 6.596m acima do nível do mar.

Do terceiro desfiladeiro podemos ver, ao norte, as encostas banhadas pelo sol e a vila de Pana, onde passamos a noite. As altas montanhas nevadas do Himalaia se revelam a nós pela última vez.

diana de Uttar Pradesh. Alguns a chamam de Uttarakhand e, às vezes, de Kumaon. Himalaia é um termo geográfico muito amplo. Abrange várias cadeias de montanhas agrupadas sob esse nome. Elas se estendem por diversas nações e regiões. Para alguns, compreende todo o conjunto de maciços da Ásia Central. Mas, estritamente, é a cordilheira de 2.000km de comprimento entre os rios Indo, no Paquistão, e Brahmaputra, em Assam.

Quando já havíamos atravessado uma parte do vale, a vista se revela maravilhosa. O guia impresso que trazemos conosco diz que essa é uma das mais esplêndidas vistas de montanha do mundo, e sinto-me inclinado a concordar. A trilha sobe por uma encosta acima da linha das árvores e, ao norte, podemos ver uma grade de altas serras nevadas. Este é o alto Himalaia. Na parte leste do vale, também é possível ver o parque nacional, onde se encontra o mais alto monte da Índia, Nanda Devi, a 7.816m de altitude.

O Himalaia apresenta uma paisagem ao mesmo tempo magnífica e aterradora, porém a trilha Curzon é relativamente fácil. Caminhamos na maior parte do tempo abaixo da linha das árvores e nunca atingimos pontos extremamente altos. Apesar disso, chegamos bastante ofegantes ao desfiladeiro Kuari, cujo nome significa "limiar". A descida para o sul é extremamente inclinada e exige muito de nosso joelhos.

Páginas anteriores: o sol se põe sobre Hathi Parbat, no centro, 6.727m acima do nível do mar. "Parbat" é a palavra em sânscrito que significa "montanha". O pico foi alcançado pela primeira vez em 1963. A essa luz, entendemos por que a trilha Curzon é considerada uma das mais belas do Himalaia.

As casas de chá são ótimos pontos de parada, onde se pode matar a sede na companhia da população local e descansar.

Como sabem todos os trekkers, descidas longas e íngremes são muito mais difíceis do que as subidas. No Himalaia isso fica demasiadamente claro.

A natureza da paisagem agora muda. As íngremes encostas nevadas dão lugar a um vale profundo que aponta na direção das distantes montanhas cobertas de florestas. Lá podemos ver uma cordilheira que se estende entre as planícies e o Himalaia, porém mais baixa e mais arredondada. O clima também está mudando. Uma frente fria vem das planícies através do rio Ganges, e, mal acabamos de descer do desfiladeiro, uma nevasca pesada e úmida começa a cair. Isso não é surpresa em novembro, já que pode nevar a qualquer momento em altas altitudes. A temporada chegou ao fim, e somos os únicos caminhantes na trilha.

Nosso acampamento é montado numa clareira cercada por uma floresta mista de carvalhos e pinheiros, assim como por rododendros. Enquanto a neve cai, esperamos a comida sentados com os carregadores, que se aconchegam ao redor de uma fogueira. Eles nos chamam de *sahibs* ("senhores"), e como tal somos servidos, conforme o costume. O cardápio é quase o mesmo em todas as refeições. O jantar começa com uma sopa quente, seguida de arroz e vegetais cozidos, acompanhados de um pão indiano, *chapattis* e *poppadoms*. Estes últimos são uma espécie de waffles muito temperados. Para terminar, a sobremesa vem servida numa lata.

Na manhã seguinte, o chão está coberto de neve. O tempo melhorou, mas o ar ainda é gelado. Voltamos à fogueira dos carregadores. Eles estão contentes e conversam animada e alegremente. Alguns já partiram, como uma guarda avançada, para marcar a trilha no gelo. Nós os seguimos mais tarde. A floresta está belíssima com toda aquela neve depositada nos galhos. É uma longa e contínua descida até a área seca ao redor da vila de Pana, situada numa clareira banhada pelo sol. Passamos a noite numa escola abandonada, onde os carregadores secam sua tenda e suas roupas numa fogueira acesa dentro do prédio.

Habitantes das montanhas como eles fazem com que o tempo pare. Um ritmo medieval governa suas vidas. Os sons dos sinos no pescoço do gado e o latido dos cães se misturam aos gritos das crianças e ao cacarejar dos galos. Logo cedo, as pessoas já estão ocupadas. Espirais de fumaça saem pelos tetos de ardósia das casas quadradas feitas de barro, e, todas as manhãs, os mesmos atos são vagarosamente executados. A água precisa ser transportada, o gado, conduzido ao pasto, e a comida, preparada.

Nossa viagem continua descendo o vale profundo onde uma ponte suspensa cruza o rio Brithi Ganga. Paramos no meio dela e admiramos as altas montanhas nevadas ao leste, rio acima, mas em outras direções nossa visão é limitada pelas encostas do vale cobertas de uma densa selva. Do outro lado da ponte, a trilha atravessa a floresta. Chegamos à vila de Ghangri, na qual crianças brincam, felizes. No resto do dia, a escalada continua lentamente através da floresta. Montamos nosso acampamento numa clareira de onde nada se avista.

Outro desfiladeiro nos aguarda, dessa vez a 2.000m, uma altitude menor. Aqui em cima, admiramos pela última vez as altas montanhas ao norte. A trilha agora nos leva a regiões mais domesticadas. Nos campos ao redor da vila de Rahmni, as mulheres preparam o feno, e, perto do rio Nandakini, encontramos dois caminhantes que tentaram cruzar o passo Kuari, mas foram impedidos pela nevasca.

Há uma casa de chá à beira-rio. Trata-se de um ponto de encontro natural para as pessoas que percorrem a trilha. Num espaço sem janelas, dois dinâmicos cozinheiros preparam arroz e fritam ovos.

Sentamo-nos a uma mesa, bebemos um chá e observamos a passagem das caravanas de habitantes da montanha e animais. Depois de um breve descanso, enfrentamos os poucos quilômetros restantes até a vila de Ghat, que marca o fim da nossa viagem.

À noite, é o momento de nós dois, os *sahib*s, distribuirmos as gorjetas aos carregadores, como é costume. Eles estão alegres quando chegam, um por um, para receber sua recompensa. Ao mesmo tempo, no entanto, uma tristeza parece dominar todo o grupo. Durante uma semana, vivemos lado a lado e vencemos juntos os obstáculos. Apesar da barreira da língua e da enorme diferença de nossos modos de vida e referências, um pequeno laço cresceu entre nós. Pelo menos, é o que gostamos de pensar.

Annapurna

UM CIRCUITO MAGNÍFICO

Perto da cidade de Pisang, Annapurna II exibe sua encosta congelada, atingindo 7.939m acima do nível do mar. Quatro picos têm esse nome e são numerados por ordem descendente de altura. Annapurna significa "deusa generosa", mas Annapurna I é considerado o mais difícil de escalar dos catorze picos acima de 8.000m, devido ao risco de avalanches. Quase metade dos que tentaram morreu. Os franceses Maurice Herzog e Louis Lachenal foram os primeiros a ter sucesso, em 1950, fazendo do Annapurna I o primeiro pico de 8.000m a ser escalado. Ambos tiveram úlceras provocadas pelo frio e dedos das mãos e dos pés amputados. Em seu clássico *Annapurna*, Herzog conclui que "Há outros Annapurnas na vida humana...".

Chegando ao abrigo de Yak Kharka para passar a noite, obedeci à regra básica dos trekkers: caminhar no alto, dormir embaixo. Para melhor aclimatação, fiz uma curta excursão 500m acima do "hotel", que consiste numas poucas cabanas de pedra num isolado vale de montanha. Por sorte, avisto um rebanho do *bharal*, a ovelha azul do Himalaia. Corro com a câmera, mas não é fácil subir correndo uma encosta a 4.500m de altitude. Depois de um pequeno trecho, não há mais ar em meus pulmões e, ofegante, tenho que parar. Meu coração bate como uma máquina a vapor, enquanto as ovelhas continuam pastando perto dali, impassíveis. Bato algumas fotos, depois me sento e volto os olhos para o sul, onde se ergue Annapurna, esculpido contra o céu, envolto em neve e varrido pelas sombras das nuvens que passam.

Tenho diante dos olhos esse maciço sobrenatural, com seus 60km de comprimento e o décimo pico mais alto do mundo, a 8.091m de altitude. A oeste, o rio Kali Gandaki corta o vale mais profundo do planeta, uma fenda de 5km cravada na crosta terrestre que separa Annapurna de Dhaulagiri, outra montanha de mais de 8.000m de altura. A leste corre o grande rio Marsyangdi, separando Annapurna de Manaslu, a oitava montanha mais alta do mundo. Atravessando esses dois vales, a trilha forma um semicírculo ao redor do maciço. Como a maioria das pessoas, caminhamos no sentido anti-horário. Primeiro, subimos o Marsyangdi até a vertente norte do Annapurna, onde cruzamos o alto desfiladeiro de Thorung La, 5.416m acima do nível do mar, e depois descemos o vale que leva o mesmo nome do rio: Kali Gandaki. Essa rota nos leva de volta para o sul.

Eu esperava por essa caminhada com grande curiosidade. Há 35 anos, em minha primeira caminhada no Nepal, cheguei à cidade de Lete, no Kali Gandaki, onde tive que parar, devido a uma aguda indisposição estomacal, uma fase antes da principal cidade de Jomosom, que era nosso objetivo. Na época, não era permitido seguir para o norte, em direção à fronteira do Tibete. Só depois de 1977, quando os distritos de Manang e do baixo Mustang foram abertos ao trekking, passou a ser possível completar todo o circuito ao redor do Annapurna. Com o passar dos anos, essa rota se tornou a mais popular do Nepal para os trekkers, superada apenas pela do Everest.

Uma longa viagem nos aguarda: dezessete dias. Jill e eu decidimos contratar um guia e um carregador. Quando andamos pelo Himalaia nos anos 1970, a simples ideia dessa caminhada parecia muito além dos nossos limites. Percorremos todo o trecho que vai do vale do Katmandu até o Everest sozinhos, carregando nossas mochilas por um mês inteiro, e descobrimos nosso caminho com a ajuda de um guia de bolso e um mapa que nós mesmos havíamos traçado. Agora tínhamos uma melhor orientação e estávamos felizes por apoiar a economia local. Contratar guias e carregadores é uma ótima maneira de fazer isso. Não precisar carregar uma mochila enorme, que vai ficando mais pesada à medida que os anos passam, é outro bom motivo.

Entretanto, pode-se percorrer facilmente a trilha sem a ajuda de um guia. Ao longo dos 200km do "Circuito Annapurna" há centenas de *bhatti* – casas de chá e hotéis simples nos quais você pode se hospedar. Esse número tem se multiplicado em consequência do turismo de trekking, e por isso você não vai precisar de uma barraca. Existem atualmente muitos guias modernos, que descrevem em detalhes o que esperar ao longo do caminho e dão dicas das melhores acomodações em cada cidade. Com um desses nas mãos, é fácil seguir em frente, e os mapas hoje também são ótimos. As condições no Himalaia estão começando a ficar como nos Alpes, pelo menos nessa área, e nas trilhas encontramos quase tantos trekkers quanto moradores locais. Eles dizem que primeiro visitamos o Nepal para conhecer as montanhas, e depois voltamos para conhecer as pessoas. Estou surpreso de ver

No caminho, encontramos homens santos hindus, os *sadhu*, que dedicam a vida à meditação e à contemplação, quase sempre na companhia de um macaco amestrado. Eles estão a caminho dos templos sagrados de Muktinath. Os nepaleses são na maioria hindus, mas no alto do Himalaia o povo pratica o budismo. Muktinath é local de peregrinação de ambas as religiões.

O lama Dasi e sua esposa cega, Yam Min Do, têm 91 e 90 anos, respectivamente. Eles viveram durante 38 anos como eremitas em Praken Gompa, a 4.500m de altitude. Seu pequeno *gompa* (uma espécie de mosteiro) foi construído em pedra sobre um alto penhasco acima da cidade de Manang.

Páginas seguintes: a leste da cidade de Pisang, placas lisas de granito formam uma côncava parede rochosa, chamada Paungi Danda, que significa "a porta do paraíso". A tribo *gurung*, que vive aqui, acredita que os espíritos dos mortos são carregados até lá depois de enterrados.

o quanto o turismo se desenvolveu nessa região ao redor do Annapurna. No entanto, os que vivem aqui continuam pobres pelos nossos padrões – tanto que o pônei ainda é o principal meio de transporte. O terreno é brutalmente resistente à construção de estradas. Apesar disso, pequenos aeroportos foram construídos próximos das principais cidades de Jomsom e Manang. Eles oferecem uma possível rota de fuga para aqueles que são atacados pelo mal da altitude. Não esqueça que essa viagem exige muito fisicamente. A travessia do desfiladeiro, além de alta, é íngreme. Felizmente, temos cerca de dez dias para irmos nos adaptando à altitude antes de chegar lá.

Nosso guia, Ram, tem 35 anos e é de Solu Khumbu, ao sul do Everest. É um bom companheiro, e o forte Prawin carrega a maior parte de nossa bagagem com a ajuda de uma faixa amarrada na testa, como é costume aqui no Himalaia. Nossa caminhada começa na cidade de Besisahar, à qual chegamos num ônibus vindo de Katmandu. Nos primeiros dois dias, atravessamos terras cultivadas e um vale cada vez mais estreito, com terraços verdejantes alinhados nas encostas. Gosto de ver as placas pintadas à mão com os nomes dos hotéis. Em Baudanda, descubro uma placa que diz que o hotel não é mencionado em guias de viagem. Isso diz alguma coisa!

No terceiro dia, o vale se estreita ainda mais e se torna mais selvagem. A água corre com mais furor e nas íngremes encostas agora crescem grandes coníferas. As terras cultivadas desapareceram e as árvores decíduas se tornaram menos comuns. Já perdemos a conta de quantas pontes suspensas sobre precipícios atravessamos. Antes do fim da viagem devem ser quase 50. A cidade de Tal parece uma vila do Velho Oeste, fatalisticamente empoleirada num leito de cascalho incomumente largo no fundo de um vale estreito, onde a poeira rodopia ao vento. Cabanas de pedra, com lojas e casas de chá, ladeiam a rua principal. Depois disso, o rio Marsyangdi faz uma grande curva e vira na direção oeste.

Até aqui, o tempo esteve bastante nublado, mas, quando amanhece sobre a cidade de Danaque, as nuvens se dissipam e o monte Manaslu, até então oculto, surge majestoso. Pela primeira vez nessa viagem, consigo ver de perto uma montanha gigantesca. A paisagem do Himalaia tem um poder sobre mim. Quando se revela em toda a sua glória, sou apanhado num estado contraditório de desejo de viajar e meditação. Os picos me chamam, mas também me amedrontam, e logo percebo que a vida é mais sadia se a gente se contenta em enxergar essas grandes massas como deuses, conforme acreditam os orientais, do que como desafios, à maneira ocidental.

Ao redor de Yak Kharka pastam rebanhos da mais imponente besta de carga do Himalaia, o iaque – mas esse nome só se aplica ao touro, porque a vaca é chamada de *dri*. São animais geralmente tranquilos, que podem, porém, ficar irritadiços se chegarmos perto demais. Sua lã é usada para fabricar roupas, e seu leite, para fazer queijo. Ao longo das trilhas, vê-se frequentemente uma cruza de iaque e vaca, chamada *dzo*. Iaques selvagens só são encontrados no Tibete.

Do alto do acampamento Thorung, vemos ao sul o Annapurna III coberto de nuvens. Depois de uma noite fria aqui em cima, ainda nos resta escalar cerca de 600m até o ponto mais alto da caminhada, o passo Thorung La, a 5.416m de altitude.

Em Manang, 3.500m acima do nível do mar, deixamos as florestas de coníferas para trás e entramos numa região descampada. O vale ficou mais largo, e a terra, menos fértil. Permanecemos mais um dia aqui para que o corpo se acostume à altitude. Essa cidade é a principal ao norte do Annapurna. É constituída de casas de pedra que parecem caixas, separadas por estreitas alamedas. Manang parece medieval, mas a visão da longa fileira de montanhas nevadas é atemporal. Dois dias depois e 2.000m acima, chegamos a Thorung La, onde a neve rodopia à luz da aurora. Encontramos muitos trekkers e carregadores pelo caminho. Passamos a noite no acampamento Thorung, uma coleção de geladas cabanas de pedra a 4.860m de altitude. Com um tempo horrível, chegamos ao ponto mais alto da trilha justo quando a fraca luz do dia era vencida pela escuridão. As casas de chá do desfiladeiro oferecem uma momentânea recuperação e bebida quente, mas a vista cativante se perdeu.

A cidade de Muktinath, do outro lado, é nossa próxima parada, e um novo mundo, com clima melhor, cerca de 500m abaixo. Ao norte, uma paisagem mais árida e descampada se estende pelos picos de Mustang. Temos um vislumbre do estéril planalto tibetano, mas também de mais montanhas nevadas que aparecem à distância. Um grande conjunto de templos partilhados por hindus e budistas empresta a esse

lugar um caráter especial. A existência de gás natural e água numa caverna atraiu os religiosos desde tempos antigos, e peregrinos percorrem um longo caminho para visitar esse santuário.

Daqui, é uma longa descida pela encosta de Kali Gandaki, passando por um vale cada vez mais estreito abaixo das gigantescas montanhas. A trilha agora é uma imagem espelhada da primeira parte da viagem, subindo o rio Marsyangdi. Agora abandonamos uma região escarpada e entramos numa paisagem subtropical. Logo estou de volta a um território conhecido, mas minhas lembranças da última viagem são fragmentárias. Só a vista do desesperadamente alto Nilgiri parece familiar. Nos banhamos numa fonte de águas quentes em Tatopani, junto com bandos de trekkers. O local se tornou quase um spa. Agora só restam um desfiladeiro e uma subida de 500m por encostas em terraços e por florestas de rododendros até Ghorepani. Aqui em cima descobrimos uma cidade recém-construída, feita só de hotéis e casas de chá. Que não existiam antes. Como a maioria dos outros visitantes, nos levantamos ao romper da aurora para ver o sol se erguer da famosa Poon Hill. Na companhia de centenas de expectantes trekkers, vejo um novo dia tomar forma sobre as eternas montanhas do Himalaia.

Ao nascer do dia, a famosa vista da Poon Hill oferece um imponente panorama em direção à parede sul do sétimo pico mais alto do mundo, o Dhaulagiri, a 8.172m de altitude. O nome significa "montanha branca", e, na primeira metade do século XIX, as pessoas acreditavam que ele era o pico mais alto do mundo.

No último dia, uma árdua descida de 3.421 degraus de pedra nos leva à cidade de Tirkedunga, no vale Bhurungdi, onde as encostas são cobertas de terraços. Séculos de trabalho dos agricultores alteraram a paisagem original.

Monte Everest

A CAMINHADA MAIS ALTA

O monte Everest leva o nome do homem que chefiou o Survey of India Office em meados do século XIX. De Kala Pattar, pode-se ver a clássica rota que leva ao lendário pico. Ela atravessa o gelo até o desfiladeiro Sul, à direita, e daí acompanha a crista sul até o cume. Esse foi o caminho que os pioneiros Edmund Hillary e Norgay Tensing percorreram em 1953. As primeiras tentativas de escalada foram feitas do outro lado, no Tibete. Em 1924, George Mallory e Andrew Irvine desapareceram misteriosamente no meio do caminho. Exatos 75 anos mais tarde, o corpo de Mallory foi encontrado, mumificado pelo frio e pelo vento. Ele havia escorregado a curta distância do topo, na face norte. Se chegou ao ponto mais alto continua sendo uma dúvida, que, se resolvida, pode reescrever a história.

Enfim, Kala Pattar! Depois de dias de caminhada, num ar cada vez mais rarefeito, chegamos a uma crista estreita e podemos avistar o monte mais alto do mundo apontando para o céu, acima de outros gigantes como se fosse o rapazinho da última fila na foto da escola. O monte Everest não é particularmente bonito quando visto daqui, mas é o mais elevado, e, perplexo como eu estava, só conseguia pensar numa coisa: Everest é Everest.

Diante desse cenário, esqueço rapidamente as dificuldades que enfrentamos para chegar até aqui. A trilha do Everest abriga pequenos hotéis muito simples. De vez em quando, é preciso parar por causa da fila de trekkers, carregadores e caravanas de animais. Helicópteros voam ruidosamente sobre as montanhas todos os dias, e na maior cidade, Namche Bazar, há pizzarias, discotecas e cibercafés. Em Kala Pattar, pode-se ignorar tudo isso por uma simples razão: Everest é Everest. O monte mais alto do mundo é tão poderoso, notável, sedutor e magnífico que é possível aceitar os efeitos do turismo com uma certa tranquilidade.

Lembranças vêm à tona. Em minha primeira viagem à região, em 1972, não encontramos muitos caminhantes. Passamos as noites em casas de *sherpas*, grupo étnico que vive nos picos do Nepal. Atualmente não se faz mais isso. Acima de Pheriche, o monte mais alto próximo ao Everest, eu e meu companheiro de viagem, Rolf Bardon, éramos os únicos caminhantes. Chegamos sozinhos a Kala Pattar. Hoje, passados 30 anos, estou diante da mesma vista, mas cercado de uns vinte desconhecidos. Uma fila de pessoas enfrenta a subida, e por vários dias pude constatar como o turismo mudou a região. Apesar de tudo, estou tão maravilhado como da primeira vez.

O monte Everest atrai nossa atenção como nenhum outro. O interesse da mídia se sustenta graças a inúmeros ingredientes: a altitude, os riscos, as mortes, a magnífica paisagem, a história, a honra, a intriga, o valor simbólico do monte. Muitas e muitas pessoas são atraídas a esse templo do mais espetacular cenário do mundo. A trilha do Everest está entre aquelas sobre as quais mais se escreveu.

Na vila de Namche Bazar, a 3.500m, encontro Uddhab Dhungana, administrador do Parque Nacional Sagarmatha. Ele vive no centro de visitantes do parque, situado em um afloramento acima do povoado. Daqui se enxerga, bem ao norte, o grandioso vale que leva aos pés do Everest. Dessa distância, avista-se apenas o cone do topo do monte mais alto do mundo. Abaixo dele corre o rio Dudh Kosi, que escavou uma das ravinas mais profundas do planeta, um curso de rara magnitude. Do outro lado, no fundo do abismo, o monte Thamserku ergue-se em um só movimento a 3.500m de altitude.

O cone de Ama Dablam assoma atrás do rio Imja Khola. Pudemos vê-lo durante muito tempo à medida que nos aproximávamos do Everest. Como todas as montanhas em Khumbu, ele tem um significado religioso para os *sherpas*. "Ama" significa "mãe", e "Dablam" é um amuleto usado pelos *lamas*. Esse pico é considerado um dos mais belos do mundo.

"O parque nacional foi fundado em 1976", afirma Uddhab Dhungana. A iniciativa partiu de Sir Edmund Hillary, o primeiro homem a escalar o monte Everest. Ele é muito respeitado aqui, e chamado "o rei de Khumbu" (região nordeste do Nepal). Hillary notou que as florestas da região estavam ameaçadas pelas expedições de escalada e pelo início do turismo de trekking. Muita madeira foi extraída. O número de trekkers crescia rapidamente, muito por causa do aeroporto de Lukla, que ele mesmo iniciara. Trata-se de uma pista de pouso traçada na encosta, que se encontra dois dias de caminhada ao sul de Namche Bazar. Para os pilotos, é como pousar num porta-aviões. Quando o aeroporto ficou pronto, em 1968, as mudanças foram enormes. Viajando de avião, pode-se evitar a longa caminhada desde Katmandu. O Everest ficou muito mais próximo.

Apesar de todas as dificuldades, Hillary obteve apoio para a ideia de um parque nacional. A região é bastante povoada, e não selvagem. Por muito tempo os *sherpas* desconfiaram do projeto do parque, mesmo tendo sido lançado por seu admirado amigo. Finalmente, eles se convenceram dos benefícios, e hoje são poucos os que se queixam.

Dawa Tenzing foi um lendário guia *sherpa* cuja carreira já se iniciara quando Mallory desapareceu, em 1924. Mais tarde, tornou-se líder *(sirdar)* de várias expedições importantes depois da Segunda Guerra Mundial. Essa foto foi tirada em 1972. No filme *Solitary journey*, Dawa afirma que "onde os estrangeiros veem montanhas nós nos vemos. As montanhas são os ossos, e nós somos o sangue". Ele morreu em 1988.

No caminho de volta para o centro, passo por uma plantação de árvores na encosta acima da cidade. Isso me faz pensar no futuro do parque nacional. Sem dúvida, a floresta pode ser salva, mas como será essa experiência se os trekkers continuarem a se multiplicar? Talvez o fluxo chegue a um limite natural. À sua maneira, a falta de oxigênio protege a área. Cerca de metade dos que tentam chegar a Kala Pattar é forçada a voltar por causa do mal da altitude.

Demoramos oito dias para escalar o Everest partindo do aeroporto em Lukla. Acompanhamos o rio Dudh Kosi até sua nascente e observamos como a paisagem muda. Nos primeiros dois dias, atravessamos florestas de pinheiros no profundo vale do rio. Vislumbramos picos escarpados incrivelmente altos no firmamento, como sóis em seu zênite. A uma altitude de 3.600m acima da cidade de Namche Bazar, chegamos a pântanos alpinos, onde a vista se abre. Observamos falcões voando lentamente pelo ar e *tahrs* de longos pelos pastando precariamente nas encostas. Algumas das montanhas mais lindas do planeta nos rodeiam – por exemplo, Ama Dablam, Taboche, Cholatse, Pumori, Kantega e Thamserku. E podemos ver que o parque nacional contém muito mais do que apenas as montanhas mais altas do mundo. Mesmo se o monte Everest não estivesse aqui, a caminhada teria valido todo o esforço.

Páginas anteriores: subi sozinho num monte para fotografar o crepúsculo azul na face oeste do Ama Dablam. Como é possível não amar as montanhas diante de vistas como essa? A natureza e a atmosfera exigem reverência.

A cidade de Namche Bazar situa-se ao sul da bacia, 3.600m acima do nível do mar. É o principal centro comercial do Khumbu, nome do distrito sul do Everest. Os *sherpas* chegaram aqui vindos do Tibete no século XVI. A palavra "sherpa" significa "povo do leste".

Dingboche, a 4.350m de altitude, é uma cidade de verão. Aqui os trekkers podem se hospedar em pequenas cabanas construídas ao longo de celeiros de pedra. Os *sherpas* criam iaques porque, quando o comércio com o Tibete era significativo, caravanas desses bois selvagens transportavam produtos pelos altos desfiladeiros.

Mas queríamos chegar ao monte mais alto e ver a maior protuberância terrestre, ponto extremo de nosso planeta: o Everest, o posto mais avançado a caminho do cosmo. E conseguimos. Foi uma experiência divina do mundo natural.

Para os *sherpas*, a montanha é sagrada. Eles são originários do Tibete e, em sua língua, o Everest é "Chomolunga", traduzido anteriormente como "Deusa Mãe do Mundo" ou "Mãe do Vento", e hoje interpretado como uma abreviação de "Mãe Miyolangsangma", nome da deusa da montanha. Todos os picos são sagrados, porém no Ocidente só o mais alto ficou famoso. Muitos querem escalá-lo, mas apenas cerca de 1.800 pessoas conseguiram chegar ao topo. Algumas centenas morreram.

Como trekkers, temos um relacionamento mais forte com a terra do que os alpinistas. Ficamos felizes de estar perto e observar. A viagem até Kala Pattar é factível para pessoas com bom preparo físico, mas, se as coisas ficarem ruins, o pequeno monte no reino dos gigantes pode se tornar um Everest particular. Tempestades inesperadas podem fazer a viagem extremamente difícil. O mal da altitude é o maior risco. No Himalaia, é importante ter tempo. Muitos sentem-se mal depois de subir muito rápido.

O voo para Lukla é enganoso. Sem que o corpo tenha tempo de se adaptar, pousamos a alta altitude, acima de 3.000m. É muito melhor começar a caminhada na

vila de Jiri, 70km a oeste. Saindo de Katmandu, pode-se chegar lá de ônibus ou táxi. Partindo de Jiri, leva-se no mínimo duas semanas caminhando até o Kala Pattar via Lukla. A trilha atravessa vários desfiladeiros e, no total, subimos um Everest inteiro!

Lukla se tornou uma cidadezinha movimentada. Todas as manhãs, na alta estação, não param de pousar aviões. O tráfego aéreo precisa ocorrer durante a parte do dia em que não há nuvens, geralmente antes do almoço. Os atrasos são comuns, e muitas pessoas são obrigadas a esperar vários dias por um voo. Com frequência, os trekkers a caminho do Everest ficam bloqueados em Katmandu. Isso pode criar, subsequentemente, uma falta de percepção do tempo, o que leva algumas pessoas a subir rápido demais, a fim de cumprir o programa traçado. Temos sorte dessa vez e conseguimos voar de volta sem problemas.

Apesar dos ventos da mudança e da atenção devastadora, a caminhada ao Everest ainda é uma das minhas favoritas. A paisagem é mais cativante do que qualquer outra. A beleza singular, naturalmente, é uma explicação. E conhecer os amigáveis *sherpas* é inesquecível. Mas há algo mais profundo, uma proximidade com as eternas questões sobre a vida e a morte, Oriente e Ocidente, crer ou não crer. Todos os destinos em torno do ou no próprio Everest aumentam a magia que envolve o monte.

Recuperando o fôlego acima de Lobuche, a 5.000m de altitude, com o monte Taboche à esquerda. As montanhas cobertas de neve atrás dos trekkers são depósitos de moraina na língua do glaciar Khumbu.

Os primeiros raios do sol atingem o pico de Pumori, 7.145m acima do nível do mar. O monte escuro abaixo é Kala Pattar (Rocha Negra), objetivo de nossa caminhada. Bill Tillman e seus companheiros foram os primeiros a chegar aqui, em 1950 – nesse ano, o Nepal começou a permitir expedições às montanhas. O lendário George Mallory, que via o monte do lado do Tibete, foi quem, em homenagem à própria filha, nomeou Pumori, que significa "pico da filha", em 1921.

Tailândia

CAMINHADA POR VILAS DE MONTANHAS

Borcraii, no norte da Tailândia, é cercada por montanhas de calcário. Além delas fica a fronteira com Mianmar (Birmânia). A cidade é habitada pelos *black lahu*, uma das tribos da região.

Panuve foi quem traçou a rota. Ele é um jovem guia de Chiang Mai. Juntos, atravessaremos regiões montanhosas do norte da Tailândia, onde se pode caminhar de uma vila a outra e conhecer pessoas hospitaleiras de diferentes grupos étnicos. É como ir de um país a outro atravessando fronteiras não existentes. Partindo da cidade de Ciang Mai, vamos de carro na direção noroeste, passando pela cidade de Pai e chegando perto do limite com Mianmar (Birmânia), quase 200km a oeste do mítico "Triângulo Dourado".

Quem viaja comigo é minha filha de 14 anos, Catrin, e Panuve contratou um carregador. Nossa caminhada começa numa densa floresta de monções com árvores tecas, que restringem nossa visão ao mínimo, mas o terreno íngreme nos diz tudo sobre a topografia. A temperatura é confortavelmente amena, e, como a trilha foi bem escolhida, é fácil caminhar por ela. Raios do sol da tarde penetram pela mata, que só parece selvagem. A abundância de bambus indica que há muitos anos as pessoas vêm cortando árvores e abrindo clareiras, o que esgotou a fauna. O fogo também tem devastado o local. Alguns quilômetros a frente, chegamos a uma clareira onde, após a queimada, se cultiva arroz.

A noite se aproxima rapidamente, e chegamos às primeiras habitações quando o sol cai como uma bola de fogo em meio ao nevoeiro úmido. A ampla vista da montanha abrange algumas casas e, diante delas, porcos e galinhas cavoucam a terra. Aqui habitam duas famílias da tribo *red lahu*. Panuve diz que eles querem viver em paz. Uma mulher se afasta, envergonhada, quando passamos por seu quintal.

Logo fica escuro como breu. Apressamos o passo a caminho da vila de Pamon, que conta com algumas centenas de habitantes. Ali, procuramos uma casa onde passar a noite. Essas construções são feitas sobre palafitas e têm piso de bambu, com intervalos pelos quais toda a sujeira é varrida. Apesar de possuir uma lareira sobre uma base de pedra no canto da sala principal, elas são muito limpas, a não ser pelo teto, cujas vigas estão cobertas de fuligem da fumaça, que tem de encontrar por onde sair. Num dos lados há um quarto no qual vive a família que nos hospeda. Espalhamos nossos sacos de dormir perto da lareira.

Panuve cozinha o prato local de arroz e vegetais enquanto nos fala dos povos das montanhas do norte da Tailândia. Aqui vivem seis tribos, subdivididas em pequenos grupos, cada um com seus costumes e tradições. Quase todos chegaram nos últimos séculos, em épocas de intranquilidade política. Provavelmente, foram nômades por milhares de anos, expulsos das férteis planícies por culturas mais fortes. A verdadeira origem das tribos está envolta em mistério, e quase nenhuma tem escrita. Por outro lado, sua tradição oral é muito desenvolvida. Os velhos contam histórias de rebelião social e longas jornadas.

As regiões montanhosas que eles habitam fazem parte das faldas do Himalaia e são constituídas principalmente de calcário. Alguns montes se estendem como longas cumeeiras, outros são arredondados, e alguns, escarpados, com íngremes penhascos. O ponto mais alto de nossa rota não mede mais que 1.300m, e os topos planos são cobertos de densas selvas. A paisagem é esplêndida.

Na vila onde estamos vivem os *red lahu*. A tribo tenta ser autossuficiente com a criação de gado e a plantação de arroz. O ópio faz parte de sua tradição, e alguns velhos ainda o fumam. Na manhã seguinte, passamos por um pequeno campo de papoulas, que já floresceram. Uma jovem faz pequenos talhos nas plantas, para que o suco leitoso goteje. A colheita é um trabalho meticuloso. Panuve nos conta que as autoridades tentam estimular os últimos produtores de ópio a cultivar outras plantas. Informam os aldeões sobre os riscos e sobrevoam a terra em busca de campos remanescentes de papoula.

Mais adiante, num acampamento de elefantes, entramos nos domínios dos *karen*, a maior tribo do norte da Tailândia. Ao contrário de outros povos, seu estilo de vida não tem o menor vestígio da cultura chinesa, e o ópio nunca foi muito presente. Conta-se que eles vieram de Thibi Kawbi, um lugar na fronteira entre o Tibete e o deserto de Gobi.

Dois elefantes enormes caminham em direção a um riacho. Da margem alta, colocamos um pé na testa do animal e subimos por suas costas. Ali ficamos sentados pelo resto do dia como paxás, firmemente agarrados enquanto eles caminham devagar pelo terreno ondulado da selva até a grande vila de Muang Paena. Passamos a noite com o chefe da tribo, Ratana Aa Rayatam, um homem de meia-idade com uma grande família. Ele caminha de muletas e nos conta que sofreu um acidente de motocicleta. Há muitas motos na vila. O povo *karen* é mais sociável do que as outras tribos e não tem dificuldade em viver em duas eras diferentes.

A mãe de Ratana, de 85 anos, senta-se ao pé do fogo quando o jantar é posto à mesa. Como convidados, somos servidos antes de nossos anfitriões, e, enquanto comemos, a velha senhora nos espia, curiosa, apesar de sua visão limitada. Entretanto, a vida da casa continua como se não estivéssemos presentes. Todos parecem acostumados com estrangeiros. No dia seguinte, quando partimos, Ratana usa um traje tradicional: uma túnica vermelha com um chapéu pontiagudo combinando. Parece esplêndido, mas os trajes dos *karen* são menos vistosos que os de outras tribos.

Essa senhora de 85 anos é mãe de Ratana, o chefe da família. Todos se reúnem em volta da lareira na casa de madeira erguida sobre palafitas. O povo *karen* é uma das numerosas tribos do norte da Tailândia.

Depois de uma curta caminhada, chegamos a um rio de dezenas de metros de largura, cercado por imponentes montanhas. Aqui nossa rota toma um novo rumo. É hora de rafting. Deslizamos rio abaixo em uma jangada de bambu. O nível da água está baixo, e há longos trechos de corredeiras. Às vezes, descemos da jangada para empurrá-la; mais adiante, somos levados pela correnteza. A viagem é mais confortável do que a caminhada. A paisagem muda constantemente da densa selva a pastagens abertas. Finalmente, o rio termina numa profunda caverna de calcário chamada Tham Lot, uma famosa atração turística servida por uma estrada. É aqui que desembarcamos.

À luz de uma lanterna de parafina, somos guiados pelas câmaras escuras, passando por estalactites grossas como pilares de pontes. Não há luz elétrica, e o fato de a caverna ser tão primitiva nos obriga a nos tornarmos exploradores por algum tempo. Algumas escadas foram construídas entre as galerias, que se distribuem em vários níveis. A chama da vela e alguma luz do dia que passa pela abertura da caverna nos permitem ter uma dimensão do tamanho da galeria principal. Lá no fundo, no leito de cascalho, outra jangada nos aguarda para uma viagem de conto de fadas.

Almoçamos e, em seguida, apertamos o passo para chegar à vila de Borcraii antes da noite. São só 10km até lá. O terreno continua muito ondulado, e a mata é fechada durante todo o trajeto. Ao anoitecer, descobrimos a vila, encantadoramente localizada sobre uma cumeeira longa e estreita. Perto das primeiras casas, um homem alegre se oferece para nos hospedar. Ele se chama Jayorh, tem cerca de 50 anos e fumou ópio durante metade da vida, até que finalmente parou. Ficamos sabendo que ele é o músico da vila, onde é celebrada uma cerimônia em honra de um espírito importante.

Na vila de Pamon, nos hospedamos com os *red lahu*. Pela manhã, esta jovem dona de casa alimenta os porcos com milho. Eles passam a noite entre as palafitas sobre as quais a casa se ergue.

Os habitantes de Borcraii pertencem à tribo *black lahu*, que se autodenomina "o povo abençoado". Eles emigraram da Birmânia no fim do século XIX e são admirados por outras tribos como habilidosos caçadores. Estão mais abertos à modernidade que seus irmãos *red lahu* – tanto que na vila há eletricidade e uma estrada, por exemplo. Todavia, apesar do contato frequente com o mundo exterior, eles se dedicam a antigos ritos religiosos nativos. Os *black lahu* veneram um deus universal chamado Gúi Sha.

Somos convidados a dançar numa praça ao lado da rua que atravessa a vila. No meio de um pedaço de cascalho ergue-se um pedestal de pedra. As pessoas dançam uma espécie de foxtrot, só que muito rígido, ao redor dele. No centro desse círculo, Jayorh se pavoneia e sopra um instrumento que parece uma mistura de gaita de foles e flauta de Pã. Notas emocionadas, de profunda ressonância, podem ser ouvidas à distância. Junto-me à dança. No dia seguinte, nossa deliciosa caminhada acaba e tomamos um carro até a cidade de Mae Hong Son.

A vila de Borcraii é cheia de vida. Ficamos surpresos com a simpatia e a hospitalidade desses povos da montanha.

TURBOY

Gunung Kinabalu

A ESTRADA DA MONTANHA ROCHOSA

A chuva reforça o cinza do granito e o deixa muito escorregadio. Vez ou outra uma árvore cresce nas fendas onde há terra. No mais, é uma placa nua. Para o povo *kadazan* que vive na região, a palavra Kinabalu significa "montanha dos mortos". Conta a lenda que um príncipe chinês buscava no topo do monte uma pérola rosada que era guardada por um dragão. Após uma luta terrível, ele matou o dragão e pegou a pérola. Depois, casou-se com uma donzela *kadazan*, porém mais tarde a abandonou para voltar à China. Atormentada, a esposa escalou a montanha, onde foi transformada em pedra.

Deixamos a hospedaria Laban Lata nas primeiras horas da madrugada. O luar nos permite ver uma parede de montanha logo à frente. Onde a floresta termina, 3.000m acima do nível do mar, entramos numa paisagem rochosa, muito diferente do que se pode esperar de Bornéu. As árvores poderiam crescer aqui, já que estamos nos trópicos, mas simplesmente não existe solo onde elas poderiam se enraizar. Apesar da latitude, o ar é frio. São uns poucos graus acima de zero. Agasalhados, com luvas e chapéu, subimos pelas placas íngremes e maravilhosamente lisas de granito, que se mantêm no lugar por atrito. Uma corda grossa e extremamente longa foi esticada até o topo.

Extraordinárias colunas de rocha formam silhuetas contra o céu iluminado por relâmpagos. A grande altitude começa a se fazer sentir, e subimos agarrados à corda. Às 4h30, pouco antes do amanhecer, chegamos ao Low's Peak, a 4.101m de altura, e temos a impressão de poder ver metade do mundo. Não se enxerga nada tão alto ao alcance de nossa vista. Bornéu se espalha para o sul, onde densas nuvens de neblina descansam nas depressões. Para oeste, norte e leste, podemos acompanhar a linha curva da costa, em que a ponta norte da terceira maior ilha do mundo encontra o mar. Cerca de 4.000m abaixo, as luzes cintilam na cidade de Kota Kinabalu.

Quando recuperamos as forças, podemos nos orientar na montanha. O alto platô de Kinabalu é um estranho mundo de precipícios e obeliscos esculpidos. Quem pensa que Bornéu é apenas selva está enganado. Esta é uma incomparável paisagem de montanha, de apenas 5km de leste a oeste e menos de 3,5km de norte a sul. Não é uma área muito grande, mas separada do resto da ilha como um território no céu.

O primeiro a escalá-la foi Hugh Low, em 1851. Sua maior dificuldade foi chegar aos pés da montanha. Ele levou quinze dias desde Kinabalu, uma distância que nos dias atuais é percorrida em apenas 2 horas por uma estrada rápida. A densa floresta torna a viagem incrivelmente lenta na ilha. Mas acredita-se que Low tenha escalado a parte final até o topo tão rápido quanto os trekkers de hoje. Não é difícil. Lá de cima, vemos um profundo abismo de 1.500m, o Low's Gully, que corta a montanha ao meio e faz o maciço parecer um bumerangue.

Alguns guias descansam no granito. Às vezes, o gelo forma pequenas bacias de rocha aqui em cima. A neve cai em raras ocasiões, mais ou menos a cada vinte anos. O vento é cortante de tão frio. Mas, assim que o sol aparece, esquenta.

Do Low's Peak, podemos ver o Victoria Peak. É uma paisagem selvagem, com cerca de 5km de leste a oeste e pouco mais de 3,5km de norte a sul. Há 15 milhões de anos, o magma se formou no subterrâneo, depois esfriou lentamente e se transformou em granito, que há 9 milhões de anos começou a se expandir, e 8 milhões de anos mais tarde abriu caminho pela crosta terrestre. Desde então a montanha vem crescendo.

Na época de Low, as pessoas pensavam que Kinabalu fosse um vulcão, e o abismo, uma cratera, mas a montanha na verdade foi formada por um batólito, uma massa subterrânea de granito que é empurrada para a superfície por forças existentes no centro da Terra. Parece inacreditável, porém Kinabalu ganha meio centímetro de comprimento a cada ano que passa, e, na última Era do Gelo, a aparência da montanha mudou quando as geleiras deslizaram sobre a rocha dura. O resultado foi uma paisagem rochosa cinza que praticamente não tem igual no mundo.

Não passamos muito tempo no topo. Quase todas as manhãs, entre 9 e 10 horas, uma espessa nuvem invade o maciço, e, quando a chuva cai, é preciso tomar muito cuidado. O granito fica escorregadio como gelo, e os raios são um perigo.

Descemos pela encosta homicida até o sopé da montanha num só fôlego. Quase todos os trekkers de Kinabalu atestam que a descida é o verdadeiro desafio. Perto do fim, você adquire uma dor torturante nos joelhos, mas a caminhada é suportável graças à vívida experiência do mundo natural. Cansados, porém felizes, à tarde podemos repousar no ponto de onde havíamos partido, Timpochon Gate. Aqui há uma placa que convida à reflexão, com os resultados de um campeonato de aclimatação.

O vencedor caminhou daqui até o Low's Peak e voltou em 2 horas, 44 minutos e 22 segundos – tendo percorrido uma distância de 26km, uma escalada de 2.300m e mais a mesma distância de descida. Nada mal, no entanto acho que os dois dias que gastamos para caminhar até o topo e voltar são um tempo do qual podemos nos orgulhar. Eu preferiria ter tido uma semana inteira para explorar essa mística paisagem de montanha.

Gunung Mulu

A ESTRADA DOS CANIBAIS

A trilha do monte Mulu é uma verdadeira marcha pela selva. A densa floresta e o terreno ondulado apresentam obstáculos difíceis. Aqui, entre os campos 3 e 4, uma corda foi fixada a um penhasco.

Páginas seguintes: a floresta dos "Pináculos", em Gunung Api, é uma coleção única de pilares de rocha de quase 50m de altura, esculpidos pela água corrosiva da chuva. Essas talvez sejam as maiores agulhas rochosas do mundo. Em Madagascar e em alguns poucos lugares do mundo há semelhantes florestas de pedra formadas de calcário.

Ensopado de suor, me equilibro no fio da navalha da rocha, sem conseguir decidir o que inspira mais admiração, a paisagem ou nosso guia Ipoi Lawin. Durante 3 horas, havíamos caminhado pela enevoada floresta tropical no interior de Bornéu. Ipoi nos mostra o caminho encosta acima até 1.000m de altitude, com uma inclinação média de mais de 45 graus. Temos que nos agarrar aos troncos e raízes de árvores, subir escadas de metal e nos arrastar por penhascos escorregadios com a ajuda de cordas presas na rocha. E, embora eu esteja suando como um maratonista exausto, Ipoi está seco como um sedentário diante da TV. Ele sorri e não mostra o menor sinal de cansaço. É um *berawan* e, pela graça de Deus, um desbravador.

Para chegar aos rochedos do monte Gunung Api como nós, é preciso enfrentar uma trilha cheia de precipícios. Trata-se de um teste de força incomparável, porém a recompensa é uma visão de rara beleza. As rochas são lisas, duras e escarpadas como ferro corrugado, com bordas tão afiadas quanto lâminas de navalha. Parecem monstruosos dentes de tubarão, mas são também altas como árvores gigantescas de mais de 50m. Juntas, formam uma verdadeira selva de pedra.

Chegamos pela mesma rota dos pioneiros do século XIX. Depois de uma longa jornada em chalupas tradicionais, subindo um afluente do rio Limbang, aportamos na fronteira do Parque Nacional Mulu. Daqui, seguimos por um antigo caminho que hoje é chamado de trilha dos Caçadores de Cabeças. Nessa floresta tropical, guerreiros *kayan* caçavam cabeças no século XIX. Seu alvo eram os habitantes da costa, que eles atacavam.

Depois de caminhar mais de 10km, chegamos às cabanas do Acampamento 5 sob chuva, 1.000m abaixo dos "Pináculos", como são chamadas as agulhas rochosas. Entre duas altas montanhas de calcário, Gunung Api e Gunung Benarat, o rio Melinau cavou um vale profundo, cercado por íngremes paredes rochosas de cor pálida. O topo está 1.600m acima de nós.

"Apenas cerca de mil pessoas por ano conseguem chegar às agulhas rochosas", diz Brian Clark quando o conhecemos mais tarde no Mulu Resort. Ele é australiano e trabalha no parque nacional.

O rio Melinau atravessa um vale estreito que ele mesmo escavou entre Gunung Benarat e Gunung Api, ao fundo, no lado direito da foto. Caçadores de Cabeças seguiram através de seu curso no século XIX. Aqui fica o Acampamento 5, pelo qual passa a trilha desses violentos guerreiros.

Conhecemos um casal *penan* em frente à casa deles, dentro do parque nacional. Esse povo era nômade e caçava animais na floresta tropical. Operações de administração florestal em grande escala alteraram suas condições de vida, mas muitos ainda vivem da maneira tradicional. O parque nacional lhes oferece um refúgio.

"Muitos retornam quando alcançam a encosta. É preciso chegar lá em cima antes do almoço e antes que as nuvens se formem. Isso demanda velocidade. Como é que você foi na descida?", ele pergunta. "Foi a pior parte", respondo. "Não tínhamos água suficiente. Na subida, bebi quase meio galão (1,5 litros), mas na descida me senti zonzo por causa da desidratação, e o cantil estava vazio. Felizmente, Ipoi só havia bebido meio cantil na subida. Isso me salvou."

Gunung Api foi escalado pela primeira vez em 1978, quando uma pequena expedição atingiu o ponto mais alto, a 1.710m de altitude. A selva de pedra fica 500m abaixo. Em 1857, Spencer St. John, cônsul inglês no sultanato de Brunei, chegou a ela, que fica a cerca de 100km da costa, mas voltou por causa do terreno intransitável. Essas acidentadas montanhas na floresta tropical eram, então, praticamente inacessíveis. Elas ficaram conhecidas como um ponto de referência sob o nome genérico de Mulu. A única maneira de vencê-las era numa perigosa viagem subindo o rio até Limbang, onde os canibais eram uma ameaça real.

St. John fez três expedições. Na primeira, descobriu que o riacho aos pés do monte nascia debaixo da terra. Quando voltou, no ano seguinte, escreveu que "a montanha é um maciço com um favo de mel de calcário". Cavernas também foram descobertas no local, que não é o mais alto da região, como ele pensou, mas foi chamado de "Api", que significa "Montanha de Fogo". O nome surgiu dos imensos incêndios florestais que costumam ocorrer nas encostas. Seu terreno é seco, já que a água da chuva escoa para todas as depressões existentes na rocha, e um raio pode desencadear queimadas de grande proporção. O pico mais alto por aqui é o Gunung Mulu, que fica perto das montanhas de calcário, embora seja de arenito. Há 5 milhões de anos, movimentos na crosta terrestre fizeram com que esses montes constituídos de rochas diferentes terminassem lado a lado.

Hoje, algumas centenas de trekkers sobem a Gunung Mulu a cada ano. É uma viagem de grandes desafios, que encarei com Arne Larsson e Ipoi. Caminhar pela floresta tropical com uma mochila pesada, sob 30°C e pingando suor exige muito esforço de quem só está acostumado às montanhas europeias. O primeiro remédio contra a exaustão é a água – é necessário ingeri-la em grande quantidade. O segundo é caminhar lenta e metodicamente. Os parasitas são um flagelo inevitável. Várias vezes, tive que extrair esses sanguessugas das minhas pernas. Se eles ficarem ali alguns minutos (o que frequentemente acontece porque não sentimos a picada), você vai sangrar por algum tempo. Mas é possível conviver com eles. As picadas não são perigosas, desde que sejam mantidas limpas.

Uma víbora de Wagler, que leva o nome de um naturalista alemão, serpenteia ao fugir da trilha na montanha Mulu. É o que as cobras geralmente fazem. Esse macho verde tem uma cor diferente da das fêmeas. A espécie às vezes é chamada de "serpente do templo". Os machos podem ser agressivos quando acuados. Não se conhece ninguém que tenha sido morto por uma víbora de Wagler, mas sabe-se que o veneno é forte.

Deparamo-nos com um rio, nadamos e aproveitamos o esperado frescor. Então começa a longa subida por uma floresta tropical que muda de aspecto com a altitude. As árvores se tornam menores e mais finas, o musgo que as cobre mais ralo, e a vegetação rasteira menos emaranhada. Vemos as plantas carnívoras típicas das florestas de montanha de Bornéu. Algumas esplêndidas borboletas voam levadas pelo vento e, ao fundo, ouvimos o constante som pulsante das cigarras. Um javali-africano aparece de repente e, com a mesma velocidade, some. Um calau-africano grita no alto de uma árvore, mas logo se agita e foge como uma sombra fugaz. Uma víbora venenosa escapa cautelosamente da trilha. A floresta tropical é ao mesmo tempo rica e pobre. A folhagem cria um teto que filtra a luz. A impressão mais forte é o cheiro de decomposição, enquanto caminhamos durante horas em meio a uma vegetação estranha e irrefreada; é um aroma que mais estimula do que causa náusea.

No Acampamento 3, a 1.000m de altitude, há uma cabana, onde passamos a noite, quando a temperatura cai bastante. Na manhã seguinte, subimos mais 800m até o Acampamento 4, na parte mais alta da floresta. Por volta de 1920, quando ainda havia rinocerontes-de-sumatra na região, um caçador chegou até aqui por uma trilha que os animais haviam marcado com suas pisadas, abrindo a montanha para a subida. Uma expedição de estudantes da Universidade de Oxford foi a primeira a atingir o ponto mais alto seguindo o caminho do caçador. Eles ficaram no acampamento onde estamos agora, e muitos sentiram frio naquela noite. No dia seguinte, subiram os 600m restantes e chegaram ao topo na manhã de 18 de novembro de 1932.

A parte mais alta do monte está quase sempre envolta em nuvens. Quando acordamos, o tempo não parece promissor, e decidimos não tentar chegar ao topo. Sem o céu limpo não há nenhum incentivo para subir até lá, e as nuvens continuam cercando a montanha durante todo o dia. Satisfeitos, apesar disso, voltamos, passando por todas as zonas da floresta tropical. A força da gravidade nos deixa menos ofegantes, mas mesmo assim chegamos cansados. Levamos dois dias para descer.

Papua-Nova Guiné

A ÚLTIMA FRONTEIRA DOS TREKKERS

A neblina se dissipa sobre o lago Piunde, 3.475m acima do nível do mar, revelando a imensa montanha. A palavra "piunde" quer dizer "mãe", e o lago situado à maior altitude além da foto chama-se Aunde, que significa "filha". Os dois lagos se formaram sobre um velho nicho glacial, onde há um abrigo para os alpinistas a caminho do monte Wilhelm. Contra a parede rochosa, que só está visível à esquerda, um bombardeiro americano se chocou em 1944 numa missão de reconhecimento da então holandesa Nova Guiné.

Às 7 horas da manhã, chegamos ao topo do Wilhelm, 4.509m acima do nível do mar. A paisagem se torna mais clara, e uma vista maravilhosa se abre diante de nossos olhos. Vemos uma cadeia de montanhas com picos escuros, que, apesar da alta altitude, não acumulam neve. Ainda mais inusitado é saber que estamos no interior da Nova Guiné, não muito longe do Equador. Em dias cristalinos, as costas norte e sul dessa enorme ilha podem ser observadas daqui. Hoje não se enxerga muita coisa, mas uma paisagem de montanhas rochosas nos cerca, e o tapete de nuvens abaixo de nossos pés empresta à cena um tom dramático. Na descida, encontramos restos de metal de um avião americano que se chocou contra o monte durante a Segunda Guerra Mundial. Nosso guia, Jackson, nos conta que seu pai chegou ao local da colisão imediatamente depois que ela aconteceu. Era um avião de transporte de tropas, e todos os que estavam a bordo morreram tragicamente. É impressionante a justaposição de culturas primitivas e modernas na Nova Guiné.

Durante muitos anos estudei a interessante cartografia da ilha, localizada ao norte da Austrália, com um contorno que lembra os pterodáctilos pré-históricos. A Nova Guiné é um destino de viagem fora do normal – para mim, o último lugar ainda não explorado pelos trekkers. O nome evoca a lenda do povo da Idade da Pedra, porém, naturalmente, trata-se de uma ideia antiquada e inadequada, e os Caçadores de Cabeça foram banidos. O país está tentando se ajustar ao presente, tanto que as marcas mundiais mais conhecidas também são vistas aqui, mas muitos dos costumes dos povos nativos ainda sobrevivem. Sua paisagem atemporal é fascinante, assim como as incrivelmente lindas aves-do-paraíso, a floresta tropical de rara pureza e as estranhas paisagens de montanha. A ilha é dividida em duas partes iguais há muito tempo. Måns e eu estamos caminhando pela metade leste, que é chamada Papua-Nova Guiné e que está sob o governo australiano desde que o país se tornou independente, em 1975.

As estradas e a infraestrutura são muito desenvolvidas por aqui. Voamos até a cidade de Goroka, no planalto, e depois seguimos para oeste pela "rodovia do planalto", a principal via de transporte em Papua, contudo de padrão muito variado.

Páginas anteriores: a inacessível cadeia de montanhas fotografada do alto do monte Wilhelm é chamada de Bismarck Range e constitui-se de granito, entre outros materiais. Ela corre por Papua como uma espinha dorsal. Foi um jornalista alemão quem deu nome às montanhas em 1888, quando a parte norte da ilha era uma colônia alemã. Um dos filhos do chanceler Bismarck chamava-se Wilhelm. Entre os nativos, a montanha é conhecida como Enduwa Kombugu e foi escalada pela primeira vez em 1938, por um patrulheiro australiano. Essa cadeia já foi coberta de gelo, mas hoje não existem mais geleiras.

Esse homem da tribo *huli*, com adornos tradicionais e óculos de sol, poderia simbolizar o revolucionário desenvolvimento que está ocorrendo na Nova Guiné. Os planaltos de Papua são habitados por mais de 800 povos, cada qual com uma língua própria. Os *huli* vivem a oeste do monte Wilhelm, nos planaltos do sul. Três irmãos mineradores de ouro foram os primeiros ocidentais a chegar aqui, quando vieram da Austrália em 1930 e encontraram uma tribo até então desconhecida nesses vales férteis. Esse povo vivia na Idade da Pedra, as guerras tribais eram comuns e havia um certo canibalismo. No interior da Nova Guiné situa-se o último lugar intocado na superfície da Terra, o qual foi explorado pelo homem somente algumas décadas depois que os polos Norte e Sul foram mapeados.

Em Kundiawa, passamos para uma van de tração nas quatro rodas e sacudimos durante cinco horas na estrada mais esburacada que já conheci. O veículo geme como um animal ferido no terreno íngreme, pedregoso e lamacento. O motorista nos garante que a van tem somente dois anos; no entanto, se tivesse que apostar, eu chutaria uns 30. A estrada passa por diversas vilas e, à medida que sobe, a paisagem adquire a forma de altas montanhas cobertas de florestas, que de vez em quando se abrem em plantações de batata-doce. Nosso destino é Kegsugl, uma vila com uma escola a cerca de 2.500m de altitude, na verdade a mais alta pista de pouso do Pacífico Sul.

Vamos nos hospedar na Betty's Guest House. A proprietária está na cidade de Madang, na costa norte. Ela nasceu nessa vila, tem ambições políticas e é casada com um geólogo australiano. Atualmente, está em campanha eleitoral. Dentro de um mês, o país terá eleições. Aqui e ali vemos cabos eleitorais, e muitas pessoas falam sobre política e corrupção. Uma jovem democracia como Papua, com riquezas naturais e população diversificada que fala 800 línguas diferentes, naturalmente enfrenta enormes desafios políticos. Os idiomas oficiais são o inglês e o *tok pisin*, língua crioula nascida de uma mistura de palavras em inglês e frases locais.

Jackson e Michael chegam no dia seguinte. São dois guias locais que vão nos acompanhar até o monte Wilhelm, a montanha mais alta de Papua e a segunda mais alta da Nova Guiné. Lentamente, subimos cada vez mais, atravessando uma floresta tropical que, comparada com a selva lá embaixo, possui árvores menores e muito mais delgadas. Em alguns pontos, a vista se abre para revelar uma belíssima paisagem ondulada. Na parte superior da linha das copas, emergimos em um campo coberto de samambaias. Uma vistosa cachoeira despenca de uma palataforma rochosa no alto. A trilha passa por ela e, acima, encontramos o lago Pindaunde, lindamente disposto em um círculo. Próximo da margem há uma cabana simples, na qual deixamos nossa bagagem. Cecília, uma mulher da vila que também veio conosco, prepara a comida em um fogão a gás de acampamento. A refeição consiste em uma sopa de pacote e um pão. Durante a tarde, vagamos por ali, tentando nos acostumar aos 3.500m de altitude. Mais acima, encontramos outro lago circular. Da plataforma rochosa entre os dois também cai uma cascata, no entanto as nuvens de neblina da tarde a escondem. A névoa faz com que a região pareça encantada, porém nos impede de observar a geografia. Os picos não se revelam, e não temos um mapa.

À 1 hora da madrugada, deixamos a cabana e iniciamos a subida à luz de tochas. Caminhamos como se estivéssemos vendados, um atrás do outro, a passos lentos e cada vez mais difíceis à medida que subimos, passando por lagos e enfrentando um trecho íngreme na crista da montanha. Durante cinco horas, andamos vagarosamente no escuro, até que a aurora começa a banhar de luz a paisagem que estava escondida. Quando o sol surge, já estamos lá em cima. É difícil respirar, entretanto a luz nos traz novas forças. Descortinam-se espaços imensos. Longas cadeias de montanhas são visíveis em todas as direções, sendo que a mais alta e recortada delas se estende bem longe, para leste. A floresta tropical que se vê lá embaixo está coberta de densas nuvens. A trilha leva a uma crista e finalmente surge o penhasco mais alto, uma formação surpreendentemente pontiaguda e desafiadora. O último trecho é uma subida fácil, porém no topo o espaço é limitado. Nossos sentimentos se diluem na falta de oxigênio, mas ainda assim penso que uma boa dose de felicidade reside na geografia, no fato de termos conseguido chegar a um lugar que até agora permanece inacessível e enigmático nesse nosso planeta que encolhe cada dia mais.

Uma rota de trekking bem mais conhecida em Papua é a trilha Kokoda, que atravessa as altas montanhas da Owen Stanley Range, a leste do monte Wilhelm e a norte da capital, Port Moresby. As tropas japonesas marcharam ao longo desse caminho em maio de 1942. Seu avanço foi contido por soldados australianos, em número bem menor. Para celebrar essa heroica conquista, as autoridades de Papua, com apoio financeiro da Austrália, abriram a Kokoda aos trekkers. Muita gente do grande país ao sul caminha por essa trilha memorial que começa na vila de Kokoda e percorre 94km em zigue-zague, sob o forte calor úmido da floresta tropical até Ower's Corner, não muito longe de Port Moresby. É uma caminhada incomumente longa pela selva, que exige muito do físico, um teste de resistência com seis dias de duração. Temos que cruzar vários rios e riachos. Passamos por alguns estágios, começando no sul. No monumento memorial em Ower's Corner, a vista da paisagem de montanha e de sua floresta tropical é ampla e impressionante. Daqui a trilha desce direto até um vale profundo e o rio Goldie, o qual é preciso atravessar com água na altura das coxas.

O calor é opressivo. Depois de vadear o rio, seguimos adiante, quilômetro a quilômetro, banhados de suor, passando por uma vegetação densa e úmida. Nesse clima, a gente logo se esquece de como é se sentir refrescado, mas por que se preocupar? O suor faz parte da experiência que estamos buscando, um componente importante da atmosfera da floresta tropical. Acampamos numa clareira onde antes havia uma vila. No dia seguinte, continuamos subindo em direção ao Imiti Ridge. No desfiladeiro, encontramos por acaso um grupo de trekkers da Austrália com guias locais e um oficial australiano que está fazendo uma vívida narrativa da luta durante a guerra. Ficamos sabendo que um pequeno grupo de soldados escondidos aqui conseguiu resistir ao inimigo numericamente superior. Porém, com o devido respeito às lembranças de guerra,viemos para sentir a selva em primeira mão, suas imensas árvores e seu terreno ondulante. É a experiência da natureza selvagem que queremos levar para casa. Embora o calor, os insetos e o suor façam do trekking uma provação, não temos do que nos arrepender. As caminhadas na selva são sempre um teste para os escandinavos. O fascínio de andar por uma floresta virgem sem fim supera essas atribulações.

Em Ower's Corner começa e termina a caminhada ao longo da trilha Kokoda, que leva direto à Owen Stanley Range. O nome da cadeia de montanhas é uma homenagem ao capitão que em 1849 mapeou a costa sul da Nova Guiné, Owen Stanley. Mineradores de ouro vêm para cá desde a década de 1890, e durante a Segunda Guerra Mundial houve batalhas ao longo da trilha, que atravessa as montanhas cobertas de selva até uma altitude de 2.200m. A floresta tropical da ilha ainda está em grande parte intocada, e a caminhada proporciona um encontro íntimo com essa natureza selvagem.

Trilha Larapinta

UMA TRILHA ABORÍGENE TRADICIONAL

Meu amigo Gordon Sanders, um mochileiro de Melbourne, de pé sobre a Euro Ridge, 790m acima do nível do mar, no coração da Austrália. Seguimos por esse longo esporão, que faz parte das MacDonnell Ranges e se estende na direção leste-oeste. Daqui, é uma curta distância até Alice Springs. A trilha Larapinta nos oferece a oportunidade de conhecer essa enorme região selvagem, terra natal de um povo indígena há milhares de anos. A montanha que se vê ao longe, a oeste, chama-se Sonder e, com seus 1.380m de altura, é uma das mais altas do Território Norte.

As MacDonnell Ranges englobam um sistema de picos no centro da Austrália. É por elas que caminhamos, à sombra de uma ravina. Está muito distante da civilização. A trilha acompanha o leito seco de um riacho. Temos que escalar algumas prateleiras rochosas baixas, que trazem as marcas de cascatas regulares. A vegetação é bastante densa, com uma relva alta e emaranhada, e árvores esparsas. De repente, quando piso num grande rochedo, paro. Antes de registrar o que estava acontecendo, avisto pelo canto do olho uma cobra de 1m de comprimento numa fenda que divide o rochedo ao meio. Minha reação é rápida como um raio.

"Pare, vi uma cobra!", grito a Gordon, dando um passo para trás. Pegamos nossas câmeras e nos aproximamos com cuidado. O esguio réptil está enrolado como uma mangueira exatamente onde eu ia pôr o pé. Eu calço botas de caminhada, mas as pernas estão descobertas! O animal vibra a língua sem parar, mas mantém a cabeça imóvel. Parece letal e ao mesmo tempo encantadora. É preciso estar atento, porque quase todas as cobras da Austrália são venenosas e perigosas.

"E aí, companheiro, deu medo?", pergunta Gordon. Estranhamente, não deu. Não tive tempo de ter medo, porém uma picada aqui, neste lugar isolado, teria sido crítica. Com os olhos vazios, a cobra segue nossos movimentos. Mais tarde, quando mostramos as fotos a um especialista, ficamos sabendo que se tratava de uma *eastern brown*. "Tenha todo o cuidado com as menores. São muito ativas e sua picada é venenosa", ele diz. "Quem é atacado pode ter um infarto muito tempo depois."

O incidente parece terrível, mas é extremamente incomum. Raramente se veem cobras durante uma caminhada pela trilha Larapinta, e quase nenhum trekker leva soro antiofídico na mochila. É assim em toda a Austrália. Em geral, os répteis fogem quando a gente se aproxima. O risco de ser picado não é muito maior do que o de outros perigos inerentes ao trekking.

Sinto uma forte atração por essa região no centro do continente – "the outback". O país é constituído de uma colorida mistura de desertos e longas cordilheiras. Toda a flora e a fauna são estranhas aos europeus. As montanhas não são muito altas, contudo parecem muito selvagens, e as planícies são infinitas. Uma caminhada pela

Larapinta oferece experiências únicas de vida na selva. Além disso, andamos pelo território onde os aborígenes vivem há 40 mil anos. Suas rotas secretas e invisíveis, as *iwaras*, ligam locais sagrados e estão por toda parte nessa paisagem. Ficaram mundialmente conhecidas como "songlines" graças ao famoso livro de Bruce Chatwin que leva esse nome. Quando os aborígenes partem para uma jornada pelas *iwaras*, cantam longas músicas tradicionais.

A trilha Larapinta segue por antigas songlines em uma das cadeias das MacDonnell Ranges. Estende-se por 220km a oeste da antiga estação de telégrafo de Alice Springs, hoje um monumento histórico. Foi aberta pelas autoridades do Parque Nacional do Território Norte em 1990. A paisagem se alterna entre encostas áridas e desertos arenosos cobertos de árvores.

Os aborígenes deram o nome de Larapinta ao rio que hoje se chama Finke e que irriga a região durante a estação chuvosa, entre dezembro e março. Ao longo de milhões de anos, o sistema hídrico, periodicamente reabastecido, cavou profundas ravinas nas montanhas, sendo que a trilha passa pelas mais conhecidas: Simpsons Gap, Standley Chasm e Ormiston Gorge.

Eu e meu companheiro de viagem, Gordon Sanders, decidimos percorrer os trechos mais próximos de Alice Springs. Tomamos um táxi até o ponto de partida, Standley Chasm. Essa garganta mundialmente famosa é muito estreita, tem 80m de profundidade e leva o nome da primeira professora de Alice Springs. Na Austrália, os nomes dos lugares em geral não têm nenhuma sofisticação. A reserva de Standley Chasm dispõe de uma loja e um café administrados por aborígenes. A trilha Larapinta passa por aqui e foi dividida em doze trechos definidos naturalmente. Andamos pelo terceiro, em direção à Simpsons Gap. O caminho sobe, acompanhando o profundo desfiladeiro, iluminado durante algumas horas por dia, quando o sol incide diretamente para o norte e os turistas se amontoam como sardinhas entre suas paredes. Ele está a um passo dessa popular atração turística no deserto. Subimos com esforço o esporão da montanha, bebendo sem parar pelos tubos que se ligam às garrafas plásticas que levamos na mochila.

Quando se caminha por regiões desérticas, a disponibilidade de água determina até onde se pode chegar. As muitas *iwaras* dos aborígenes passam por fontes que eles descobriram durante sua longa história nessa terra. Nossa jornada só é possível porque, a cada estação, a administração do parque instala tanques de água em pontos estratégicos ao longo da trilha Larapinta. Nesses "poços", reabastecemo-nos com cerca de 7 litros. A cada vez que fazemos isso, a mochila fica mais pesada, mas logo volta a ficar evidentemente mais leve.

A rota não é difícil. A relva espinhosa do gênero *spinifex* forma tufos amarelos que parecem ouriços. Nas íngremes encostas, encontramos elegantes eucaliptos com troncos claros e lisos. Devido ao quartzito ferroso, as rochas de arenito têm um intenso brilho vermelho. As MacDonnell Ranges constituem uma paisagem estranha, desolada e ondulada, que percorremos subindo e descendo as encostas.

Esse é um eucalipto característico da região, que cresce onde a trilha cruza leitos secos de rios em Bond Gap. Fico fascinado pelos robustos troncos decorativos dessas árvores. Sua forte madeira vermelha tem vários usos, inclusive a fabricação de dormentes de ferrovia.

Páginas seguintes: ao pôr do sol visto da Chewings Range, as muitas montanhas das MacDonnell Ranges aparecem em silhueta. Esse nome foi dado em 1860 pelo explorador John Stuart em honra do governador da Austrália do Sul. Nessa região vivem aborígenes da tribo *arrernte*. A trilha Larapinta segue por antigas songlines que os aborígenes costumavam percorrer. Essas trilhas invisíveis na paisagem se baseiam em canções tradicionais, que identificam marcos e áreas do terreno. Cantando essas músicas, os habitantes originais eram capazes de memorizar o território e encontrar seus caminhos.

A altas altitudes com certeza não há cobras, pensamos, enquanto a trilha nos conduz encosta acima, oferecendo-nos paisagens fantásticas. O "outback" se desenrola em ondas de longas montanhas até onde a vista alcança. Quando o dia se aproxima do fim, paramos para acampar. De nosso posto de observação, acompanhamos o cair do sol. Outro trekker, um dos únicos dois que encontramos durante a viagem, vem em nossa direção. Tony Lee é um experiente mochileiro de Nova Gales do Sul. Costuma liderar caminhadas pela trilha Larapinta, mas desta vez está numa viagem toda sua. Perto de nossa barraca, ele espalha suas "tralhas", um saco ao qual estão presos numa só peça um tapete e um saco de dormir. E dorme ali mesmo, ao ar livre.

Quando o crepúsculo ardente dá lugar à noite, Gordon e eu nos deitamos em silêncio dentro da barraca, onde um mosquiteiro faz as vezes de teto. A Via Láctea e o Cruzeiro do Sul cintilam sobre nós. Nesse momento de repouso, perto das estrelas, a quietude da noite se mistura com as lembranças das aventuras do dia. Essa paisagem incomensurável, grandiosa, selvagem, bela, seca, quente, antiga e excitante dos aborígenes me enche de sua energia.

Dois dias e muitas recargas de água depois, já havíamos aprendido a abrir caminho por esse deserto selvagem com certo cuidado. Por longos trechos, percorremos

Do mirante Loretta, a 1.150m de altitude, na Chewings Range, avistamos formações montanhosas que parecem ondas de terra vermelha. Aqui brotam tufos da nativa relva *spinifex*. As folhas são muito rígidas, com cristais de silício entre as células, de modo que não é nada agradável caminhar descalço por elas. Uma das duas espécies de relva *spinifex* tem o nome científico de *Plechtachne*, que significa "ponta afiada". Em baixas altitudes, elas formam comunidades botânicas dominantes.

Acampamos no lado sul da Chewings Range, que oferece ampla vista para o sul. Uma atmosfera primitiva e desolada permeia essas terras no interior da Austrália, e as rochas dessas montanhas estão entre as mais antigas da Terra, com mais de 2 bilhões de anos.

uma floresta de acácias-da-austrália sobre terreno arenoso. Em Simpsons Gap, avistamos cangurus e passamos por pequenos poços lamacentos nos sulcos de velhos rios, margeados pelos altamente decorativos *eucalyptus camaldulensis.* Filtramos a água de duas pequenas cisternas montadas sobre rodas e andamos por quase 50km. Faltavam só 10km quando, no último dia, continuamos subindo a Euro Ridge, que oferece a vista mais ampla de toda a viagem. A trilha passa por uma cumeeira escarpada, com precipícios ao sul e uma encosta mais suave ao norte. Daqui podemos ver, bem distante, a solitária cidade de Alice Springs entre duas cadeias das MacDonnell Ranges. Essa visão nos faz ansiar por uma cerveja, um bife e um bom banho.

Ao nos aproximarmos da estação de telégrafo, encontramos os postes originais de 1872, quando foi inaugurada a linha de Morse para Darwin, ligando a Austrália ao resto do mundo. Perto daqui foi achada uma fonte natural vizinha ao rio Todd, que recebeu o nome do primeiro chefe da estação, Charles Todd. Lemos que sua mulher se chamava Alice e percebemos por que esta humilde cidade no meio do nada tem esse nome. Bem na hora do almoço, chegamos a Alice Springs. Não se come muito no deserto. Tudo o que desejamos é água, boa e pura.

Promontório Wilsons

DE PRAIA EM PRAIA

Um bloco de granito lançado em terra pelas ondas na praia da baía de Little Waterloo. A trilha de trekking percorre as praias de areia e, entre elas, cruza os cumes das terras altas.

O promontório Wilsons, "the Prom", como é popularmente conhecido, é uma longa península no sul da Austrália, região fustigada por tempestades. Os dois terços no extremo sul têm uma cordilheira que atinge 700m acima do nível do mar. Aninhadas entre as montanhas há lindas praias de areia, às quais só se tem acesso a pé. Aqui é possível vagar de uma praia a outra e chegar ao extremo sul da Austrália, uma caminhada maravilhosa pela costa.

Quando chegamos de carro ao ponto de partida, noto imediatamente uma peculiaridade da paisagem: rochas arredondadas de granito formam manchas nas encostas arborizadas. As colinas fazem parte de uma formação que tem 380 milhões de anos e continua sob o mar da Tasmânia. Na última Idade do Gelo, em que a superfície do mar era muito mais baixa, elas formavam uma ponte de terra para a grande ilha ao sul. Em outros períodos, quando o mar estava mais alto, apenas os picos se mantiveram acima da água como um arquipélago. Hoje, eucaliptos cobrem a parte alta do promontório Wilsons. Nas ravinas protegidas e no terreno pantanoso, a floresta tropical ergue-se, impenetrável.

A trilha de trekking, "the Prom Circuit", acompanha a costa da península. No centro de turismo, às margens do rio Tidal, pode-se passar a noite mediante pagamento. Como só se pode acampar em locais designados, e o número de trekkers é controlado, reservamos nosso lugar com um mês de antecedência. Fevereiro, época de nossa viagem, é a alta estação.

Embora a Austrália seja uma jovem nação, esse parque nacional é um dos mais antigos do mundo. Discutiu-se a ideia de proteger a região em 1880, quando foi fundado em Melbourne o primeiro clube de biologia de campo. Na época, a colônia britânica se expandia rapidamente e novas terras estavam sendo cultivadas. Ao mesmo tempo, foi criado o primeiro parque nacional australiano fora de Sydney, que se tornou inspiração para John Gregory, membro do clube. Ele queria proteger "the Prom" contra o desmatamento e recebeu apoio quando as autoridades proibiram a venda da península. Porém, somente duas décadas depois, em 1908, graças à persistência de um professor, "the Prom" foi declarado parque nacional.

Caminhamos pelas montanhas para leste, do rio Tidal a Sealers Cove. Uma longa encosta suave do outro lado da península nos leva a uma ampla baía, onde uma praia de areia cria uma fronteira entre a mata e o mar. As montanhas de granito se curvam em direção ao mar como se fossem seios, emolduradas pela luxuriante vegetação da mata. Quando a areia termina, atravessamos um pequeno rio que corre para o mar e chegamos a um acampamento, situado na parte frondosa. A combinação de praia deserta, mata exuberante e topografia magnífica empresta a este lugar uma aura de paraíso e, ao mesmo tempo, de natureza selvagem.

O explorador inglês George Bass aportou aqui em 1798. Sua tripulação matou focas na baía, da qual deriva o nome Sealers Cove (Baía das Focas). Cinquenta anos depois, uma serraria foi instalada em "the Prom" para fornecer madeira para o crescimento de construções em Melbourne. Surgiu uma pequena vila, mas, passados dez anos, a madeira escasseou e o negócio acabou. Em 1903, estabeleceu-se aqui uma nova serraria, que pegou fogo após alguns anos. Houve uma forte pressão da indústria madeireira, e a região foi protegida no momento oportuno. Hoje, "the Prom", com sua paisagem primitiva, é um lugar único em Victoria, o estado mais desenvolvido e mais densamente povoado da Austrália.

Nos dias seguintes, continuamos pela trilha, subindo e descendo as montanhas costeiras, na maior parte do tempo sozinhos, com ampla vista do mar a leste e da mata ondulante a oeste. Podemos nadar nas praias, cujas águas estão surpreendentemente frias, abaixo dos 20°C. Poucas vezes tomei um banho tão refrescante em águas tropicais.

A Latrobe Range ergue-se atrás da Sealers Cove. Em meados do século XIX, havia aqui uma estação de caça de baleias, mas hoje a praia está deserta e oferece um bem-vindo acampamento para trekkers.

As praias de areia não são um terreno dos mais fáceis para caminhadas, mas percorrer sozinho a meia milha (cerca de 1km) da baía de Waterloo é uma experiência à la Robinson Crusoé.

O sol brilha. Porém, no terceiro dia, cai um aguaceiro – o que não é comum nessa região, uma das mais secas da Austrália. O famoso farol no ponto mais extremo da península data de 1859, entretanto desaparece encoberto por um véu de neblina. Quando o tempo clareia, saímos de nosso acampamento em Roaring Meg em direção ao extremo sul do país. Ilhas de encostas íngremes são visíveis no mar aberto, e à distância localiza-se a Tasmânia. Saber desse detalhe dá ao horizonte uma dimensão extra.

No lado ocidental da península as praias são mais abertas, mais amplas e com uma inclinação mais suave. Fortes ondas, impulsionadas pelos ruidosos ventos que sopram nessa latitude, quebram na praia da baía Oberon, e há uma fresca brisa. Gaivotas e andorinhas parecem preferir essas praias abertas às baías mais protegidas do lado oriental.

Terminamos nossa viagem no ponto de onde partimos, às margens do rio Tidal, que é uma espécie de vila de veraneio dentro do parque nacional. Aqui há lojas, acampamentos para trailers e chalés para alugar. Cerca de 100 mil visitantes vêm ao promontório Wilsons todos os anos. Apesar disso, a maior parte da grande área da península permanece genuinamente selvagem.

Trilha Overland

ENCONTRO NA NATUREZA SELVAGEM

O lago Dove situa-se à sombra do monte Cradle, o mais famoso pico da Tasmânia, que fica a cerca de 1.545m de altitude. Em 1912, o lendário pioneiro australiano Gustav Weindorfer construiu aqui perto um albergue e o chamou de Waldheim. Desde então, tem sido reconstruído como o original e constitui o ponto de partida natural da trilha Overland, que passa acima do lago e abaixo do monte Cradle. Weindorfer teve visões de um parque nacional, e hoje a região é um patrimônio da humanidade.

O Scott Kilvert Memorial Hut foi construído em homenagem a dois jovens que morreram congelados aqui há muitos anos em consequência de uma inesperada tempestade de neve. O clima da Tasmânia pode ser impiedoso mesmo no verão, mas hoje à noite está ameno enquanto espero no abrigo por Martin Gwynne e Gordon Sanders, dois amigos australianos. Os primos chegam muito tarde, em meio à escuridão, agitados pela caminhada noturna.

No dia seguinte, quando uma chuva fraca começa a cair, partimos os três para a famosa trilha Overland, a alguns quilômetros do abrigo, que fica à beira de um lago. O caminho nos leva por um bosque de eucaliptos aromáticos até um platô curvo, com montanhas assomando à distância. Depois de um dia, o tempo se acalma e paramos numa bifurcação que só pode ser encontrada por quem a conhece. Martin a perdeu na primeira vez em que esteve aqui – numa excursão guiada com hospedagem em chalés particulares bem mobiliados, escondidos a pouca distância da trilha. O desvio, meio coberto de vegetação, leva a um deles. "Na outra ocasião havia boa comida e uma mochila leve, mas a caminhada foi restrita demais", diz Martin. "Há mais liberdade dessa vez", ele ri.

A trilha Overland atravessa o extenso Parque Nacional de Cradle Mountain ao lago St. Clair e se tornou uma trilha de trekking mundialmente famosa. Depois de minhas primeiras viagens à Tasmânia, agora gosto realmente de percorrer o trecho todo. A vida selvagem da ilha me causou uma boa impressão. Embora tenha pouca altitude, de 1.600m no máximo, o terreno é cheio de colinas. Picos baixos se alternam com planícies. Os lagos e rios estão cheios de uma água perfeitamente limpa, apesar da cor de chá, devida às substâncias orgânicas da turfa. Aqui também se encontram extraordinárias espécies de plantas e animais. A paisagem tem uma integridade que aprecio. O clima é temperamental e apresenta desafios. Caminhar fora da trilha é praticamente impossível, dadas as profundas ravinas, uma vegetação emaranhada e as matas impenetráveis. A beleza da Tasmânia inspira o mesmo sentimento que nos provoca o rosto de um velho profundamente enrugado. Você se sente cativado e humilde ao mesmo tempo.

Descansamos um pouco abaixo do pico Barn Bluff, ao lado de altos cedros da Tasmânia, uma das mais belas espécies de árvores da ilha. Trata-se de um imponente monte vulcânico de 400m de altura, com rochas de dolerito, muitas vezes desgastadas em colunas hexagonais. O carvão ocorre esporadicamente nessa rocha dura, e no começo do século XX pioneiros tentaram explorar uma jazida perto daqui, mas ela se mostrou pouco lucrativa, graças a Deus.

O sol brilha quando montamos nossa barraca perto do abrigo Windermere, às margens de um lago cercado por pântanos. No próximo trecho rumo às montanhas, que já assomam há muito tempo na direção em que viajamos, tem mais pântanos, e tábuas foram colocadas nas partes mais enlameadas para proteger o terreno da erosão.

Além do limite do bosque no abrigo Pelion, a relva assume um brilho dourado ao crepúsculo, mas o sossego é perturbado por uma dupla de gambás. Esses marsupiais são grandes como lebres e abusados como babuínos. Enquanto Martin estava distraído acendendo o fogareiro a álcool, um deles roubou um saco de nozes bem diante de seu nariz. Martin ficou chateado e correu atrás dele, mas o animal voltou e fez a mesma coisa várias vezes.

No desfiladeiro Pelion Gap pode-se deixar a mochila para escalar o pico mais alto da Tasmânia, o monte Ossa, a 1.661m de altitude. Quando estamos chegando ao topo, a neblina desce. Tivemos mais sorte no monte Acropolis. Isso foi dois dias depois, quando acampamos no Pine Valley, um lindo lugar à margem da trilha Overland. Atravessamos com esforço a fria mata tropical. Os cedros da Tasmânia, de agulhas enormes, escondem o céu. Mas quando subimos as paredes ao redor do alto platô, o sol está causticante. Dentro do nosso amplo campo de visão não há o menor vestígio de civilização. Colunas de dolerito ladeiam os precipícios como uma fileira de troncos de árvores. Os primeiros cartógrafos deram a várias dessas montanhas o nome de modelos clássicos – e, naturalmente, a Acropolis parece um templo.

O lugar mais interessante na trilha Overland é sem dúvida o "Labirinto", um platô levemente ondulado abaixo do monte Acropolis. O terreno consiste em uma rede de lagoas, cumes estreitos e lajes polidas. Entre os vales há um bosque esparso de cedros da Tasmânia e eucaliptos. A paisagem, como era de se esperar, forma um labirinto.

Caminho aqui sozinho na escuridão da noite para ver o nascer do sol. No mesmo dia, os primos seguem para o fim da trilha Overland, no lago St. Clair. Quando o sol se levanta, perambulo por muito tempo pelos arredores do Labirinto, tentando não me perder, o que é muito fácil de ocorrer. A água escura das lagoas está calma, sem uma onda, e nenhuma folha se move nas árvores. Ao fundo, erguem-se os sólidos cumes das montanhas, com grandes pilhas de pedras amontoadas aos pés dos precipícios. A essa distância das cidades e regiões habitadas da ilha, sinto que encontrei a essência da natureza selvagem da Tasmânia. Há uma harmonia estética na interação entre as árvores decorativas, o tapete de grama verde, o brilho amarronzado dos lagos e a massa cinza das montanhas rugosas. A paisagem me parece um jardim que cresceu espontaneamente, só que numa escala gigantesca.

Páginas anteriores: o sol do amanhecer brilha sobre o monte Eros e ilumina os eucaliptos do "Labirinto". Esse é um dos lugares mais apreciados da Tasmânia, não muito distante da trilha Overland.

É possível entender por que os primeiros cartógrafos se inspiraram na Grécia Antiga quando quiseram dar nome às montanhas dessa região. Aqui, no alto do monte Acropolis, 1.470m acima do nível do mar, as rochas de dolerito assumiram a forma de colunas como as de um templo. A vista abrange grandes áreas inabitadas do sudoeste da Tasmânia. No horizonte, à direita, pode-se perceber o Frenchman's Cap; a montanha diretamente à frente é a Gould.

Frenchman's Cap

A VISTA DOS TITÃS

Olhando para o norte do Pine Knob, vemos a neblina pairando misteriosamente nas depressões. As árvores secas são remanescentes do grande incêndio que assolou a floresta em 1966. Quando os aborígenes viviam nessa região, regularmente queimavam a floresta nas áreas baixas, mas o desastre ocorrido aqui resultou de um evento natural.

Os prisioneiros da ilha Sarah achavam que o Frenchman's Cap ("Boné do Francês") lembrava a boina dos patriotas durante a Revolução Francesa, e é por isso que esta conhecida montanha tem tal nome. De onde estamos, ela lembra mais um dente e parece muito maior ao brilho da aurora. O pico é incomumente afiado e dominante para a Tasmânia. Entretanto, quando a noite começa a desaparecer, nós o perdemos de vista. A trilha havia nos levado ao lugar errado. O melhor ângulo ocorrera uma hora mais cedo, no desfiladeiro Barron, mas não sabíamos disso. Sempre que percorremos uma trilha pela primeira vez, costumamos pensar que existe uma vista melhor à frente. Corremos um pouco para ver se o Frenchman's Cap surgiria de novo, mas em vão. Finalmente, desistimos e paramos para admirar a aurora sem a vista do monte. A luz incide sobre um grupo de árvores secas, testemunhas do grande incêndio que assolou a região em 1966. Atrás delas, sob o brilho da aurora, estendem-se quilômetros e quilômetros de montanhas cobertas de florestas e picos íngremes. A Tasmânia está nos mostrando seu melhor lado.

Os incêndios são frequentes na ilha. A decomposição de matéria morta em florestas temperadas e úmidas como as da Tasmânia é mais lenta do que numa floresta tropical. As folhas de eucalipto são rígidas e se acumulam no chão como material combustível, da mesma forma que as árvores e os galhos caídos, favorecendo os incêndios, especialmente em períodos de tempo seco.

O brilho rosa ao redor do Frenchman's Cap já havia desaparecido quando avistamos de novo o monte do pequeno lago Tahune, um volume de água que parece ter sido forçado para dentro de sua bacia, tão íngremes são as encostas ao seu redor. Uma equipe de alpinistas está instalada aqui, numa pequena cabana. Alto no céu ergue-se o dente que despertou suas ambições. Frenchman's Cap não é apenas uma montanha perigosa, mas também uma das mais altas da Tasmânia, a mais de 1.443m de altitude. Todavia, por trás dessa impassível parede montanhosa existe uma borda convexa que não representa nenhum problema para o alpinista.

Continuamos subindo a trilha até o desfiladeiro ao norte do pico. No fim dele, chegamos a lajes e prateleiras rochosas, onde temos que nos arrastar. Desse ponto mais alto, sob a luz da manhã, a ilha parece ter acabado de ser lavada.

A vista é infinita. O pico está no meio de um aglomerado de montanhas escarpadas. Atrás delas o terreno é mais suave. Campos ondulantes se estendem até outras montanhas pontiagudas à distância. As pequenas nuvens de névoa assentadas sobre as depressões são vencidas pelo sol.

Frenchman's Cap é como uma torre de vigia de titãs em meio à imensidão. Os aborígenes que viviam na ilha há 25 mil anos ocupavam principalmente o litoral, mas às vezes vinham até aqui para caçar, e foram erradicados de uma maneira horrenda quando os europeus chegaram à Tasmânia, no início do século XIX. Ao mesmo tempo, os conquistadores começaram a mapear o território. Em 1840, numa tentativa de chegar à costa vindo do interior, James Calder foi detido pelas montanhas e pelos desfiladeiros de rios dessa região. Mais tarde ele observou: "O fato de a cordilheira do Frenchman's Cap lançar seus ramos para todos os lados como os braços de um pólipo deixa pouquíssimas opções para o traçado de uma estrada". A expedição foi obrigada a retornar.

O primeiro a escalar esse marco dominante foi o agrimensor James Sprent em 1853, mas Thomas Moore me interessa mais. Ele era um genuíno amante da natureza, que atravessou grandes extensões do território tasmaniano. Em 1887, subiu ao topo do Frenchman's Cap partindo do oeste e achou "que a montanha tem os mais majestosos penhascos de rochas ressaltantes que já vi".

Nossa caminhada ao monte é uma viagem de ida e volta. A trilha está entre as mais apreciadas pelos mochileiros da ilha. A mata é fresca quando descemos do desfiladeiro Barron na viagem de volta, usando muitas vezes as mãos para nos apoiarmos em ribanceiras, escadas ou árvores caídas. Nossa barraca está às margens do lindo lago Vera, que é cercado por encostas escarpadas e vegetação densa. Nós a montamos numa pequena clareira perto do abrigo usado pelos trekkers.

Como na vinda, agora teremos que atravessar as Loddon Plains, uma planície pantanosa onde a trilha é quase toda de lodo. Daqui vemos a montanha pela última vez antes de cruzar o pico de uma colina na descida para o Franklin, um rio mundialmente famoso devido ao enorme alvoroço que causou em 1984, quando o governo da Tasmânia quis expandir sua rede hidrelétrica. O projeto provocou uma enorme mobilização e ocupação da região. Cerca de mil pessoas foram presas, porém mais tarde a construção da represa foi suspensa pela Suprema Corte do país. A forte manifestação da opinião pública ajudou a salvar um dos mais valiosos tesouros naturais para a posteridade.

No ponto onde atravessamos o Franklin por uma pequena ponte suspensa, cerca de 100km a montante da confluência com o rio Gordon, o trecho é estreito e calmo. As águas parecem estar aguardando o momento propício. Elas logo estariam rugindo alto, penso, olhando para a curva onde o rio desaparece em sua viagem em direção a estreitas gargantas e perigosas corredeiras. É um término encantador, e nos parece perfeito mergulhar nosso corpo nessa água fria, símbolo da importância da preservação da natureza. Reconfortante para o corpo e para a alma.

A trilha atravessa uma floresta temperada, que existe na Tasmânia em muitas formas diferentes. Classificada como mista, esta é formada principalmente por faias da mesma espécie encontrada na Nova Zelândia e na Patagônia. Samambaias *Dicksonia antarctica* cobrem grandes extensões do solo da floresta.

Tongariro

SOBRE TERRENOS VARIADOS

Os vulcões não são coloridos apenas durante a erupção. A lava que eles deixam para trás se transforma numa paleta artística da natureza. Aqui vemos a Red Crater (Cratera Vermelha), que pertence ao maciço Tongariro.

Nem *sempre* desejo um dia ensolarado. O ânimo pode acabar completamente sob uma luz forte e a paisagem parece mais domesticada; no entanto, quando caminho sem companhia, prefiro o céu azul. É mais seguro e torna o passeio mais agradável. Durante uma viagem solo pelo maciço Tongariro, na Ilha do Norte, na Nova Zelândia, fui agraciado com esse clima – felizmente, uma vez que a região costuma ser bastante chuvosa.

Uma curta caminhada partindo da vila de Whakapapa me leva ao abrigo Mangatepopu, abaixo de Ngauruhoe, o mais simétrico dos picos. É fácil entender por que os maoris há muito consideram esses vulcões sagrados. Com formas vultosas e múltiplas cores, eles parecem místicos. São símbolos da identidade e da autoestima do povo aborígene, seu *mana*. Se um colonizador europeu escalasse um pico, provocava a fúria dos maoris. Depois de 1839, quando o botânico John Bidwell tornou-se o primeiro a escalar o Ngauruhoe, os conflitos entre os aborígenes e os europeus aumentaram, provocados também pela criação de novas fazendas e pelo corte da madeira. Te Heuheu Tukino, o chefe maori, vendo que o Tongariro estava ameaçado pela venda das terras e pelos pastos para o gado, teve a brilhante ideia de doar os vulcões ao governo da Nova Zelândia (ou seja, à coroa britânica) como um presente de seu povo. Em 1895, ele se tornou um parque nacional, um dos primeiros do mundo, o que pôs fim à ameaça do desenvolvimento.

A partir do abrigo a trilha segue uma rota íngreme morro acima, até um anfiteatro natural onde um deserto plano e pedregoso é cercado por encostas de pedregulhos que parecem imensos camarotes. Aqui, livro-me da mochila e subo o Ngauruhoe, que já não provoca controvérsias. No topo há duas crateras, uma dentro da outra. O vulcão está ativo e no último século entrou em erupção a cada nove anos por um longo período, porém agora se aquietou. Mais de duas décadas se passaram desde a última erupção. Vai haver outra? Em regiões vulcânicas, não se pode confiar no terreno, mas não há por que se preocupar. As autoridades lançam avisos antes de uma ameaça de erupção, e agora apenas o vapor que sobe da cratera nos lembra do perigo latente.

De volta à trilha, continuo por um terreno de cascalho de lava e subo até uma garganta a 1.700m de altitude. Daqui posso ver lá embaixo a paleta de cores que a natureza usou na Red Crater, pertencente ao vulcão Tongariro. Dentro da cratera pode-se ver a jazida de lava e as encostas decoradas em vermelho-ferrugem, preto-carvão, cinza-chumbo, branco-marfim e bege-sujo. Na parte inferior há também depósitos sulfúricos de onde o vapor sobe em torvelinho. De quando em quando, o cheiro do enxofre impregna o ar. Do outro lado do desfiladeiro, pequenos lagos acrescentam novos tons à paleta. O lago Emerald é uma joia verde-esmeralda graças à água que contém soda. O lago Blue tem uma química diferente e situa-se em uma bacia que parece de tinta azul. Ambos são lindos, mas mortalmente venenosos.

A longa descida da encosta norte do maciço termina no abrigo Ketatahi, perto de fontes que ainda pertencem aos maoris. Ao anoitecer, alguns trekkers se reúnem na varanda do abrigo para ver o pôr do sol sobre o grande, mas distante, lago Taupo, que se avista ao norte. Muitos fazem uma caminhada de um dia, partindo de Whakapapa e terminando numa estrada abaixo do abrigo. Esse trecho, chamado Tongariro Crossing, é muito popular. Entretanto, quero continuar contornando todo o maciço por uma rota de quatro a cinco dias chamada Tongariro Northern Circuit.

Na manhã seguinte, volto um pouco na trilha, viro em uma selada e desço em direção ao campo de lava a oeste do cone do Ngauruhoe. Aqui há muito menos trekkers, a paisagem é desértica e parece despovoada. Agora lembra mais a Islândia do que antes, mas os tufos esparsos de plantas espinhosas atestam que estou muito longe da região Ártica.

A trilha desce para o vale Oturere, onde passa por um pequeno abrigo. Continuando para o sul, atravessa o deserto Rangipo, quando surgem lentamente em meu campo de visão os contornos do Ruepehu, o terceiro vulcão e o ponto mais alto de todo o maciço, a 2.797m de altitude. O trecho termina com uma caminhada por uma densa mata que leva a Waihohonu, o quarto abrigo para turistas.

Daqui se pode percorrer a trilha para o sul, sobre campos de lava, e ao redor do Ruapehu, para terminar de volta à vila de Whakapapa. Mas o circuito norte toma a direção leste e sobe uma selada não muito alta entre os vulcões. Perto do pico, pego um desvio para os lagos Tama, imediatamente abaixo do Ngauruhoe. O tempo frio, assim como as águas congeladas e as monótonas encostas de lava, contribui para uma imagem menos hospitaleira dessa paisagem vulcânica, tão esplêndida à luz do sol. Mas a mudança não me aborrece. Estou próximo do fim de uma caminhada bem-sucedida, e a presença das nuvens só aumenta minhas possibilidades de experimentar os diferentes aspectos da região. É possível a gente se cansar até mesmo do bom tempo e das montanhas pitorescas. Quando minhas impressões se acalmam, percebo que é essa natureza rara dos vulcões que faz do Tongariro Northern Circuit um dos trekkings mais coloridos do mundo.

Páginas anteriores: de Ketatahi pode-se avistar o grande lago Taupo, uma cratera extinta que se encheu de água. Tanto ele quanto Tongariro situam-se ao longo do cinturão vulcânico que atravessa a Ilha do Norte. Taupo explodiu no ano 186 d.C., em uma das erupções vulcânicas mais fortes do mundo em muitos milhares de anos.

Olho para o cone superior do Ngauruhoe e para a Red Crater, que pode ser vista abaixo, à esquerda. Ali a trilha atravessa o cume e a selada abaixo dele.

Trilha Heaphy

DA FLORESTA ENCANTADA AO RUGIDO DO MAR

Pouco mais de 1km antes do desfiladeiro Perry Saddle, podemos apreciar a paisagem montanhosa de Kahurangi em direção aos picos de Dragons Teeth (Dentes do Dragão), a 1.663m de altitude, e o pico Anatoki, ligeiramente mais baixo. O parque nacional, o segundo maior da Nova Zelândia, protege uma área muito montanhosa e uma natureza impenetrável. Em algumas partes da região há formações de calcário, com cavernas e pontes naturais de pedra.

Durante a noite, no abrigo Saxon, ouvimos na floresta, meio abafado, o grito de um quivi, uma ave sem asas raramente vista, símbolo neozelandês. Nós o ouvimos de nossa barraca, montada sobre um deque. Ao longo do seu bem-preservado sistema de trilhas, o país se esforça para minimizar os efeitos da erosão do terreno. Estamos numa área selvagem, no interior do Parque Nacional de Kahurangi, onde o grito da ave intensifica a atmosfera intocada. No entanto, a paisagem parece ordenada, ainda que de uma maneira bastante consciente.

A Nova Zelândia é a meca dos trekkers. A principal atração, naturalmente, é a extrema beleza do cenário, porém existe ainda a alegria de caminhar por um país onde seus habitantes gostam de viajar a pé. Os trechos mais populares estão reunidos sob o título de "Great Walks" ("Grandes Caminhadas"), um trabalho do Department of Conservation (DOC), que cuida das trilhas, proporciona abrigos de pernoite, campings, pontes e tudo o que for necessário para facilitar a jornada. Como as Great Walks atraem um grande número de trekkers, algumas precisam ser planejadas e reservadas com antecedência, o que se pode fazer facilmente no site do DOC. Graças a esse sistema, a depredação do turismo é minimizada, e os trekkers podem vivenciar a natureza selvagem despreocupadamente.

A mais longa das Great Walks é a trilha Heaphy, uma caminhada muito variada de cinco dias pela parte noroeste da Ilha do Sul. Em uma primeira fase, percorremos um aclive íngreme coberto por uma floresta alta. O mapa havia nos preparado para uma subida cansativa, mas ela é constante, e a trilha, larga e regular, serpenteando por curvas suaves. Andamos à sombra fresca das árvores. Depois de subir apenas 800m, chegamos à Perry Saddle e não nos sentimos excessivamente cansados. Nesse desfiladeiro, temos uma primeira impressão da grandiosidade do território de Kahurangi. Meu pensamento imediato é de que a vegetação emaranhada da montanha dificilmente nos permitirá sair da trilha.

O caminho por onde seguimos foi aberto por animais de carga em 1846, sob o comando de Charles Heaphy, que quis criar uma rota rápida das terras habitadas até o primeiro campo aurífero do país, mais ao sul. Os maoris, que viviam na Nova Zelândia há milhares de anos, há muito tinham suas próprias trilhas, usadas na busca da pedra preciosa, a jade. A impenetrabilidade do terreno oferecia uma proteção natural da região. Hoje, além dos trekkers, mountain bikers estavam percorrendo a trilha Heaphy. Percebendo que isso podia ser um problema, o DOC a reservou para os trekkers. "Essa questão foi ardentemente debatida durante algum tempo, mas agora a situação se acalmou", diz Andy Thompson, do DOC, quando o encontrei, depois da viagem. "Muitas vezes, são as mesmas pessoas que percorrem a trilha a pé ou de bicicleta. Às vezes vão a pé, outras de bike."

Mas nossa guia, Pam Croxford, está preocupada. Ela e o marido estão guiando um grupo de oito trekkers pela trilha Heaphy. Nós os encontramos no abrigo Saxon, depois de uma caminhada de um dia a partir de Perry Saddle. Aqui a trilha atravessa terrenos descampados, que oferecem uma vista surpreendentemente ampla. "O lobby dos ciclistas é forte", diz Pam. "A trilha é muito atraente para eles. Mas, se a mountain bike for permitida, Heaphy vai perder muito de seu encanto para nós, trekkers." Esse problema é recorrente. Diferentes maneiras de desfrutar a natureza selvagem estão entrando em conflito.

A empresa da família de Pam tem uma concessão para organizar excursões guiadas ao longo da trilha Heaphy. O grupo que encontramos se hospeda em abrigos, enquanto nós preferimos acampar. Partindo do abrigo Saxon há um longo trecho em declive à nossa frente até o rio Heaphy. Na fase seguinte, é só segui-lo até o mar. Com esse tempo excelente, a caminhada é fácil. A trilha nos leva por uma floresta

Depois de passar por um platô descampado chamado Gouland Downs, a trilha Heaphy desce abaixo de Slate Range e, na floresta do monte Teddy, abre-se essa vista para a distante Gouland Range. Aqui começa a longa descida para o mar da Tasmânia.

Não muito longe do abrigo Lewis fica essa ponte suspensa sobre o rio Heaphy, ao longo do qual caminhamos por densas matas de faias, ratãs e muitas outras espécies de árvores.

Páginas seguintes: as ondas do mar da Tasmânia quebram ao longo dos quase 3km da praia Heaphy. No interior ergue-se a Bellbird Ridge, com sua densa floresta. O mar da Tasmânia também é chamado de "o canal", embora tenha 2.000km de águas abertas entre a Nova Zelândia e a Austrália.

cada vez mais densa, passando por várias árvores de ratã, uma das maiores espécies da Nova Zelândia. As mudas germinam em algumas delas e com o tempo sufocam sua genitora abraçando-a, simplesmente. Um velho ratã pode viver mais de mil anos e atingir 7m de diâmetro, e os grandes galhos aos poucos se cobrem de epífitas, que dão a essas árvores uma aparência grotesca, como uma imagem fantástica de conto de fadas.

É espetacular ver as ondas do mar da Tasmânia quebrando-se ao pôr do sol na praia de areia, que está voltada para oeste. Vemos a bola de fogo mergulhar na água e desaparecer no horizonte. Caminhar por montanhas e descer até as ondas, com o oceano se estendendo até o horizonte, provoca um sentimento arrebatador de liberdade. E nas encostas atrás da linha da praia cresce outra árvore rara, o *nikau* – a única palmeira nativa da Nova Zelândia. Essa plantas criam uma nova paisagem, e, com o murmúrio do mar, emprestam à nossa viagem uma atmosfera de Robinson Crusoé. Nesses poucos dias, o cenário mudou de montes cobertos de florestas a uma costa deserta com praias de areia. Aqui o ar é carregado de sal e mais leve do que nas montanhas. Andamos descuidados pelo último trecho que parte do abrigo Heaphy, junto ao barulho das ondas. Uma viagem deliciosa está chegando ao fim.

Trilha Milford

A VIAGEM DE MÃO ÚNICA

Poucas trilhas têm um final tão espetacular. De barco, deslizamos pelo canal Milford Sound, enquanto as nuvens de chuvas passam pelo pico Mitre, que se ergue do mar a 1.692m de altitude. A profundidade do fiorde acrescenta mais 300m à sua altura. Essa é a mais impressionante montanha costeira do mundo.

Às vezes a gente tem sorte. Como quando o sol brilha o tempo todo numa região que normalmente recebe 8m de precipitação por ano. O céu já está azul durante a viagem de barco pelo lago Te Anau. Em Glade Wharf, ponto de partida da viagem, desembarcamos, colocamos a mochila nas costas e caminhamos sob o calor até o primeiro abrigo. Uma densa floresta encantada cerca a trilha. No dia seguinte, ainda ensolarado, andamos por campos abertos em meio a um vale.

O fato de o caminho estar deserto não tem nada de especial. A trilha Milford, na Ilha do Sul, na Nova Zelândia, é uma via de mão única – não se encontra pessoas vindo na direção contrária. Foi uma medida inteligente. Apesar dos 10 mil trekkers que passam por aqui todos os anos, o local não fica apinhado. Para reduzir os danos à natureza, as autoridades que cuidam da trilha e do parque nacional estabeleceram certas regras que fazem da Milford uma das mais reguladas do mundo. As pessoas que caminham com um guia podem fazer a viagem em seis dias e dormir em chalés particulares, enquanto quem vem sozinho deve percorrer os 55km em quatro dias e dormir em abrigos mais simples.

Não há dúvida de que as regras são uma restrição à liberdade, mas também têm vantagens consideráveis. Aqueles que caminham independentes e partem no mesmo dia acabam formando um grupo que se reúne no abrigo todas as noites, o que é divertido. E quem viaja pela trilha sozinho, atrás de todos os outros, pode sentir a natureza selvagem e intocada. Somente 40 pessoas têm permissão para iniciar a viagem a cada dia, seja independentemente ou com um guia. Como a trilha Milford é muito procurada, reservei esse passeio com bastante antecedência. Há outra peculiaridade que a torna especial: ela atinge um clímax evidente e se divide naturalmente em duas partes, antes e depois do passo Mackinnon.

O trekking percorre o Parque Nacional Fiordland, região dividida por cordilheiras estreitas e recortadas, algumas das quais chegam a 1.800m acima do nível do mar. Entre elas há um emaranhado de vales profundos e sinuosos, cobertos por uma floresta tropical impenetrável. Estreitos canais que parecem fiordes adentram as íngremes montanhas, e no geral a topografia é um verdadeiro labirinto.

O sol ardente faz do vale Clinton um cenário tranquilo, serpenteando entre penhascos quase verticais que impedem a vista. Somente onde outro vale se ramifica há uma abertura. Sentindo-nos isolados do mundo, caminhamos por um corredor entre as imponentes paredes das montanhas.

A trilha corre paralela ao rio cristalino que atravessa o vale. Com esse tempo, a paisagem parece contemplativa, mas ao mesmo tempo o espaço restrito nos impulsiona a prosseguir. Quanto mais caminhamos por esse longo e estreito vale, mais ansiamos chegar à famosa garganta e a uma vista mais ampla. No final, minha ansiedade é tão forte que a subida que parte do fundo do vale Clinton, onde ele termina num caldeirão, quase não me cansa. O que nos aguarda lá em cima?

Finalmente, uma vista! Essa é a primeira sensação. Um aclive de apenas 500m nos leva ao desfiladeiro Mackinnon, que só tem 3m de largura e é coberto de uma vegetação rasteira. Aqui encontramos o *kea*, o papagaio típico dessa região, que fica feliz de enfiar o bico em nossa mochila para ver se encontra algo comestível. Na verdade, havíamos sido advertidos sobre os danos que essas aves podem causar. A vista abrange montanhas esparramadas, com algum resíduo de neve e pequenas geleiras. Do outro lado do estonteante abismo podemos ver o rio Arthur desaparecendo numa curva do vale.

Um monte de pedras marca o Mackinnon Memorial, em honra de um dos pioneiros que abriram essa rota, um lembrete de que o desfiladeiro já representou um obstáculo real. Quintin Mackinnon e Donald Sutherland procuravam uma passagem por terra para o canal Milford, objetivo de sua expedição, cerca de 20km ao norte do desfiladeiro. Ali, o excêntrico Sutherland instalou um abrigo turístico, que administrava com a mulher. Desde essa época, o canal já era famoso por sua beleza, e os turistas eram trazidos de barco. Em 1888, Mackinnon e Sutherland chegaram ao desfiladeiro, e vinte anos depois, um jornal inglês elegeu a trilha Milford como a mais bela do mundo.

Após cruzar o desfiladeiro, a descida é íngreme. Num ponto mais perigoso, há degraus que facilitam a caminhada. No último dia da viagem, a chuva cai, fazendo com que a mata se vista de um verde vivo. A mudança no tempo é bem-vinda. Agora posso ver a paisagem em seu estado natural. Véus de névoa cobrem as montanhas como cortinas, e a umidade penetrante explica por que a mata é densa e fértil.

É uma caminhada de quase 20km de Dumpling Hill até Sandfly Point (Ponta do Mosquito-Pólvora), que tem esse nome por causa dos mosquitos cuja picada é perigosa. Eles não chegam a ser um problema para mim, que estou acostumado aos insetos escandinavos. A viagem termina cerca de uma hora depois, diante de um barco que nos leva a uma estrada na extremidade do canal Milford.

Enquanto o barco desliza pelo fiorde, podemos ver o pico Mitre erguendo-se verticalmente a 1.700m. A cascata que cai aos pés do monte acentua a sua altura, fazendo-o parecer mais alto que a maioria das montanhas do mundo. Essa visão, ou ilusão de ótica, representa um final adequado para a trilha.

Páginas anteriores: visto do desfiladeiro Mackinnon, o vale Clinton parece um fiorde seco – o que ele é, na verdade. Caminhamos até lá, exatamente como Quintin Mackinnon e seu companheiro fizeram em 1888. Nascido nas ilhas Shetland, Mackinnon foi o pioneiro que abriu essa trilha pelo vale. Do outro lado, Donald Sutherland já havia aberto um caminho pelo vale Arthur. Mackinnon encontrou uma passagem entre os dois vales e é lembrado com um memorial no desfiladeiro.

Um mergulho encantador sob o véu de noiva. A cascata Sutherland é considerada a quinta mais alta do mundo, caindo por 580m em três estágios. Ela fica a pouco mais de 1km da trilha Milford.

Trilha Kepler

POR MONTANHAS ASSOLADAS POR TEMPESTADES

O vale do Iris Burn é coberto pela mata mais luxuriante que se possa imaginar. A trilha serpenteia entre altas faias vermelhas, cujos troncos se cobrem de uma espessa camada de musgo. O ar é carregado de vapor e aromas. Apesar do nome, a faia vermelha é sempre verde. Ela só é encontrada na Nova Zelândia, embora seu gênero, *Nothofagus*, tenha 35 espécies na Austrália, na Nova Guiné e na Patagônia. A extensão desse gênero indica que esses lugares um dia pertenceram ao imenso continente Gondwana.

Mesmo ao amanhecer desse dia de março sopra um vento forte. A partir do abrigo Luxmoore, o segundo estágio nos aguarda. Assim que saímos de lá e partimos para escalar as estreitas cordilheiras rochosas do Parque Nacional Fiordland, cai uma chuva torrencial e o vento é ainda mais forte. Às vezes as nuvens se dissipam e revelam uma paisagem incrivelmente dramática, impressão acentuada pelo clima. Percebemos uma cadeia de picos que cria um terreno complexo, enquanto a extensão de água do South Fiord, no lago Te Anau Lake, lá embaixo, à distância, aumenta a sensação de vertigem.

Do outro lado do fiorde as montanhas são muito altas e visivelmente inóspitas. A névoa nos envolve. Antes de alcançarmos a proteção do abrigo Hanging Valley, somos atingidos por algumas rajadas que parecem de um furacão. O vento está tentando nos lançar das altas encostas, que podemos ver quando as nuvens se abrem por um breve momento. Somos obrigados a caminhar de quatro ao longo da passagem mais exposta, de poucos metros de largura, com as luvas encharcadas o tempo todo. Uma bagagem mais leve seria levada facilmente pelo vento, que nos impede de respirar. Quando as rajadas cessam, tentamos recuperar o fôlego, como se tivéssemos engolido muita água fria. Nessas condições, o abrigo é uma bênção. Aquecemos nossa sopa e conversamos com alguns trekkers que haviam percorrido o mesmo caminho. Outros haviam voltado mais cedo. Mais tarde, quando descemos pela floresta tropical do outro lado da montanha, a natureza nos protege do vento. É um alívio, mas não há como escapar da chuva que nos encharca.

Nossa viagem pela trilha Kepler revela um lado árido da Nova Zelândia. Descendo para o sudoeste da Ilha do Sul, a paisagem dá a sensação de uma viagem da Noruega a Bornéu, com enormes fiordes, montanhas íngremes e florestas luxuriantes. O clima é extremamente úmido, e a chuva é trazida pelos ventos conhecidos como "the roaring forties", das latitudes de 40 graus, que sopram do mar da Tasmânia para a Fiordland. Aqui há duas Great Walks, as trilhas Milford e Kepler, que só foram completadas em 1988. Nessa época, o Department of Conservation ligou algumas rotas existentes ao redor de um maciço que ficava 50km ao sul da trilha Milford. A in-

tenção foi reduzir o impacto dos visitantes ao longo dela e, ao mesmo tempo, tornar outra área representativa da Fiordland mais acessível. A Kepler é um caminho circular, que começa e termina na charmosa cidadezinha de Te Anau e pode ser percorrida em qualquer direção. Como a maioria, optamos pelo sentido anti-horário.

No primeiro dia, subimos pela virgem floresta tropical, passando por enormes espécimes de faia vermelha. Inicialmente, a trilha acompanha a margem do Te Anau, o maior lago da Ilha do Sul, depois se afasta e sobe uma difícil encosta até o abrigo Luxmoore, situado num pântano aberto. Quando chegamos, ele está quase lotado. O mesmo acontece com todos os abrigos das Great Walks. Há um refeitório comum e uma cozinha com algumas bocas de gás. À noite, descansamos em beliches num dormitório coletivo. Somos 30 na hora de dormir. A vida no abrigo pode ser divertida, mas não para todo mundo. É preciso se acostumar ao ronco dos vizinhos ou levar tampões para os ouvidos. Antes da hora de deitar, o zelador nos informa da previsão do tempo para o dia seguinte. Não é muito promissora.

A caminhada pelas montanhas sob o vento cortante nos ensina uma lição sobre o clima dessa parte do mundo. Como estávamos cientes do risco de tempestades, trouxemos um kit apropriado e estamos bem protegidos por roupas de chuva.

Percorremos a trilha pelo monte Luxmoore, 1.400m acima do nível do mar, com o vento soprando com a força de uma tormenta. Quando as nuvens se dissipam por um instante, podemos ver as montanhas cobertas de relva lançando-se abaixo de nós.

Do abrigo Luxmoore podemos ver as proibidas montanhas Murchison do outro lado do Fiorde Sul do lago Te Anau. Essa região inacessível do Parque Nacional Fiordland é estritamente protegida para preservar a última população sobrevivente de *takahe*, uma ave azul da família dos ralídeos, de asas curtas, o que a impede de voar, e que se acreditava extinta até ser redescoberta nessas montanhas em 1948.

Naturalmente, esperávamos ter melhor sorte. No entanto, como em todas as situações adversas, o mau tempo transforma a viagem numa experiência memorável, que fortalece nossos laços com essa região de tal maneira que um clima ensolarado não faria. Gosto quando a natureza mostra suas verdadeiras cores, mesmo que, como neste caso, elas assumam vários tons de cinza. Nosso alívio ao final vem misturado com um merecido e elementar sentimento de felicidade.

No abrigo Iris Burn, o ar está carregado da umidade das roupas molhadas. Apesar do mau tempo e das árduas subidas das encostas que a trilha nos apresentou, chegamos. Agora as árvores estão pingando. O último estágio nos leva por um longo e profundo vale, coberto de uma floresta tropical verdejante, o que me faz lembrar o reino de Lothlorien em *O senhor dos anéis*, de Tolkien. A trilha Kepler se revelou uma caminhada intelectualmente instigante e bela.

Waimea

A GIGANTESCA GARGANTA DO PACÍFICO

Os polinésios, que chamam as cadeias de montanhas de Poó Kaeha, receberam James Cook como um deus em 1778. Waimea foi o primeiro lugar onde ele aportou nas ilhas havaianas. Antes disso, ninguém suspeitava de que houvesse ilhas no meio do oceano Pacífico.

Cocoricó! Somos acordados por um ruído familiar, mas surpreendente nesse lugar. De tempos em tempos o galo canta e o som nos confunde. Será que a barraca está numa fazenda? Não, de jeito nenhum. Ontem caminhamos por uma densa floresta e descemos até um estreito cânion numa ilha no meio do oceano Pacífico. A paisagem é selvagem, com certeza inadequada à criação de animais. O ambiente parece exótico em todos os aspectos – a vegetação incomum da mata, as rochas multiformes e até a própria caminhada num ar quente e úmido. A ideia de que o galo que ouvimos viva livre na natureza é a única explicação que encontramos. Mas ele não está sozinho! Podemos ouvir “cocoricós” de diferentes direções. É uma experiência divertida nessa estranha natureza selvagem.

Ainda mais incrível é o fato de que estamos caminhando por um imenso cânion, numa pequena ilha subtropical afastada de qualquer continente. Esse lugar é o oposto dos montes Altai, que ficam à maior distância possível do mar. Postos geográficos avançados atraem trekkers persistentes, e nossa caminhada dessa vez é em Kauai, a mais setentrional das cinco grandes ilhas do arquipélago do Havaí. Levamos dois dias para descer a esse cânion, porém não percorremos mais do que 15km desde o ponto de partida. Esse complexo de ravinas chama-se Waimea, mas também costuma ser chamado de “Grande Cânion do Pacífico”. A fenda tem cerca de 20km de comprimento e 800m de profundidade. As rochas exibem uma fantástica variedade de cores: vermelho, amarelo, preto, violeta, marrom e laranja. Uma paisagem maravilhosa em poucos dias de caminhada.

A geologia é única, porque os cânions foram escavados em lava endurecida. Todas as ilhas do arquipélago são de origem vulcânica. O rio Waimea choca-se contra a rocha e carrega uma nuvem cor de terra de pó de rocha para o oceano azul-marinho além do estuário. Acima do cânion, num dos lugares mais úmidos do planeta, situa-se o extinto vulcão Waialeale, que, com seu pico a 1.600m, atinge altitudes onde as nuvens trazidas pelos ventos alísios precipitam a maior parte de sua chuva. É por isso que chove quase o tempo todo aqui em cima, e o rio recebe um suprimento garantido de água. Mas logo vamos aprender tudo isso em primeira mão.

No alto do Waialeale há um imenso pântano que coleta a chuva e envia cascatas para o sistema de ravinas. A umidade perene mantém a vegetação constantemente verde. A floresta tropical é singular e, no alto da montanha, dominada por uma árvore pequena chamada *ohi'a*. Nas encostas mais baixas, a vegetação rastejante tinge a lava de ocre com manchas de azinhavre. No fundo da ravina, perto do rio, a mata volta a ser densa, mas com árvores diferentes das que existem no alto da montanha. Graças a essa interação entre tipos diversos de vegetação e rocha nua, a paisagem tem um raro e variegado colorido.

Turistas chegam de carro à borda do cânion para admirar essa vista espetacular. A estrada é movimentada, com vários mirantes. De um deles, uma trilha íngreme, de terreno escorregadio, leva direto até o rio Waimea, que corre no fundo do cânion. Quando já percorremos um pequeno trecho da rota, não há mais ninguém ao nosso redor, e a paisagem dramática imediatamente se torna selvagem. Algumas horas mais tarde, depois de uma descida íngreme, chegamos à margem do rio e montamos acampamento sob as árvores.

Nossa caminhada continua rio acima. Mais adiante, temos que vadear o rio, com a água tépida até a cintura. Uma pequena trilha então leva à ravina de Koaie, onde altas plantas de sisal fincaram no solo folhas que parecem baionetas. Essas grandes e grotescas plantas em forma de roseta foram introduzidas na ilha, assim como os galos, as cabras e os javalis. Isso perturbou o ecossistema, mas o sisal nos fascina com sua altura majestosa e a exótica atmosfera criada por suas folhas. A ravina é estreita. Para ver o céu azul, preciso esticar muito o pescoço. Com binóculos, podemos observar as pessoas que se amontoam nos mirantes ao longo da borda da ravina. Parecem anões em silhueta, sem saber que caminhamos aqui, no fundo do abismo.

O tempo está ensolarado durante o dia todo, mas a chuva cai à noite, e na manhã seguinte, quando o galo acaba de cacarejar, um aguaceiro tropical despenca sobre nós. Acima dos penhascos da ravina, por trás de pequenas e passageiras nuvens de névoa, faixas paralelas são bordadas com fino fio de prata. As montanhas estão chorando, e sentimos seu desgosto. Em Koaie, o rio agora parece mais agressivo. E a ravina onde estamos é uma inflexível rota de retorno. Poucos quilômetros adiante, a trilha termina num beco sem saída. Os penhascos verticais constituem um obstáculo intransponível. A única maneira de sair do acampamento é o caminho pelo qual viemos, e, quando mais uma vez chegamos à margem do fiorde, descobrimos que o rio subiu muito. Caímos numa armadilha. A única coisa que podemos fazer é esperar, montar a barraca e ouvir o canto das águas. À tarde, a chuva para, e na manhã seguinte o rio volta ao nível normal. Podemos cruzar a corrente e sair de Waimea, levando conosco uma experiência que nos ensinou algo fundamental sobre essa paisagem.

Páginas anteriores: da borda do cânion Waimea pode-se ver por que este é realmente o "Grande Cânion do Pacífico". Vemos lá embaixo a ravina Koaie, confinada com a encosta do vulcão Waialeale. Ele se formou há cerca de 5 milhões de anos, e o cânion começou como uma fenda quando o vulcão entrou em colapso, 1 milhão de anos mais tarde. O basalto ferroso colore o solo em tons de vermelho alaranjado.

Acampamos à margem desse riacho que atravessa a floresta tropical até a ravina Koaie. A mata é dominada por árvores de *kukui*, de cujos frutos os polinésios extraíam óleo para lampião. As folhas pontiagudas pertencem ao sisal, uma planta da família das agaváceas.

Torres del Paine

UMA ROTA IRREGULAR

Torres del Paine é um dos cenários de montanha mais espetaculares do mundo. No meio do maciço fica Paine Grande, o ponto mais alto, 3.050m acima do nível do mar. Suas paredes lisas de granito têm 1.000m de altura. Em 1879, a escritora Florence Dixie declarou num livro de viagens que os pináculos rochosos lhe lembravam as agulhas de Cleópatra, famosos obeliscos egípcios.

Na escuridão que antecede a aurora, somos três trekkers subindo até um pequeno lago de montanha, abaixo dos famosos pináculos rochosos de Torres del Paine. A subida leva só meia hora de nosso acampamento no vale do rio Ascensio. Às margens do enigmático lago, paramos e aguardamos o sol nesta manhã fria. Aquecemo-nos dando tapas no corpo, enquanto o céu se ilumina aos poucos. Logo os penhascos começam a brilhar, primeiro levemente e depois como metal derretido. Os pináculos são incrivelmente altos e delgados. Suas paredes de granito, lisas como concreto, caem direto na água. Nesse mar de rochedos onde estamos, tremendo de frio, há uma abertura na imensa bacia.

Essa cena memorável dura meia hora. Depois, o granito esfria e os rochedos se tornam cinzas. Uma frente de nuvens gira sobre as montanhas, e a cortina desce, enquanto a neve começa a cair, e o vento, a se levantar. Nossa caminhada pelas Torres del Paine começou com uma magnífica abertura, que termina tão rápido quanto começou.

Estamos todos mentalmente preparados para a mudança de cenário. Você também deve estar quando vier. As boas-vindas da Patagônia a seus visitantes costumam ser ambíguas. Durante nossa viagem chove com frequência, tanto que vários lugares recebem a chuva do ano todo em um só dia. Sopra um vento leste, o que não é normal aqui, onde os "roaring forties", os ventos das latitudes de 40 graus, geralmente uivam nas montanhas. A chuva cai no ponto em que essas tempestades se chocam contra os montes, enquanto na estepe a leste da cordilheira o tempo é seco e ventoso. Em março, o clima costuma ser bom, mas não estamos com sorte. Agora o mau tempo vem da Argentina, o que significa que a situação vai ficar pior.

Depois de dois dias de chuva, finalmente o sol brilha quando chegamos ao lago Dickson. Além do prado onde acampamos há um iceberg encalhado, e as montanhas cobertas de neve oferecem uma imagem de cartão-postal. Aqui vemos mais sinais que lembram a Escandinávia. O lago leva o nome de um antigo comerciante de madeira e patrono das artes, Oscar Dickson de Gothenburg. O sueco Otto Nordenskjöld esteve aqui em 1896 em sua segunda expedição ao extremo sul da América.

Torres del Paine era um ponto central, e Otto Nordenskjöld foi o primeiro a mapear a região. Depois de caminhar ao redor do maciço, ele viu o mesmo cenário maravilhoso que nós. "A pérola na paisagem era o lago", escreveu mais tarde. "A parte mais profunda estava coberta de gelo, e em sua calma superfície flutuavam, como cisnes gigantescos, fantásticos icebergs, enquanto as altas montanhas nevadas se refletiam em suas águas. [...] Naquele momento decidi que o lago devia ter o nome do barão Oscar Dickson, que tanto se interessara por nossa expedição."

Apenas dez anos depois, outra expedição sueca chegou à região, dessa vez sob o comando do botânico Carl Skottsberg. Quando um dos membros do grupo passou por um lago até então desconhecido ao sul de Paine, deu-lhe o nome de lago Skottsberg. Assim como o Nordenskjöld e o Dickson, esse é um dos três grandes lagos do parque nacional chileno cujos nomes homenageiam suecos.

É surpreendente que esses nomes estrangeiros tenham sobrevivido, eu penso, quando, no penúltimo dia de caminhada ao redor do maciço, chegamos ao lago Skottsberg. O sol brilha num céu claro, e o tempo está ameno. Nessa parte de Torres del Paine há consideravelmente mais trekkers do que na trilha norte dos picos, e encontramos alguns que estão seguindo o "W", como é chamada a rota mais popular. Nessa viagem só se percorre o lado sul do maciço, subindo os dois vales que separam os picos. Ela pode ser feita em dois ou três dias. O Circuito Paine, que estamos percorrendo, inclui o "W", mas também abrange a face norte do maciço e dura mais tempo: no mínimo uma semana, embora nove dias sejam o ideal para quem não quer se cansar demais. É uma caminhada difícil, e muitos conhecedores a consideram uma das mais importantes trilhas de trekking do mundo. A paisagem é extremamente variada.

Estamos andando no sentido anti-horário, o que nos leva à parte mais difícil, no quarto e quinto trechos, quando temos que atravessar o desfiladeiro John Garner – outro exemplo dos nomes estrangeiros da região. As autoridades do Chile evidentemente não se mobilizaram para substituí-los por nomes locais. Na maioria dos casos, não há nomes indígenas, mas Paine parece ter origem na língua mapuche e significar "azul-claro", provavelmente uma referência à cor dos lagos glaciais.

Chove e troveja quando deixamos o Campamento Los Perros, nosso acampamento na densa floresta. A trilha sobe 700m, passando por pântanos e austeras charnecas alpinas, até que finalmente chegamos ao exposto e rochoso desfiladeiro, sob um vento cortante e sem nenhuma visão. Daqui deveria se descortinar a vista mais bela do parque. Com tempo claro, pode-se observar a deslumbrante extensão do glaciar Campo de Hielo Sur, um verdadeiro banco de gelo no interior, com 320km de comprimento. Do platô gelado, suas línguas descem até os estreitos lagos argentinos de montanha ao leste, e aos fiordes chilenos a oeste.

Por um breve instante, a vista desponta sob um céu azul. Rapidamente, chegamos ao desfiladeiro e descemos direto para o gelo. O terreno é muito íngreme, e logo penetramos na floresta, onde enfrentamos o obstáculo de árvores caídas e raízes.

No norte de Torres del Paine a trilha passa por um vale onde corre o rio Paine. O imponente monte ao fundo, Cerro Ohnet, chega a "somente" 1.929m de altitude.

Páginas seguintes: o glaciar Grey derrama suas águas no lago de mesmo nome. É uma língua de um campo de gelo patagônio, o Campo de Hielo Sur, que daqui se estende 320km para o norte e se divide em icebergs que flutuam na água.

No dia seguinte, com o tempo melhorando constantemente, continuamos atravessando a íngreme floresta de árvores decíduas. Por entre a folhagem, avistamos a imensa extensão do glaciar à direita e os altos picos das montanhas à esquerda. Após uma caminhada extenuante, chegamos ao lago Grey, no qual a geleira se fende e deposita icebergs. Aqui, os contrastes são impressionantes. Andamos por um bosque de faias, onde a trilha serpenteia sob as árvores. Depois, tomamos a direção dos penhascos ao lado do bosque em que rochas nuas e massas de gelo caóticas se estendem para oeste até onde nossa vista alcança. Talvez seja a Antártica.

O glaciar nos convida a um passeio sobre o gelo. Nosso ponto de partida é o refúgio no qual estamos acampados. Em vários lugares ao longo do Circuito Paine há abrigos semelhantes, que oferecem alimentação e hospedagem. Os beliches são estreitos, mas na sala principal, onde fazemos as refeições, a atmosfera é animada. Nesse abrigo há guias de plantão. Depois de uma viagem enlameada em um bote de borracha pelo lago gelado, desembarcamos junto ao assustador glaciar, fixamos os grampos às nossas botas e nos amarramos uns aos outros com uma corda. O tempo claro nos permite caminhar por entre as fendas e grutas de gelo. A geleira nos oferece novas perspectivas da paisagem.

Percorremos longos trechos por uma floresta temperada, repleta de faias do gênero *Nothofagus*, que nos lembra a Tasmânia e a Nova Zelândia. O fato de esse gênero de árvore ser encontrado apenas nessas regiões revela que, cerca de 150 milhões de anos atrás, elas fizeram parte do gigantesco continente Gondwana.

Na parte leste do maciço, dois vaqueiros passam por nós. Eles têm variados nomes em diferentes países da América do Sul. No Chile, são chamados "huasos".

Um novo e maravilhoso trecho nos aguarda. Caminhamos às margens do lago Grey até o abrigo Pehoe, de onde se pode cruzar de barco o lago Pehoe e chegar à principal estrada para a cidade de Puerto Natales, 200km mais ao sul. Pretendemos, no entanto, completar o circuito, passando pelo Skottsberg e subindo o vale Frances, sob os sensacionais picos Cuernos del Paine, "os cornos". Dos pés da montanha, as rochas de granito rosa sobem verticalmente. E bem no topo podemos ver uma espessa camada de argila xistosa, o que dá ao cume um "boné" no tom de licor.

Os limites entre os diversos tipos de rocha são afiados como navalha, o que nos faz pensar na razão dessa geologia peculiar. O granito é formado pelo magma das profundezas da Terra, enquanto o xisto é a argila que se solidificou perto da superfície. Provavelmente, o primeiro foi empurrado de baixo e impulsionou o segundo para cima.

O vale Frances leva a um imenso caldeirão coroado por delgadas torres de granito. Olhando para trás, para a grande extensão desse vale, podemos enxergar muito além do grande sistema lacustre. De vez em quando, avalanches ameaçadoras despencam das encostas, enquanto o pôr do sol ilumina o céu. No último dia, fechamos o circuito sob chuva. O vento leste está mais cortante que nunca. Caminhamos para o sul de Torres del Paine e voltamos encharcados ao ponto de partida, onde um muito aguardado jantar no hotel é a nossa recompensa.

Fitz Roy

UMA INFELIZ VIAGEM DOS SONHOS

As tempestades subantárticas raramente deixam Fitz Roy em paz. Quando a montanha se revela, ela prova que é uma das mais impressionantes do mundo. A parede vertical de rocha atinge 1.800m de altura!

Sopra um vento constante. As malfadadas rajadas da Patagônia nos empurram para a encosta, apesar de o tempo ser dos melhores que se encontram por aqui, com o sol dando uma espiada de vez em quando. Não há nada como o vento para minar o entusiasmo de qualquer um, embora reforce a sensação de estar no meio da natureza. As nuvens rodopiam sobre Saint Exupery e Poicenot, e em curtos "clips" podemos vislumbrar os pináculos pontiagudos. Por um momento, avistamos toda a paisagem – como é escarpada! – e nos sentimos compensados dos tormentos da ventania. A visão é um prazer para quem ama paisagens espetaculares de montanha.

Nessa manhã até mesmo o Fitz Roy emergiu por um instante, com uma presença física que não vi em nenhum outro monte. No entanto, sua altura é de "apenas" 3.405m. O sol faz o pináculo de granito polido brilhar como uma parede de vidro que sobe até o céu. Comparadas com ele, as outras montanhas parecem menores. Temos direito a 10 minutos de espetáculo antes que as nuvens voltem a encobri-lo, e foi tudo. Da estepe, a caminho daqui, ele também surgiu quando a massa de nuvens clareou no horizonte. Um marco tão "exclamativo" não é encontrado em muitos lugares. Outros montes do mundo que dominam o cenário ao seu redor são mais troncudos do que Fitz Roy.

Agora chegamos a um mirante varrido pelo vento, a laguna de los Tres, um cume em forma de domo acima de um pequeno lago congelado. Muitas pessoas que fazem trekking na região vêm até aqui, coisa que Robert Fitz Roy, capitão do *Beagle*, nunca fez. Em 1834, durante a famosa expedição de Charles Darwin, o capitão Roy só chegou a 125km do monte que hoje leva o seu nome. Apesar disso, o explorador Francisco Moreno quis homenagear o comandante de Darwin quando, muito mais tarde, batizou o pico, sem saber que os índios *tehuelche* já lhe haviam intitulado Chaltén, que significa "monte fumegante". Eles pensavam que as nuvens, que quase nunca desapareciam, eram a fumaça de uma erupção vulcânica.

A região em volta do Fitz Roy, que é parte do Parque Nacional de Los Glaciares, é popular entre os trekkers da Patagônia. Além do Fitz Roy estende-se um grande banco de gelo, o Campo de Hielo Sur. Longas línguas glaciais deslizam por entre os picos dos Andes para os grandes lagos a leste da cordilheira. O glaciar Perito Moreno, mais ao sul, é o mais conhecido.

As trilhas de trekking seguem a leste do campo de gelo. São relativamente curtas, mas não é preciso ir longe para encontrar variações do cenário. Iniciamos nossa viagem no novo resort turístico de El Chaltén e subimos as encostas em direção à laguna Capri. Pode-se acampar no outonal bosque de faias. É fácil seguir a trajeto, e chegamos ao próximo acampamento com inesperada rapidez. Passamos meio dia aqui, com fraca visibilidade, antes de subir em direção à laguna de los Tres.

De qualquer forma, somos gratos ao clima por uma razão: tivemos uma imagem correta da paisagem. Como quase nenhum outro topônimo, a Patagônia ecoa aventura. A palavra origina-se de "patagón", nome que Fernão de Magalhães deu ao povo que encontrou no extremo sul da América em 1520. Era um povo alto, que enrolava os pés em pele de animais. Talvez Magalhães tenha pensado numa palavra espanhola que significasse "animais de pés grandes" ou conhecesse a lenda espanhola de um gigante chamado Patagon. Ninguém sabe. Seja como for, essa parte do continente veio a ser chamada de Patagônia. Mas o nome não tem significado administrativo, porque compreende a região do Chile e da Argentina ao sul do paralelo 40S.

Na reia, perto do rio Blanco, essa árvore de nirre *(Nothofagus antarctica)* luta contra o vento. A espécie é um tipo de faia baixa típica do sul. As florestas da Patagônia exibem intensas cores outonais.

"Mas vimos essas grandes montanhas com pesar, porque fomos obrigados a imaginar sua forma e natureza, em vez de alcançar seu cume, como esperávamos." As palavras de Charles Darwin em seu clássico livro sobre a viagem do *Beagle*, em 1828-36, indicam que ele nunca chegou a ver o Fitz Roy, nem mesmo à distância. Se o pico tivesse ficado visível, o naturalista britânico dificilmente teria sonhado com uma escalada. Esse marco pontiagudo não existe em nenhum outro lugar.

Os nativos dessa montanha têm sua versão da história do Dilúvio. A serpente Cai Cai queria inundar o mundo. Uma cobra de bom coração apareceu e guiou o povo ao topo da montanha, mas muitos combatentes se afogaram. Quando as águas baixaram, Cai Cai transformou os guerreiros mortos em um petrificado, o Cerro Torre, quase tão alto, entretanto bem mais delgado que o Fitz Roy. Desde a adolescência eu tinha vontade de vê-lo, o monte pontiagudo mais alto do mundo, mas fui perdendo a esperança. Durante nossa caminhada, as nuvens estão baixas durante todo o tempo, e a floresta colorida está envolta em névoa. As chances não parecem boas.

A trilha é difícil em alguns trechos. O pico desaparece de vista à medida que caminhamos pelas margens da laguna Madre, limitada do outro lado por um alto precipício por onde as nuvens deslizam. Do outro lado de uma selada, caminhamos pelo amplo vale pelo qual corre o rio Fitz Roy. Suas águas vêm da laguna Torre. Abaixo de uma moraina há um acampamento, nosso objetivo por hoje.

Quando a barraca já está montada, caminhamos até o lago glacial para admirar a vista. As nuvens se recusam a abandonar as montanhas além do campo de gelo. O Cerro Torre, essa agulha absolutamente vertical de diorito de 1.500m de altura, está embrulhado numa capa de algodão. Sabemos disso, e ansiamos por vê-lo. Foi por isso que viemos até aqui, mas temos que desistir depois de algum tempo. No dia seguinte, o tempo ainda está fechado quando voltamos a El Chaltén. Basta de meu sonho adolescente... mas o Cerro Torre ainda me atrai.

Trilha Inca

UM DESTINO SINGULAR

O objetivo da trilha Inca, Machu Picchu, emana uma maravilhosa harmonia entre a arquitetura e a paisagem. Até mesmo no topo do Huayna Picchu existe uma ruína. A fortaleza foi construída em meados do século XV e provavelmente era habitada por 10 mil pessoas, principalmente mulheres. Ela foi abruptamente abandonada um século depois, não se sabe ao certo por que razão. A 24 de julho de 1911, o arqueólogo Hiram Bingham descobriu as ruínas encobertas pela selva. No clássico *A cidade perdida dos incas*, ele escreve: "Alguém acreditaria no que eu havia descoberto? Felizmente [...] eu tinha uma câmera e o sol brilhou".

Wilbur Aparicio é o melhor guia que poderíamos ter. É um índio quíchua, que conhece o mundo e tem fluência em inglês. Além disso, sabe muito da história do povo inca. Nosso grupo é formado por seis pessoas, e estamos em meados de outubro, a estação chuvosa, quando o número de trekkers diminui consideravelmente. É um período de clima incerto, porém mais calmo e silencioso.

Durante os anos 1990 houve reclamações de que a trilha Inca estava desgastada, suja, vandalizada e exposta a um baixo índice de criminalidade. Muitos trekkers caminharam por essa lendária rota que atravessa três desfiladeiros da cordilheira Vilcabamba e termina nas ruínas da antiga cidade de Machu Picchu. A má fama fez com que as autoridades do Peru decidissem reparar os danos. Os resultados não tardaram. Atualmente ela está bem cuidada, e os guardas que a patrulham garantem a segurança com regularidade.

Viajamos de trem de Cuzco até uma parada chamada "Quilômetro 88", no vale Urubamba. Para testar nosso preparo físico, Wilbur nos guia por um curto passeio assim que descemos do trem. No grupo há uma senhora muito obesa e seus dois filhos sarados. Sacudimos a cabeça e nos perguntamos como é que vai ser. Durante a subida para as ruínas de Wayna Oénta, descobrimos: com um tato impressionante, Wilbur convence a mãe a tomar o trem para Aguas Calientes, um destino turístico abaixo de Machu Picchu, onde a encontraríamos três dias depois.

No dia seguinte, o grupo reduzido percorre o primeiro trecho da trilha Inca. Depois de uns poucos quilômetros, passamos por um local histórico, Llaqtapata, um centro cerimonial do século XV, que assistiu ao apogeu do povo inca. Aqui o trajeto vira para outro vale, passa por uma densa floresta e sobe um pouco. Passamos por alguns pequenos povoados, e na cidade de Huayllabamba os guardas do parque verificam nossas licenças.

O caminho então muda de direção de novo e nos leva a um novo vale que aponta para oeste. Temos que subir com esforço uma longa e difícil encosta até Abra Warmiwanusqa, o "desfiladeiro da Mulher Morta". A dois terços da subida há um acampamento onde a maioria dos trekkers passa a noite. Durante a escalada, as nuvens

No segundo dia, chegamos a Abra Warmiwanusqa, o "desfiladeiro da Mulher Morta". Uma longa e cansativa subida nos leva ao seu topo, 4.230m acima do nível do mar.

As nuvens se dissipam quando começamos a longa descida em direção a Machu Picchu. A montanha que deu nome à cidade em ruínas é uma elevação cônica logo depois da cidadela de Phuyupatamarka, ou "Cidade das Nuvens", onde passamos a noite a 3.580m de altitude. Essas ruínas também foram descobertas por Bingham em 1915.

baixam e o resto da caminhada se transforma numa viagem por florestas de nuvens – no sentido literal da palavra.

Em meio à neblina, continuamos no dia seguinte subindo ao topo do desfiladeiro, que é estreito e coberto de uma vegetação baixa. Fica 4.200m acima do nível do mar. Caminhamos lentamente, sem a energia do dia anterior. Uma senhora do nosso grupo tem 68 anos, e Wilbur diz que ela é a mulher mais velha a percorrer a trilha. Nós a cumprimentamos; naquelas condições, o seu feito é o de maior sucesso. Masco uma folha de coca como os índios, para melhorar minha resistência, e enfrento melhor a altitude. Isso é mais inocente do que parece. Os habitantes da montanha mastigam essa folha desde tempos imemoriais, e é totalmente legal no Peru. Sinto algum efeito, nada demais, e os outros preferem beber o chá da coca.

O "desfiladeiro da Mulher Morta" é o ponto mais alto da trilha Inca, um teste que faz muitos trekkers desistirem. Por um instante, podemos olhar para baixo e ver o vale onde o percurso começa. À frente, vislumbramos outros precipícios entre as nuvens. O nome da garganta, Abra Warmiwanusqa, tem origem numa lenda sobre uma princesa inca sacrificada e enterrada aqui, e cujos restos foram encontrados nos anos 1990. Com a névoa que vem e vai, parece um lugar misterioso e assombrado. Para nos mantermos aquecidos, continuamos num bom ritmo, descendo para o próximo vale, uma queda de cerca de 400m, e entramos de novo na floresta de nuvens. Então subimos em direção à garganta seguinte e passamos por outra ruína, Runkuray, um posto de vigia circular de pedra, agarrado à montanha como um ninho de águias.

Do segundo desfiladeiro, Abra Runkuray, a encosta desce acentuadamente para a floresta do outro lado. A região por onde caminhamos é uma área fronteiriça entre a

cordilheira dos Andes e a floresta Amazônica – esta, estratificada em diferentes tipos que mudam com a altitude, tornando a biodiversidade extremamente rica. Mas, devido ao tempo, vemos muito pouco dessa vida selvagem. A neblina não é um problema para as ruínas. Ao contrário, torna-as ainda mais misteriosas quando emergem. A uma altitude de 3.600m fica Sayaqmarka, o povoado mais impressionante. Fundações em ruínas agarram-se a uma crista estreita, e aqui, se não antes, somos invadidos por uma admiração pela engenharia dos incas.

Daqui a trilha corre plana por um longo trecho. Subimos com esforço os desgastados degraus de pedra e passamos por um pequeno túnel cavado num penhasco. Tanto trabalho foi realizado nessa rota; tantas pessoas andaram por ela ao longo de séculos. Como eram extraordinários esses índios que trabalharam com todos esses blocos de pedra! As escadas não são muito ergonômicas, castigam nossos joelhos, mas protegem o terreno contra séculos de erosão e contribuem para aumentar nosso respeito pela história da região, acentuado por outras relíquias. Tudo isso faz da trilha Inca uma caminhada única.

O caminho que percorremos é somente um fragmento de uma extensa rede de rotas que conectava o antigo império. Os incas reinaram sobre um território enorme, que ia do sul da Colômbia ao norte do Chile. Mensageiros transmitiam a informação percorrendo as trilhas pavimentadas. Era um povo que não possuía moeda nem uma linguagem escrita, mas tinha um sistema administrativo eficiente, surgido no século XV, quando um forte chefe expandiu seu núcleo, ao redor da cidade de Cuzco. Num período de cem anos, eles construíram um poderoso império, dividido pelo autocrata Huayna Capac e seus dois filhos em 1532, quando o espanhol Francisco Pizarro chegou à região com 168 soldados. Os irmãos se desentenderam, e o vitorioso foi ludibriado e levado a entrar no quartel-general de Pizarro, onde foi morto. O outro assumiu o trono, mas se rebelou, o que provocou um banho de sangue. Para se refugiar, o último rei inca foi para as montanhas, na cidade oculta de Vilcapampa, mencionada nas crônicas espanholas da época. Essa cidade pode ter sido Machu Picchu.

No século XIX, muitos aventureiros procuraram o refúgio oculto do último rei inca. O americano Hiram Bingham descobriu Machu Picchu em 1911 e deu às ruínas o nome da montanha adjacente. Mas Wilbur nos conta que a famosa cidade degradada não foi o refúgio do soberano inca, como se pensava anteriormente. Até hoje não se sabe onde ela ficava.

Na última noite, acampamos no terceiro desfiladeiro da trilha, acima das ruínas de Phuyupatamarka. Nada podemos ver da magnífica vista, mas na manhã seguinte as nuvens se dissipam e o tempo nos oferece um esplêndido final. Lá embaixo fica o vale Urubamba. Encostas cobertas de mata precipitam-se em direção ao rio, ao lado do qual vislumbramos a ferrovia que parte de Cuzco, a única ligação fixa com esse lugar. Podemos observar também a montanha de Machu Picchu, uma corcova coberta de árvores na longa e alta cordilheira abaixo de nós.

Páginas anteriores: de Huayna Picchu pode-se avistar a ferrovia que acompanha o rio Urubamba, 700m abaixo dessa ravina. Hiram Bingham atravessou com esforço a floresta até lá. Ele nasceu no Havaí, aprendeu a gostar de escalar e explorar montanhas desde criança, mas terminou sua vida profissional como senador. Durante sua lendária expedição, encontrou um índio numa clareira perto de Mandor, onde o rio desaparece na foto, à esquerda. O índio sabia que existiam ruínas aqui em cima, no Huayna Picchu e ao longo da estreita crista daqui até Machu Picchu. Mais tarde, o índio o guiou à descoberta sensacional.

Ao longo da trilha, encontramos habitantes das montanhas – como essa mulher, que faz tricô. Eles se chamam quíchuas, mesmo nome da língua indígena predominante na América do Sul, e que também era falada pelo povo inca.

Inúmeros passos abaixo, a trilha passa por terraços de cultivo, que só foram descobertos em 1985. Não muito depois chegamos a Winaywayna, outro antigo povoado onde há uma hospedaria e ruínas ainda mais imponentes a visitar.

Chegamos à porta do sol de Intipunku ao meio-dia. Caminhamos por algum tempo à sombra da montanha de Machu Picchu. Depois de uma íngreme subida, chegamos ao arco e avistamos a mítica cidade inca. Ao mesmo tempo, o céu clareia e espalha sua luz sobre as ruínas.

Ver Machu Picchu pela primeira vez é um momento especial. Fiquei quase paralisado por toda a energia que o lugar irradia. O tamanho da cidade, sua posição na paisagem, sua beleza – tudo provoca uma forte impressão. O povo inca deve ter desfrutado uma ligação sagrada com a natureza.

Permanecemos em Intipunku por cerca de uma hora, e depois descemos para nos juntar ao grande número de pessoas entre as ruínas. Aqui experimento algo que não esperava: um alheamento em relação a todos os turistas que caminhavam entre as casas de pedra. As impressões são tão avassaladoras que a gente não se dá conta de que outras pessoas também estão ali, com seus próprios pensamentos. Tomei isso como um sinal da grandiosidade das ruínas. Machu Picchu é definitivamente um lugar único e um final maravilhoso para a trilha Inca.

Cordillera Blanca

A SURPRESA DA MONTANHA BRANCA

Como o símbolo da famosa companhia cinematográfica Paramount Pictures, Artesonraju ergue sua pirâmide em direção ao céu. Só faltam as estrelas. O pico está 6.025m acima do nível do mar. Para muitos, sua beleza é tão pura quanto a do mais famoso monte, Alpamayo.

É preciso chegar à garganta de Punta Union quando o sol está nascendo. Por isso, partimos cedo, eu e o índio Agripino. Guiados pela luz de nossas lanternas, seguimos por uma trilha que atravessa o vale de Hauripampa. O silêncio é avassalador, e a floresta, negra como breu. Não se pode vislumbrar a silhueta das imponentes montanhas contra o céu. Trocamos poucas palavras durante essas três horas. A quietude da noite e o ritmo rápido nos mantêm em silêncio. Sinto-me envolvido por um letárgico estado de expectativa. O ar rarefeito faz o seu papel.

Quando o dia começa a clarear, assomam os contornos do monte Taulliraju. O mapa está cheio de nomes de difícil pronúncia. Em geral, descrevem a paisagem. Taulliraju significa "pico nevado do lupino", diz Agripino. Ele nasceu na região e trabalha como guia. Densas moitas de majestosos lupinos crescem nos vales ao redor, mas por onde caminhamos a paisagem é árida. A montanha está se transformando numa estrela cada vez mais brilhante, mudando aos poucos de cor: primeiro, um pálido amarelo-pêssego e depois um tom mais forte como âmbar. Ao nos aproximar do desfiladeiro, uma nuvem fina, que parece feita de tule rosa, flutua acima da face rochosa. A alta altitude de 4.700m nos obriga a diminuir o passo, e no fim paramos para admirar o espetáculo.

O amanhecer nas montanhas tropicais não é muito prolongado. A luz surge tão decisivamente como se uma lâmpada tivesse sido acesa. Em poucos minutos, a delicada atmosfera se apaga e a paisagem se torna um brilhante espaço azul e branco. De repente, temos que apertar os olhos para ver os picos recém-despertos. Com eles diante de mim, tento entender o que distingue essa cordilheira de outras por onde caminhei. Talvez seja a temperatura. O clima é agradavelmente ameno mesmo nessa elevada altitude. Estamos apenas 8 graus ao sul do Equador. Dificilmente seria confortável se estivéssemos mais longe dos trópicos. Essas montanhas são sem dúvida as mais altas tão perto do Equador. Aqui também estão as mais altas florestas do mundo, e tanta é a neve úmida e pegajosa que cai que glaciares se formaram em paredes de rochas mais íngremes do que as de qualquer outro lugar. Sua inclinação provoca fendas no gelo, e a neve torna os picos brancos como mármore.

Lá no alto, perto dos picos nevados, como aqui, no vale Quebrada Santa Cruz, há excelentes pastos, por onde os vaqueiros guiam seu gado. Eles vêm das vilas da Cordillera Blanca. As partes centrais dessa cadeia de montanhas são em grande parte inabitadas.

Uma mula pasta calmamente à beira de um pântano no vale Quebrada Paria, que fica ao lado da trilha Santa Cruz. O monte que se reflete na água é o Nevado Parón.

Raramente se vê, em qualquer parte da Terra, uma paisagem tão cintilante quanto a da Cordillera Blanca.

Apenas 30 montanhas nessa parte dos Andes têm mais de 6.000m de altitude. Sua característica mais notável é a neve suspensa nos picos voltados para oeste, protegidos do vento. Parecem gigantescos ornamentos em gesso. O nome Cordillera Blanca não poderia ser mais adequado. Até mesmo as rochas que criam os contornos, constituídas principalmente de calcário, são uniformemente brancas.

Estamos seguindo pela trilha Santa Cruz, que cruza as montanhas de leste a oeste. O último trecho da encosta em direção ao desfiladeiro é pavimentado com escadas muito antigas, que, segundo Agripino, são provavelmente de um período anterior ao império inca. Os povos que viviam nos Andes não tinham medo de escalar montanhas muitos séculos antes do montanhismo se desenvolver na Europa. Alguns dos vestígios mais antigos das culturas sul-americanas são encontrados nessa região. Populações *chavín* viveram aqui mil anos antes de Cristo e se espalharam por grandes extensões dos Andes centrais. Mas 2 mil anos antes disso já havia uma tribo que deixou sua marca na cidade de Yungay, não muito distante do desfiladeiro. Talvez as pedras por onde estamos caminhando tenham sido colocadas nessa época.

Páginas anteriores: da garganta Punta Unión podemos ver Taulliraju à esquerda, 5.830m acima do nível do mar, considerado um dos montes mais difíceis de se escalar. O primeiro a conquistá-lo foi um dos maiores montanhistas da história, o francês Lionel Terray. Em sua famosa autobiografia, *Conquistadores do inútil*, ele escreve "Nunca houve uma montanha tão trabalhosa a se conquistar".

Punta Unión tem uma fenda na rocha. Não muito larga, ela é pouco profunda e tem cerca de 10m de comprimento. Havíamos acabado de entrar nessa rachadura artificial e eu já apontava minha câmera em direção à paisagem do outro lado quando Agripino grita: "Condor!". Num ato de reflexo, agarro dentro da mochila minha lente telefoto, ao mesmo tempo que a gigantesca ave de rapina passa voando poucos metros acima de nossas cabeças. Com suas amplas asas de 3m de envergadura, ela literalmente extingue a luz por um momento mágico. Apanhada de surpresa, faz um voo rasante e rapidamente desaparece de vista. Não consigo nenhuma foto, porém a imagem daquele monstro voador ficou impressa em minha mente. O condor, que se alimenta sobretudo de matéria putrefata, é muito comum na Cordillera Blanca, mas raramente se chega assim tão perto dele.

Dias depois, entramos no vale em declive chamado Quebrada Arhueycocha, onde caminho sozinho por uma moraina para ver o monte Alpamayo, cujo nome significa "fonte do rio lamacento". Nos anos 1960, o pico foi considerado o mais belo do mundo numa pesquisa realizada por um jornal especializado em alpinismo. Venceu inclusive o K2, na cordilheira de Karakoram, seguido de outras montanhas muito conhecidas, como Matterhorn e Mont Blanc, nos Alpes, e Ama Dablam e Machapuchare, no Himalaia. Pode-se questionar a importância de tal ranking – entretanto, ele diz muito sobre as qualidades da montanha e é referência ainda hoje, especialmente em publicações turísticas.

A vista mais bonita do Alpamayo é a do norte. Do sul, onde estou, ele parece uma montanha igual às demais da Cordillera Blanca. Meu interesse é logo atraído por outros picos, como o Artesonraju, mais simétrico e um dos montes mais elegantes que já vi, ou o Piramide, uma ponta de lança de granito coberta de neve.

Durante a longa espera pelo pôr do sol, sento-me e observo a luz brincar sobre as montanhas. Meus pensamentos se voltam para uma inesperada observação do lago Arhueycocha. A água turquesa se acumula numa bacia abaixo de onde estou sentado. A geleira cai em direção ao lago e descarrega nele pequenos flocos de gelo, que atravessam sua superfície, a princípio aparentemente imóveis, depois lançados como peças de quebra-cabeça por um vento tempestuoso.

A paisagem é extraordinária e impressionante. No entanto, às margens do lago a natureza selvagem torna-se inesperadamente domesticada. A moraina que represa a água é cortada por um canal, reforçado por concreto dos lados e equipado com comportas. O fluxo das águas para o lago é regulado, e depois Agripino me explica que isso foi feito para escoar a água caso o lago estivesse se enchendo muito depressa, evitando que ele transbordasse e inundasse o vale densamente povoado abaixo da cordilheira.

Naturalmente, é fácil aceitar essa pequena intervenção. Contudo, perde-se muito da imagem virgem que a paisagem teria. Ao longo das trilhas da Cordillera Blanca há vários vestígios, antigos e novos, da presença humana. A modesta instalação à beira do lago não é a única desse tipo, o que me revela que lugares inacessíveis em monu-

A face sul do monte Alpamayo é sem dúvida impressionante, mas a face norte é mais fotografada. Em julho de 1996, o jornal alemão *Alpinismus* classificou as montanhas como as mais belas do mundo. A manchete foi: "Cristal sob o céu do sul". O jornal pediu a importantes alpinistas de muitos países que escolhessem suas montanhas preferidas.

mentais cadeias de montanhas não são necessariamente intocados. Na verdade, estamos caminhando por uma velha paisagem cultivada com contornos selvagens.

Nossa jornada pelo vale Santa Cruz traz outra surpresa. Aprisionados entre suas encostas há pântanos cobertos de vegetação rasteira, e os lagos azul-esverdeados contornados pela trilha são cercados por uma relva alta e densa. Lagos substanciosos tão altos como esse, quase 4.000m acima do nível do mar, não são encontrados com frequência. Os rios que os alimentam carregam lodo glacial, que fertiliza a vegetação. Isso alimenta as aves, e vemos diferentes tipos de patos. O característico ganso andino, com seu bico curto e grosso, procura alimento nos riachos do brejo.

Mais a oeste, o Santa Cruz se estreita em um cânion. Nossa viagem termina onde ele se abre em um vale amplo e densamente povoado ao longo do rio Santas. No entanto, antes passamos por pastos férteis nos quais rebanhos pastam tranquilamente. Vaqueiros, pastores e negociantes de gado caminham pela trilha, alguns vestindo os tradicionais ponchos. Eles guiam seus cavalos e vacas até os procurados prados mais acima. Animais e pessoas criam uma imagem tão atemporal quanto as recortadas montanhas nevadas.

Monte Roraima

UMA ILHA NO TEMPO

A luz da aurora sobre o Roraima é uma visão magnífica que se tem de dentro do Parque Nacional de Canaima. Em 1838, o naturalista Robert Schomburgk escreveu: "Essas estupendas paredes erguem-se a uma altura de 1.500 pés (457 metros). São perpendiculares como se erguidas com fio de prumo. Entretanto, em algumas partes são cobertas por arbustos baixos, que, vistos à distância, emprestam um tom escuro à rocha avermelhada". Ele provavelmente estava se referindo ao líquen quase preto que reveste o monte. "Posso descrever a aparência dessas montanhas. Parecem vastos prédios e poderiam chamar-se fórum da natureza", acrescentou.

A névoa se dissipa e um excêntrico cenário emerge. Vemos penhascos ondulantes e bacias cheias de plantas espinhosas ornamentais. Da vasta paisagem escarpada erguem-se rochedos de formas estranhas. Encobertos pela neblina, alguns deles parecem dinossauros petrificados.

Kendall, um índio pemon, nos mostra como passar pelo sistema de fendas na rocha. A superfície nos lembra uma geleira. É igualmente irregular, porém escura. A poucos metros do abismo, paramos instintivamente. Dá para sentir o imenso vazio, ainda que encoberto pelas nuvens. Rastejamos em direção à borda, ao mesmo tempo em que o véu de nuvens se abre, empurrado por fortes ventos. Quando a ventania se acalma, espiamos pela borda com cuidado, como liliputianos assustados.

O que vemos não é para alguém que sofre de vertigens. Uma parede rochosa absolutamente vertical cai por várias centenas de metros em direção à floresta Amazônica, que por sua vez desce em direção a um vale plano. No fundo da densa selva, cerca de 1.500m abaixo de nós, brilha um rio sinuoso e, do outro lado do vale, ergue-se outra chapada, tão majestosa quanto essa na qual estamos. Mas onde estamos? Em uma *tepui* no sul da Venezuela. Ela se chama Roraima.

Tepui significa "montanha" na língua indígena, e existe uma centena dessas chapadas espalhadas por uma enorme área no sul da Venezuela e da Guiana. Roraima ergue-se numa das mais espetaculares regiões do mundo, conhecida como La Gran Sabana. Amplas planícies cobertas de relva se estendem entre grandes ilhas de floresta tropical, mas são as tepuis que fazem a paisagem tão especial. Com topo plano e paredes incrivelmente íngremes, elas explodem como fortalezas inexpugnáveis.

Nos platôs, a flora e a fauna se desenvolveram em isolamento ao longo de milhões de anos. Roraima inspirou Arthur Conan Doyle a escrever, em 1912, *O mundo perdido*, sobre uma espécie de Jurassic Park da vida real, onde viviam dinossauros. Não vimos nenhum – a não ser nas estranhas formas das rochas! É a paisagem que nos anima, e entendemos por que Conan Doyle, como muitos outros britânicos da época, ficou fascinado por Roraima sem nunca ter estado aqui. Ele é inacessível e se situa no ponto de encontro das fronteiras de Venezuela, Brasil e Guiana.

A superfície levemente ondulada no topo do Roraima permite a existência de alguns penhascos, chamados "hotéis". Em 1884, Everard im Thurn e seu companheiro descobriram um caminho para chegar ao topo que nem os índios pamons conheciam.

"A América do Sul é um lugar que eu amo, e penso [...] que ela é a mais grandiosa, rica e maravilhosa região desse planeta (...)." Sir Arthur Conan Doyle revela seu entusiasmo em seu livro sobre as tepuis, *O mundo perdido*, publicado em 1912. As folhas que se veem nas fendas pertencem ao gênero nativo da família das rapateáceas, que têm 32 diferentes espécies espalhadas por essas chapadas. O arbusto vermelho é a *Bonnetia roraimae*, outra planta que só cresce no Roraima.

A primeira vez que ele chamou a atenção foi em um livro de gravuras de 1841, *Twelve views in the interior of Guyana*, do botânico prussiano Robert Schomburgk, que mapeou a topografia da Guiana, uma colônia britânica. A gravura transformou a montanha num ícone. "Não há ninguém que possa explorar o Roraima?", perguntou um jornal inglês 40 anos depois, e o aventureiro John Bodham prontamente partiu, mas nunca o conquistou. O livro levantou ainda mais interesse, e em dezembro de 1884 Everard im Thurn, botânico em Georgetown, conseguiu encontrar a rota até o topo. Depois, narrou sua expedição numa palestra em Londres. Conan Doyle estava presente, e foi assim que surgiu a ideia de um fabuloso "mundo perdido".

A larga rampa usada por Thurn corre diagonalmente ao topo da parede vertical e é a única maneira de subir o Roraima sem excessiva dificuldade. O platô é cercado por uma parede rochosa impressionantemente alta de quilômetros de comprimento e sempre perpendicular. Visto do alto, o topo plano tem a forma de uma ponta de lança. Estamos explorando esse mundo há alguns dias muito intensos.

Com Kendall, nosso grupo parte de jipe de Santa Elena de Urien, perto da fronteira com o Brasil, para Parai. Dali, caminhamos pela ondulada planície relvada em direção a duas tepuis. Uma é Kukenan, e a outra, Roraima, que, com seus 2.810m acima do nível do mar, é a chapada mais alta da Gran Sabana.

Páginas anteriores: do Roraima, vemos que Kukenan, outra chapada, é pouco a pouco engolida pelas nuvens e se transforma num "mundo perdido". O criador de Sherlock Holmes, Conan Doyle, escreveu um livro de aventura com esse nome. Conta a história de dinossauros que sobreviveram em uma montanha como Roraima. A citação seguinte mostra que se trata de uma grande peripécia: "O monte mostrava todos os sinais de vegetação luxuriante [...] e, mais distante, muitas árvores altas". Conan Doyle não sabia como o terreno era árido aqui em cima, porque na verdade nunca esteve aqui.

Encontramos alguns pemons perto de Kukenan. A tribo se instalou na Gran Sabana há 200 anos, e queimou a terra para manter aberto o acesso a ela. Para esses índios, as tepuis, ou chapadas, são sagradas e atuam como guardiãs da savana. Os pemons dizem que, nos picos, onde não é permitido viver, existem *mawari*, pessoas que roubam almas. Antigamente, os índios habitavam pequenas vilas esparsas ao longo do rio, porém cada vez mais estão se agrupando em povoados maiores.

Após dois dias, montamos acampamento sob a parede rochosa e nos perguntamos se seria realmente possível chegar ao platô. Ele parecia colado ao céu, mas no dia seguinte continuamos subindo, passando por uma densa floresta tropical, até os pés do precipício. Depois de uma subida extenuante, mas direta, pela rampa, finalmente chegamos à borda do planalto, em meio à névoa e em outro reino. A trilha nos leva a um dos "hotéis", como são chamados três penhascos sobre o platô, ao lado dos quais é possível acampar numa estreita faixa de areia. O primeiro deles se torna nosso acampamento-base.

A superfície do planalto é muito ondulada. Entramos no "vale de cristal", onde há cristais de rocha. Infelizmente, muitos deles foram esmagados por visitantes, e de repente nos conscientizamos das consequências do trekking nesse sensível ambiente. Ao mesmo tempo que nós, cerca de 50 outros trekkers estão no Roraima. E 5 mil pessoas sobem essa montanha todos os anos.

Até os tempos modernos, as tepuis eram inacessíveis, veneradas pelos índios das planícies como lar dos deuses. Naturalmente isolados, os platôs permitiram que uma flora e uma fauna únicas se desenvolvessem, intocadas. Muitas plantas e animais são endêmicos, e algumas espécies só existem em determinada chapada.

Uma falha geológica criou essas tepuis. As montanhas sofreram a erosão de uma espessa camada de areia de 6km, a qual estava compactada sob um oceano pré-histórico e se solidificou lentamente na forma de arenito, que, por sua vez, se partiu e a maior parte dele se despedaçou quando a América do Sul e a África se separaram e deixaram de formar um só continente. Os rios Amazonas e Orenoco, que atravessam a região, carregaram o cascalho da erosão, deixando para trás várias tepuis, hoje cobertas de líquen escuro. No precipício, onde o líquen não se desenvolve, o arenito exibe sua cor amarela normal.

À luz da aurora, Kendall e eu caminhamos até a borda do abismo para ver o sol nascer. O platô termina abruptamente, e os ventos podem varrer um trekker pela borda – e já o fizeram. Mas hoje há uma calmaria, e ouso ficar de pé na ponta para assistir a um espetáculo fascinante. Lá embaixo, no Amazonas, uma barreira de nuvens começa a crescer. Ela sobe, ou melhor, flutua para cima e aos poucos engole a outra chapada, Kukenan. Para o norte e o leste, no interior da Guiana, estendem-se quilômetros de florestas tropicais, e o precipício onde estamos continua ininterruptamente até uma baía que emoldura o tapete de mata, além da qual podemos ver as partes norte do Roraima. As enormes paredes rochosas, os amplos platôs, os vertiginosos abismos e o estranho movimento das nuvens tornam as tepuis a paisagem mais extraordinária que já vi.

Meio dia se passa sem neblina, e depois o panorama se torna fantasmagórico de novo. A vista desaparece no nada. Roraima significa "mãe da água", e entendemos a razão do nome enquanto estamos no platô. Levamos dois dias para voltar ao ponto de partida, porque estamos em um "mundo perdido". As montanhas, essas "ilhas no tempo", como disse um escritor venezuelano, já nos chamam de volta.

Sierra Nevada

MONTANHAS DE LUZ

A luz da aurora fica enevoada pela fumaça de um incêndio, envolvendo as cúpulas de granito do Half Dome, à esquerda, e do Liberty Cap, à direita. A trilha John Muir passa pelas cataratas do Nevada. Os índios da região chamam Half Dome de "Tis-sa--ack", por causa de uma donzela cujas lágrimas pelo desaparecimento do amado se transformaram nas faixas escuras sobre a montanha. Durante a corrida do ouro, em meados do século XIX, os europeus chegaram à Sierra Nevada pela primeira vez. Em1865, Yosemite se tornou a primeira área de conservação da natureza, quando o presidente Abraham Lincoln a declarou um local protegido. Poucos anos depois, em 1868, o lendário John Muir chegou até aqui. Fascinado pela paisagem, desde então trabalhou pela criação do parque nacional, o que ocorreu em 1890.

De todos os precipícios que já visitei, Half Dome é o mais emocionante. Bem lá embaixo, posso ver os carros e as casas como se fossem miniaturas, o que dá uma ideia da altura em que estamos. A queda livre é muito maior do que num gigantesco bungee jump. A gente sente o tamanho da serra na boca do estômago e na tensão. É preciso ter muita força de vontade para se aproximar da borda.

As paredes de montanha no lendário vale Yosemite, na Califórnia, estão entre as mais íngremes e lisas do mundo. Todos os anos, milhões de turistas admiram os precipícios, a maioria do fundo do vale, um local civilizado onde a vegetação é tão frondosa quanto um parque municipal. O parque nacional dispõe de um popular centro de turismo. Do alto do Half Dome a vista é de uma natureza selvagem, e não há palavras que façam justiça a essa paisagem impressionante. Poucos lugares foram descritos com tantos superlativos quanto Yosemite. Desde que o vale ficou conhecido, nos anos 1860, artistas tentaram manifestar suas impressões. "O único lugar que corresponde à fama que tem, e a supera", foi a opinião de Ralph Waldo Emerson em sua época. Muito se tem escrito, pintado e fotografado sobre Yosemite, e, com o passar dos anos, é tal a multidão de pessoas que visita o vale que o fez perder não só sua pureza, mas também um pouco do precipício – é preciso admitir isso com toda a honestidade. Assim, é libertador colocar a mochila às costas, afastar-se desse cenário conhecido e ingressar no quintal do parque nacional, onde a natureza ainda é selvagem, as vistas são menos conhecidas e não há mais pessoas do que aquelas que se consegue cumprimentar ao cruzar com elas. Não estamos sozinhos no Half Dome neste lindo dia de verão, mas aqui em cima nossos sentimentos se intensificam pela conquista de termos conseguido chegar ao topo. Não é preciso ser um alpinista, já que dois cabos foram fixados à íngreme face norte da montanha. Entretanto, quem costuma ter vertigens não deve tentar.

As montanhas ao redor de Yosemite fazem parte da Sierra Nevada, chamada de "cordilheira de luz". O homem que está por trás desse nome é o proeminente pioneiro e profeta da região, John Muir. Um século depois de sua morte, ele ainda é um deus para muita gente. Seus textos sobre a importância da natureza selvagem são atemporais e apaixonantes. Por isso a trilha de longa distância pelas montanhas se chama John Muir e começa em Yosemite, onde ele morava às vezes. O trajeto acompanha a espinha dorsal da Sierra Nevada, subindo e descendo por 224 milhas (360km), e termina cruzando a mais alta montanha dos Estados Unidos fora do Alasca, o monte Whitney, a cerca de 14.495 pés (4.418m) de altitude.

Hoje percorremos a trilha John Muir, do movimentado vale até um acampamento no Little Yosemite. O caminho é ladeado por uma floresta de árvores altas, além das quais podemos vislumbrar penhascos lisos. As encostas do vale são terrivelmente íngremes, e o "vale incomparável", como Yosemite costuma ser chamado, é na verdade um cânion cavado num glaciar, com várias cachoeiras que despencam dos precipícios. Como a Sierra Nevada é constituída em grande parte de granito claro, as paredes da montanha foram polidas pelo gelo, o que contribuiu para a aparência singular da paisagem. Conhecemos essa deslumbrante superfície durante nossa subida ao Half Dome, um monte monolítico de forma estranha – "... o mais soberbo, sublime e belo de todos os rochedos que guardam esse glorioso templo [...] delicadamente esculpido e equilibrado em calma e deliberada majestade". John Muir gozou a vantagem de saber descrever essa paisagem antes de qualquer outra pessoa. Teve muitos seguidores, dos quais um dos mais eminentes foi o fotógrafo Galen Rowell. "Half Dome não é de fato um meio domo", ele disse, afirmando que "na verdade é um domo inteiro de aspecto diferente de qualquer outro domo na América". Eu diria do mundo todo.

Muitos parques nacionais americanos têm uma clara linha divisória entre os locais turísticos e a paisagem selvagem. Pelas estradas, onde elas existem, passam hordas de automóveis, mas, para quem caminha pelas trilhas, o isolamento é surpreendente. Dias depois, quando passamos pelo King's Canyon, outro parque nacional nessa longa cadeia de montanhas, o isolamento é palpável. Nossas mochilas agora estão pesadas de alimentos para vários dias. Essa é uma região sobre a qual os ursos têm direitos de residência. Portanto, à noite precisamos pendurar nossos suprimentos numa árvore. Nosso destino é a Granite Basin, onde queremos ver de perto o que faz da Sierra Nevada a cordilheira única descrita poeticamente por Muir. A 11.485 pés (3.500m), a floresta de pinheiros é mais esparsa, e somente pinheiros isolados crescem nos bolsões de solo fértil entre as superfícies áridas das placas rochosas. Ao redor há outras cordilheiras, bastante longas e não tão íngremes. Picos recortados servem de pano de fundo. Há muitas montanhas nuas na Sierra Nevada, o que me faz lembrar de certas partes dos Pireneus e da Tasmânia. Com seus picos nus, árvores nodosas e pequenas lagoas escondidas, essa paisagem rochosa não só cria um quadro de romântica natureza selvagem, mas também inspira qualquer um que deseje desenhar seu próprio jardim. Como escreveu John Muir: "De um jardim natural a outro, de montanha em montanha, vaguei, encantado [...] vendo à distância domos e picos, lagos e bosques, e os ondulantes campos cobertos de gelo. [...] Em meio a tanta beleza, o corpo todo é um palato formigante. Quem não seria um montanhista?".

O lago Granite, no Parque Nacional King's Canyon. Sobre esta linda região, John Muir declarou: "E depois de dez anos perambulando pelo coração dela, desfrutando as gloriosas inundações de luz, a claridade da manhã jorrando pelos desfiladeiros, o brilho do meio-dia sobre as rochas de cristal, o rubor do arrebol e o iridescente espargir das inúmeras cascatas, a Montanha de Luz ainda parece acima de todas as outras".

Grand Canyon

A DESCIDA DOS TREKKERS

Com 280 milhas (450km) de comprimento e uma profundidade média de 3.935 pés (1.200m), o Grand Canyon é nada menos que a maior maravilha da natureza. Amplos terraços e quedas bruscas se alternam, um testemunho da enorme força explosiva da água. Nessa foto aérea, podemos ver a plataforma Tonto e o interior da ravina de granito com as rochas mais antigas. Como o rio Colorado foi represado a montante, o volume de sedimentos diminuiu e a água ficou esverdeada. O nome Colorado vem do espanhol e significa "de cor avermelhada".

O espanhol García Lopez de Cárdenas chegou à conclusão errada quando, em 1540, "descobriu" o Grand Canyon. Ele pensou que aquela ravina profunda não tivesse interesse algum para a humanidade. O tenente Joseph Ives cometeu o mesmo erro em 1858, quando foi o primeiro a chegar às margens do rio Colorado, nas profundezas do cânion. Nenhum desses primeiros exploradores suspeitou que, muito mais tarde, milhões de pessoas viessem até aqui só para olhar essa maravilha. A vista é uma incrível demonstração de beleza selvagem, escala monumental e forças geológicas primitivas. A fenda tem 280 milhas (450km) de comprimento, 5.250 pés (1.600m) de profundidade máxima e de 6 milhas (10km) a 19 milhas (30km) de largura.

Na borda do precipício, sente-se uma necessidade irresistível de explorar esse "mundo subterrâneo". No entanto, não é preciso fazer o que fez o lendário caminhante de longas distâncias Colin Fletcher em meados dos anos 1960. Ele foi o primeiro a percorrer a pé toda a distância do Grand Canyon. Sua proeza durou dois meses. Uma viagem transversal, da borda sul da ravina em direção ao norte, é consideravelmente mais curta e muito popular. Trata-se de uma espécie de escalada às avessas, que começa no alto, desce até o sopé da "montanha" e sobe do outro lado.

A caminhada é uma viagem para dentro da terra. A geologia raramente é tão fascinante quanto aqui. A rocha de calcário no topo tem 250 milhões de anos, e os granitos à margem do rio, 2 bilhões. Entre essas eras ocorreu grande parte do desenvolvimento do planeta: a vida surgiu e os continentes se moveram. No começo estamos apenas 7.220 pés (2.200m) acima do nível do mar. Há um bosque de pinheiros e o clima é temperado, com invernos nevados. No fundo, a altitude é de 2.300 pés (700m), o terreno é descampado e o clima, de deserto.

O que mais me fascina é a juventude do Grand Canyon. Somente 6 milhões de anos de erosão fluvial cavaram esse gigantesco abismo em tempos pré-históricos. Onde a rocha é dura, altos precipícios se formaram, e a trilha faz um zigue-zague. Por outro lado, onde a rocha é mais mole, terraços se estendem em diferentes níveis. É possível andar sobre eles, sem nenhum contato visual com o mundo lá no alto.

Um dos terraços, a plataforma Tonto, 3.280 pés (1.000m) abaixo da muito visitada borda do cânion, abriga o Indian Garden, um popular destino turístico. Vários riachos irrigam a luxuriante vegetação, e paramos para encher nossas garrafas antes da última e extenuante descida. Pessoas habitavam esse lugar. Durante o século VI, o povo *anasazi* se mudou para cá para viver nesse ambiente naturalmente protegido. A deterioração do clima no século XIII os obrigou a abandonar seus povoados, mas 150 anos depois outro povo apareceu. Eram os predecessores dos *havasupai*, uma das duas tribos presentes hoje no Grand Canyon.

Muitos anos depois, o cânion dos índios me atrai para uma caminhada. O rio Havasu, que corre no cânion principal, flui por um lindo e isolado canto do conjunto de cânions. Ele é famoso por suas belas cascatas. Localizada na isolada aldeia Supai, a trilha é administrada pela tribo *havasu baaja*, à qual você deve pedir permissão para realizar uma viagem.

Da colina Hualapai, onde a estrada termina, descemos um cânion cada vez mais profundo e estreito. Depois de um dia de caminhada, chega-se à aldeia indígena, situada a meio caminho entre o ponto de partida e o rio Colorado. As casas foram construídas numa grande depressão, cercada por encostas íngremes e uns poucos pináculos delgados. Quase 500 pessoas vivem aqui, sem nenhuma conexão por estrada.

Páginas anteriores: poucos lugares do mundo evocam tanto o termo "Jardim do Éden" quanto o cânion Havasu. Quando descemos à cachoeira do meio, a paisagem se torna biblicamente bela. A catarata Havasu cai 100 pés (30m) em uma bacia na qual o conteúdo mineral dá à água um tom azul-profundo graças ao depósito de sedimento calcário chamado travertino.

Cecil Watahomigie lidera a caravana de cavalos que transporta nossos suprimentos à aldeia de Supai, no cânion Havasu, onde não há estradas. Ele pertence à tribo *havasu baaja*, que significa "povo das águas azuis".

Partindo da ponta Yaki, na extremidade sul do cânion, alguns caminhantes madrugadores se aproximam do rio Colorado pela trilha South Kaibab. Eles poderão passar a noite na Phantom Range e continuar pela trilha North Kaibabem em direção à extremidade sul do cânion. A viagem faz um corte transversal no Grand Canyon.

Apesar disso, as bênçãos e maldições da modernidade afetaram seu estilo de vida tradicional. Muitos dos indígenas hoje vivem do turismo. Nós nos registramos na casa que nos indicaram, pagamos a taxa e rapidamente deixamos a aldeia, que oscila entre instantes de tranquilidade como nos velhos tempos e momentos agitados, quando helicópteros e caravanas de animais chegam transportando produtos.

Mais perto do rio Colorado é permitido acampar. Montamos acampamento à margem do rio de águas cálidas azuis-esverdeadas. A primeira catarata se chama Navajo e fica escondida de quem está na trilha. Continuamos em direção à mais famosa, a Havasu. Na terceira e mais alta cascata, a trilha se torna mais difícil. A Mooney tem 295 pés (90m) de altura e recebeu o nome de um minerador de ouro que caiu aqui e morreu. A rota sobe acentuadamente o penhasco e depois temos que nos arrastar por um túnel construído pelo homem e descer até o lago sob a cachoeira. Como estamos numa viagem de um dia, nossas mochilas estão leves, o que facilita a caminhada. Daqui a trilha continua acompanhando o comprimento da ravina até o rio Colorado. No todo, nosso trekking pelo Grand Canyon, essa paisagem de montanha de cabeça para baixo, durou três dias.

Canyonlands

TERRA DOS ROCHEDOS ESCORREGADIOS

Das "Agulhas" podemos ver ao norte as montanhas Sals à luz do crepúsculo. A sombra se arrasta pelo Squaw Butte, que se ergue como uma fortaleza. Em 1836, um certo Dennis Julien chegou aqui e inscreveu seu nome e a data em várias rochas. Isso é tudo o que sabemos desse homem, que talvez tenha se inspirado por muitas pinturas rupestres indígenas existentes em Canyonlands.

O planalto do Colorado, no oeste dos Estados Unidos, é uma das mais notáveis paisagens do planeta. A maior atração, naturalmente, é o Grand Canyon; contudo, existem muitas outras formações ainda mais surreais, como fendas estreitíssimas, pontes naturais de pedra e rochas fantasticamente moldadas. O clima de deserto, combinado com a grande extensão de rocha sedimentar, lançou as fundações para essa terra de contos de fadas que os americanos costumam chamar de "terra dos rochedos escorregadios".

O escritor Edward Abby conhecia o planalto do Colorado melhor que qualquer pessoa: "Uma região de cânions nem sempre inspira amor. Para muitos, ela parece árida, hostil, repugnante – uma terra apavorante de rochas e calor, dunas de areia e areias movediças, cactos, espinhos, escorpiões, cascavéis e distâncias agorafóbicas. Para aqueles que veem nossa terra dessa maneira, a melhor resposta é, sim, vocês têm razão... ". Mas continua: "Porém, para mais e mais pessoas que agora vivem aqui, o grande planalto e seus cânions são um tesouro para o corpo e para o espírito".

Se você é um amante do trekking, esse é um caminho natural. Entre infinitas opções, escolhemos uma viagem às Needles (Agulhas) do Parque Nacional de Canyonlands. É uma região de grande variedade no canto sudeste do parque nacional. O nome teve origem nas estreitas agulhas redondas que brotaram do arenito, todas muito próximas e coloridas de vermelho e branco. À distância, parecem um grande alfineteiro, mas há também outras formações rochosas estranhas, entre elas algumas que lembram cogumelos.

No centro de turismo, traçamos nossa rota. Os guardas do parque nos sugerem o acampamento BS2, no cânion Big Spring, que é livre. É assim que funciona em muitos dos parques nacionais americanos. Ter locais designados para acampamento parece um tanto decepcionante e restritivo – quem pode achar o BS2 atraente? Mas por outro lado temos um lugar garantido bem no meio de uma região intocada.

Não muito longe do ponto onde a estrada termina, em Squaw Flat, damos nossos primeiros passos nos "rochedos escorregadios". O arenito é áspero, o que prende bem a sola dos pés quando o terreno está seco, mas é escorregadio como gelo quando

Quando a rocha está seca, pode-se caminhar facilmente por essa "terra dos rochedos escorregadios". Quando chove, as placas rochosas são perigosamente escorregadias.

Os pináculos de arenito de quase 330 pés (100m) de altura, as Needles, já foram um deserto de areia. Através de movimentos geológicos, um fascinante labirinto de rochas se formou. O primeiro a chegar aqui, em 1859, o capitão J. N. Macomb considerou a região sem valor. Apenas cem anos depois foi fundado o Parque Nacional de Canyonlands, uma paisagem altamente valorizada entre os trekkers.

está molhado. O sol brilha, e neste momento a sede é um problema maior que o risco de cair. Os poços da região nem sempre são seguros, e não temos um filtro. Enchemos nossas garrafas até a borda e as carregamos em nossas mochilas, o que significa um peso extra, mas a distância não é muito grande. O BS2 fica a 3 milhas (5km) de distância apenas.

Essa caminhada está se revelando interessante. Das "agulhas" não é preciso ir muito longe para encontrar grandes mudanças na paisagem. Nossas botas se agarram bem à rocha, mesmo nos trechos mais íngremes. Atravessamos montes áridos não muito altos e descemos a um vale com densos arbustos e formações de arenito contorcidas e polidas.

Há formações imaginativas em todas as direções. É preciso lembrar que essas agulhas já foram uma superfície plana antes que terremotos rachassem as camadas de arenito e a água penetrasse nas fendas e depois escavasse as agulhas. É difícil saber quanto tempo todas essas mudanças levaram. Coisas maravilhosas também ocorreram sob a terra, o que criou em Canyonlands condições ainda mais complexas. Muito tempo atrás, a evaporação da água do mar produziu espessas camadas de sal que aos poucos começaram a se mover sob a pressão de todo o arenito acima. O resultado foi que ou as camadas de arenito desmoronaram em um vale ou incharam para formar um domo.

À tardinha, deixo o BS2 para perambular sozinho pelas placas mornas. Um pôr do sol absolutamente fantástico toma forma, e ao norte, lá longe, a luz azul esmaece sobre as montanhas de sal. A oeste, as distâncias até os remotos planaltos são enormes. É nessa direção que fica o coração de Canyonlands, e bem abaixo de todos os penhascos e mesetas, fora da vista, dois rios, o Green e o Colorado, se unem para formar um rio ainda maior que flui pelo Grand Canyon. Essa é mesmo uma terra grandiosa!

Montanhas Rochosas

UMA NATUREZA SÓLIDA

As nuvens se acumulam enquanto caminhamos ao longo do Yukness Ledge em direção ao platô Opabin. Na floresta de pinheiros que cobre o vale, alternam-se espécies americanas de pinheiros, abetos e lariços. Acima do lago O'Hara ergue-se o monte Cathedral, 10.460 pés (3.189m) acima do nível do mar. Os artistas que foram atraídos para essa região tinham grande admiração por essas montanhas.

Diante de um pequeno lago cristalino, posso entender por que os índios *crees* chamavam essa região de "Yoho", que significa "respeito". Desde 1886, esse é o nome oficial de um dos quatro parques nacionais dos Canadian Rockies, uma região que é patrimônio da humanidade. Respeito, ou talvez reverência, é o que esse lago de águas claras desperta em mim aqui, sob estas montanhas gigantescas. Os Rockies são uma terra de altos picos, grandes florestas e animais como o urso-pardo e o puma. Mas, apesar do terreno inexplorado, é preciso dizer que o Canadá criou uma região de trekking magnífica e facilmente acessível. Já em 1885, a cordilheira era atravessada por uma ferrovia, o que deu impulso ao turismo. Vários parques nacionais foram fundados logo depois. Banff foi o primeiro dessa região e o terceiro do mundo, além de ser o mais famoso do planeta.

Enquanto Banff pertence à província de Alberta, Yoho fica em British Columbia. A fronteira corre ao longo do espigão da cadeia de montanhas, que também é um divisor de águas continental. Alguns dos rios correm para o Atlântico, a leste, e outros para o Pacífico, a oeste. Além de nós, há mais uns poucos trekkers percorrendo as trilhas ao redor do famoso lago O'Hara, que tem 1 milha (1,6km) de comprimento e é de uma cor turquesa tão intensa que parece ter sido criado por algum pintor determinado a iluminar a escuridão das florestas de pinheiros. Vários lagos dos Rockies estão entre os fenômenos naturais mais coloridos do mundo, resultado de todo o lodo glacial carregado por rios e riachos. A profundidade do lago e o volume do lodo fazem a cor azul-esverdeada variar consideravelmente de intensidade.

O Parks Canada guarda o O'Hara como uma joia. O tráfego particular é proibido na estrada de 9 milhas (15km) da Trans Canada Highway. Quem caminhar ao redor do lago precisa reservar lugar no ônibus que faz o traslado. Outra opção é percorrer a estrada a pé, mas não são permitidos grupos de mais de seis pessoas, e a permanência é limitada a três noites. Essas regras mantêm a região intocada.

Chegamos no ônibus e iniciamos nossa caminhada no lendário Lake O'Hara Hotel. A trilha acompanha sua margem e sobe acentuadamente, e depois, quando passamos por um pequeno lago, atravessamos o Yukness Ledge e andamos ao longo de um trecho estreito e íngreme em direção a uma alta encosta. Na direção em que estamos indo, podemos ver duas montanhas muito altas, cujas bordas parecem soberbas. O monte Biddle, 10.890 pés (3.319m) acima do nível do mar, é imponente e um dos muitos picos grandiosos dos Rockies. Apesar de seu grande número, quase nenhum alcançou fama internacional como aqueles mais conhecidos dos Alpes, dos Andes ou do Himalaia. Talvez o mais famoso seja o monte Robson, de 12.970 pés (3.954m) de altitude e ornamentado por camadas horizontais de rochas típicas dessa cordilheira. Ele fica 186 milhas (300km) ao norte de onde estamos.

Em frente ao Yukness Ledge, o monte Biddle atinge 10.890 pés (3.319m) de altitude. Como muitos outros picos dos Rockies, ele tem o nome de uma pessoa. Anthony Biddle, da Filadélfia, foi um entusiasmado viajante, segundo Samuel Allen, que o registrou. Isso é tudo o que está documentado sobre esse monte.

A região ao redor do O'Hara possui diversas montanhas escarpadas que não chamaram a atenção internacional. A área foi mapeada pela primeira vez em 1887 por um agrimensor que trabalhava para uma ferrovia. Logo depois, o coronel Robert O'Hara soube da existência do lago e iniciou suas explorações. Mais tarde, o lago recebeu o seu nome. No início do século XX, o Alpine Club do Canadá tinha um espaço para sócios, o que chamou a atenção para a beleza única da região. O clube também construiu um abrigo no qual podiam passar a noite. Várias trilhas foram então abertas por três respeitados pioneiros que amavam seu trabalho. Graças a seus esforços, o O'Hara passou a atrair importantes pintores de paisagens do Canadá. O famoso aquarelista Walter J. Phillips escreveu em seu diário em 1926:

"Desse platô, que fica imediatamente abaixo do desfiladeiro Opabin, são inúmeras as vistas encantadoras. As montanhas e campinas se desdobram uma atrás da outra – a última de uma tonalidade indescritivelmente quente, dourada e manchada de flores –; as montanhas são invariavelmente frias".

A trilha nos leva ao pitoresco platô de Phillips, e depois continuamos em direção ao lago O'Hara, de cores improváveis. O trajeto corre logo abaixo do monte Schaffer, que leva o nome da desbravadora dessa parte dos Rockies. Vários verões seguidos, e quase sempre com uma amiga e dois guias, Mary Schaffer, da Pensilvânia, caminhou por aqui. Isso foi no início dos anos 1890, e ela andava pela região antes percorrida pelos índios. Suas viagens me surpreenderam. É sempre interessante ler sobre os pioneiros de uma área montanhosa, e quando essa pioneira é uma mulher independente da era vitoriana, a curiosidade é ainda maior. Mary Schaffer escreveu um livro clássico sobre as antigas trilhas indígenas nos Rockies, e sua atitude em relação às viagens desperta admiração:

"Nosso verdadeiro objetivo era explorar o coração de uma terra intocada, virar as páginas de um livro ainda não lido e aprender diariamente os segredos que a Mãe Natureza está disposta a contar àqueles que os procuram."

A partir dessa época, os Rockies foram totalmente mapeados, e ninguém mais é um pioneiro, porém ainda podemos viajar por uma natureza selvagem que inspira imenso respeito.

Trilha Chilkoot

CAÇADORES DE OURO E SUCATA

O arbusto espinhoso Clube do Diabo *(Echinopanax horridum)* era o flagelo dos caçadores de ouro que lutavam para abrir caminho pela floresta que hoje ocupa a zona costeira do Alasca. Ele forma densos bosques e é uma planta característica da ilha. Na zona litorânea do sul do Alasca é conhecida como Tongass, a maior área de floresta úmida não tropical do mundo e um dos mais produtivos ecossistemas do planeta.

O entulho ao longo do caminho é intocável. As pilhas de sucata de ferro e detritos deixadas pelo rio Klondike são protegidas! No terreno há frigideiras velhas, latas enferrujadas, botas desemparelhadas e rodas desgastadas, grandes e pequenas, e tudo foi registrado como monumento histórico. Em outros lugares do mundo, teríamos chamado o serviço de limpeza, mas não aqui. Essa é uma característica original da trilha Chilkoot, que segue as pegadas dos mineradores de ouro.

Em 1897, bandos de homens em busca de fortuna chegaram a um rio do Alasca. Uma provação os aguardava: a trilha de 31 milhas (50km) pela garganta Chilkoot, o único trecho de terra das 1.555 milhas (2.500km) entre Seattle e os tentadores campos de ouro no norte. Vapores superlotados os transportaram ao trecho mais interior do fiorde, e do outro lado das montanhas eles precisaram descer o rio Yukon em pequenos botes precários.

Mais de cem anos depois, estamos caminhando pelo desfiladeiro Chilkoot como esses homens e mulheres esperançosos, mas hoje é uma trilha famosa que atrai milhares de pessoas todos os anos. A rota começa em Dyea, uma cidade que desapareceu do mapa quando a corrida do ouro terminou. Em maio de 1898, 8 mil pessoas viviam aqui, e havia 48 hotéis, 47 restaurantes, 39 saloons e 19 empresas de transporte. Após alguns anos, o lugar foi abandonado, e hoje está deserto. Não restou nem uma única cabana de madeira, porém há uma estrada e um acampamento.

A corrida do ouro teve início depois de uma descoberta ocorrida em 15 de agosto de 1896 no rio Bonanza, afluente do rio Klondike no Território Yukon, no Canadá. A notícia se espalhou rapidamente, e, no ano seguinte, a corrida estava a pleno vapor. Na época, o oeste vivia uma depressão econômica, e o desemprego se alastrava. Um milhão de pessoas logo alimentaram planos de vir até aqui – 100 mil otimistas partiram e 30 mil chegaram longe o suficiente para encontrar a dura realidade da garganta Chilkoot.

Para atravessar a escarpada cordilheira entre o canal Lynns e o lago Bennet existem apenas duas rotas livres de geleiras. O desfiladeiro White era o mais difícil com toda a lama, e uma opção para qualquer pessoa que não pudesse ter um cavalo, mas

No desfiladeiro Chilkoot nos deparamos com essa máquina enferrujada que pertenceu à linha de funicular instalada para transportar a carga dos mineradores.

Do lado canadense, a paisagem muda de caráter. Os vales se tornam menos profundos e há lagos e grandes charnecas cercados por altas montanhas. Aqui um prado de herbáceas se estende à distância.

logo foi batizada de "trilha do Cavalo Morto". A maioria das pessoas atravessa o desfiladeiro, "o caminho do pobre", mais alto e mais íngreme, porém ao mesmo tempo mais curto. A última subida em direção a ele foi chamada de "Escada do Ouro".

O trajeto que parte de Dyea e passa pelo fiorde nos leva a um estreito vale com florestas árticas incrivelmente densas. As charnecas e os prados alpinos começam cerca de 2.950 pés (900m) acima do nível do mar. Rochas e campos de neve aparecem mais alto, e do lado canadense há florestas de pinheiros como as do norte da Europa. A garganta é um divisor de águas continental extremamente próximo a um oceano. Poucas rotas nessa latitude e dessa distância oferecem uma variedade de espécies naturais tão grande quanto a trilha Chilkoot.

Em Canyon City, o rio Taiya corre por uma estreita ravina. Esse era o primeiro ponto de parada dos caçadores de fortuna. Centenas de barracas cobriam o vale no outono de 1897. Na primavera seguinte, duas empresas construíram funiculares para o transporte de carga, que operavam com máquinas a vapor e eram populares porque a encosta que parte de Canyon City é íngreme e cansativa.

Atravessando a ponte sobre o rio, chegamos ao acampamento das barracas, na época uma área aberta e hoje uma densa floresta. Por entre as árvores avistamos de repente uma velha caldeira enferrujada que pertenceu à empresa do funicular.

Hoje é um monumento histórico. O acampamento seguinte é o Sheep Camp. Aqui, e em outros acampamentos, atualmente há somente um abrigo simples, no entanto a maioria dos trekkers prefere acampar. Um guarda do parque ocupa um pequeno chalé aqui perto. À noite ele conversa com os que dormem no abrigo. "Caminhem devagar e bebam regularmente quando cruzarem o desfiladeiro amanhã", repete, como um mantra.

Nuvens espessas encobrem os picos quando caminhamos em direção ao ponto alto de nossa viagem. O clima nos permite sentir nos ossos o sofrimento dos caçadores de ouro. Perto da Scales ("Balança") há um volume de madeira protegida. Aqui toda a bagagem desses caçadores era pesada. Os profissionais, muitos deles índios, eram bastante detalhistas em relação ao peso, mas a maioria dos caçadores de fortuna carregava sua própria carga, que frequentemente pesava até 55 libras (25kg). Podiam ser necessárias 40 ou 50 subidas e descidas para transportar tudo. As autoridades policiais do Canadá instalaram um posto no desfiladeiro Chilkoot e exigiram que cada caçador de ouro trouxesse com ele uma tonelada de provisões. A alfândega também permitiu ao Canadá marcar sua fronteira nacional. Apesar de um acordo de 1825 entre a Rússia, então proprietária do Alasca, e a Canadian Hudson Bay Company, os limites nunca foram demarcados. Agora o Canadá quer uma linha definitiva.

De um grupo de cerca de 40 pessoas que passaram a noite no Sheep Camp, somos os primeiros a partir. A neblina está se dissipando um pouco, o que nos permite enfrentar a "Escada do Ouro". No entanto, a névoa volta rapidamente, o que faz sentir a mistura de esperança e medo que esse lugar provocava nos caçadores de fortuna. A maioria vinha quando a neve cobria as rochas. Isso tornava a subida da encosta um pouco mais fácil, porém havia as avalanches, que provocavam mortes. Em pouco tempo os empreendedores construíram um funicular, enquanto outros cavaram uma trilha, pela qual cobravam pedágio.

No verão, sem neve e com tempo ruim, a "Escada do Ouro" é um ameaçador mar de rochedos. Escombros, fios enferrujados e solas de sapatos estão espalhados pelo chão quando subimos pelos rochedos, incapazes de ver qualquer coisa. No desfiladeiro, a apenas 3.280 pés (1.000m) de altitude, o Parks Canada mantém um posto com um guarda residente, mas não encontramos ninguém. Depois de um breve descanso, descemos para o lago Crater, do lado canadense, e uma paisagem de montanha quase escandinava se revela.

De repente, a paisagem nos parece familiar. A trilha segue por uma encosta com campos floridos e plantas que reconhecemos. O Happy Camp fica onde o vale se estreita. Depois de outra noite na barraca seguimos em frente, passando por dois lagos, Long e Deep. Aqui começa a floresta de pinheiros e o percurso acompanha o rio Moose, que corre por uma profunda ravina. Da borda da ravina vemos uma floresta com um grande lago no meio, o Lindeman, nosso destino por hoje.

Uma barraca no acampamento de Lindeman City abriga uma exposição interessante. As fotos mostram uma imagem viva dos obstinados personagens que traba-

O cenário da paisagem selvagem do norte deve ter sido como uma miragem para os olhos doentes dos caçadores de ouro. Os lagos Lindeman e Bennet significavam que eles podiam viajar de barco. Uma imensa cidade de barracas cresceu entre os lagos, e é aí que termina a trilha Chilkoot. Alguns anos depois da corrida, foi construída uma ferrovia ligando Skagway, à beira-mar, a Whitehorse, no rio Yukon. Existe uma estação no lago Bennet.

lharam duro por seu futuro. A luta contra o clima inóspito cobrou o seu preço, e a paisagem que eles atravessaram foi destruída. Lindeman City era uma imensa área desmatada e uma cidade de "casas" de lona. Seguir as pegadas desses batalhadores e registrar o destino que eles tiveram na corrida do ouro é caminhar pela história viva. Com tempo mais ensolarado que o que tivemos, a impressionante paisagem é por si só uma grande atração.

O último trecho é percorrido totalmente nas profundezas da floresta, e a trilha Chilkoot termina às margens do lago Bennet, onde os caçadores de fortuna construíam seus barcos – balsas, canoas, veleiros – para explorar mais 311 milhas (500km) descendo o rio Yukon em direção a Klondike. Poucos anos depois do auge da corrida do ouro, a ferrovia White Pass and Yukon Route chegou ao lago, porém àquela altura o lugar já estava deserto. O trem continua até Whitehorse, a principal cidade no Território Yukon. Hoje, excursões partem de Skagway para o lago Bennet, mas não seguem adiante – o restante da linha foi abandonado por falta de manutenção. A maioria dos trekkers toma o trem de volta ao litoral.

Yukon

CAMINHANDO COM FANTASMAS

À luz do fim de tarde, as sombras dos abetos apontam na direção do rio Slim e do monte Vulcan, cerca de 7.000 pés (2.133m) acima do nível do mar.

"Lamento, mas a Parks Canada fechou a Observation Mountain aos alpinistas", diz o guarda do parque, Brian Buck, de pé diante de nossa barraca. Ontem houve um grave acidente na trilha. Um urso-pardo de 4 anos pegou dois trekkers, que escaparam pela face rochosa. É a segunda vez em pouco tempo que o mesmo urso ataca.

Nesse momento, nossa chance de ver a imensa geleira da cordilheira Kluane, no Território Yukon, vai por água abaixo. Nossa barraca está acima de um esplêndido vale. Ontem tomamos a trilha Slim's West, que começa na Alaska Highway. No centro de turismo onde registramos nossa viagem, o guarda nos conta que no vale, que tem menos de 20 milhas (32km) de comprimento, vivem cerca de 50 ursos-pardos. É um número extremamente alto para uma área tão limitada.

O animal agora está atrapalhando nosso plano de explorar essa magnífica paisagem selvagem. Temos um repouso involuntário depois da longa caminhada de ontem. Já de início, encontramos uma placa memorial que nos faz tremer. Nela lemos que um urso-pardo havia matado uma mulher nas vizinhanças. Começamos a caminhar pela floresta com atenção muito maior, mas a tensão baixa quando percebemos que nenhum urso apareceu.

Em volta do acampamento onde estamos há oito pessoas da agência Parks Canada. Seu trabalho é retirar quaisquer detritos da vegetação que cerca o local. Uma hora depois, ouvimos quatro estampidos e vemos rastos de fumaça pela abertura da barraca. A uns 100 metros, o urso avançou para cima deles, que estão chocados.

"Lançamos sinalizadores para assustar o animal", diz Brian Buck, o chefe do grupo. "Aconselho-os a transferir sua barraca para nosso acampamento atrás da montanha. Vamos colocar uma cerca elétrica."

Por um bom tempo, permanecemos sentados com Brian e os outros no topo nu de uma colina. Desse posto de vigia observamos os amplos leitos de cascalho por onde o rio Slim corre, bifurcando-se em muitos riachos que se entrelaçam, mas nenhum urso aparece. Nosso desejo de caminhar é despertado pela paisagem única. O rio diante da colina nasce em Kaskawulsch, uma longa língua de gelo que se projeta de uma imensa geleira. Juntos, o Parque Nacional Kluane, aqui do lado canadense,

e St. Ellias, no Alasca, constituem uma gigantesca região que abriga a maior massa contínua de gelo do hemisfério norte, atrás apenas da Groenlândia. Os muitos picos dessa cordilheira têm sua base num leito de neve. A 93 milhas (150km) do glaciar a oeste de onde estamos, sem uma única estrada entre nós, fica o monte Logan, o mais alto do Canadá, quase 19.685 pés (6.000m) acima do nível do mar.

Abaixo de nossa colina, a água que derrete da geleira criou um delta com extensos leitos de cascalho. Do outro lado, podemos perceber o gelo como uma parede clara. Em todas as direções, erguem-se majestosos picos alpinos recobertos de faixas da floresta de pinheiros abaixo das rochas mais altas. A sensação de isolamento é quase estonteante quando pensamos em todos os ursos-pardos que devem existir dentro de nosso campo de visão, mas ainda não se mostraram.

À tarde, o especialista em ursos Terry Schoenberg chega de helicóptero. Seu trabalho é atirar balas de borracha no jovem animal. A ideia é ensiná-lo a associar a presença de pessoas a algo perigoso. A Parks Canada evita ao máximo a morte de um urso ameaçador. Quando o helicóptero aterriza, meu companheiro de viagem sugere que aproveitemos o voo de volta. Eu hesito, e no fim concordamos que o preço é muito alto. E Terry avalia que podemos facilmente voltar no dia seguinte.

"Os ursos vão evitar vocês. Eles geralmente fazem isso", ele diz, rindo. Mas o clima no acampamento não é tranquilo. Ninguém se afasta muito das barracas.

No dia seguinte de manhã, após alguns bons conselhos de Terry, voltamos à trilha. Uma sensação de intranquilidade nos domina. Imagine se o animal que passou pelo acampamento na noite anterior estivesse percorrendo o mesmo caminho que nós. Cantamos e gritamos a cada curva e, depois de apenas 0,5 milha (1km), observamos pegadas de ursos que devem ter passado por aqui anteontem. Elas levam na direção da trilha e, mais alguns quilômetros adiante, topamos com um monte de fezes recentes de urso. Com somente uma pequena lata de spray de pimenta para nos defender e um animal agressivo nas proximidades, estamos tensos, mas ao mesmo tempo é fantástico caminhar aqui, na terra dos ursos, rodeados por eles.

Essas 3 milhas (5km) nos pareceram uma longa caminhada na companhia de fantasmas, e, embora ainda estejamos no território dos ursos, ficamos aliviados quando as pegadas desaparecem. Nosso campo de visão se expande até os pântanos do rio Slim, as nuvens se levantam e caminhamos para um terreno seguro – esperamos.

Entretanto, no caminho pela margem do rio, outro perigo se revela. Intuitivamente, percebo que o leito de cascalho parece suspeito. Não consigo tocar o fundo. Esse tipo de areia movediça é composto de lodo glacial e poderia ter me engolido. Depois ficamos sabendo por que o vale tem esse nome. Um minerador novato chamado Slim tentou cortar caminho pelo rio. Cavalo e cavaleiro ficaram presos na lama, e Slim teve uma morte lenta e cruel. Tivemos melhor sorte e voltamos em segurança desse trekking memorável. Infelizmente, perdemos o cenário do glaciar, mas a atmosfera da terra dos ursos permeou nossa viagem.

Páginas anteriores: o vale por onde corre o rio Slim atravessa a cordilheira Kluane, uma das várias que constituem esse enorme parque nacional de mesmo nome. Essa é uma região onde vive uma das mais densas populações de ursos do mundo, e a possibilidade de topar com um deles é alta. Pode-se caminhar pelas duas margens do rio em direção às geleiras da parte central da região. É pela direita da foto que passa a trilha Slim's West.

O chifre de um carneiro selvagem das Montanhas Rochosas no banco de areia que o rio depositou em frente à geleira Kaskawulsch. A região é rica em vida selvagem. Além do urso-pardo, há lobos, linces, alces, carneiros selvagens e cabritos-monteses.

Um guia para minhas viagens

É melhor revelar logo como é: trekking sempre exige esforço físico. As viagens em uma trilha podem variar consideravelmente, dependendo do clima, da bagagem que se carrega, do humor, de suas expectativas, da energia que sente no momento, e assim por diante. A maneira como sentimos o campo, com suas dificuldades e desafios, é muito pessoal. Qualquer itinerário pode ser vivenciado de diferentes formas. Vou dar um exemplo: classifiquei o trecho da Via Lícia como uma caminhada bastante fácil, entretanto sei que ele foi considerado difícil por pessoas que o percorreram em excursões organizadas. Minha avaliação é relativa e classifica a Via Lícia em comparação com outras trilhas pelas quais passei. Posso compará-la, por exemplo, com a Tour du Mont Blanc, que é muito mais cansativa por causa dos inúmeros desfiladeiros que temos de atravessar; ou Kilimanjaro, que exige um desempenho equivalente a correr uma maratona. É desse modo que avalio cada trilha e as comparo. Para que essa comparação seja significativa, você vai precisar de uma escala, porque não é possível descrever as condições das rotas objetivamente. Isso significa que alguém pode considerar minhas avaliações super ou subestimadas. No entanto, se uma mesma pessoa faz a escala, as observações serão coerentes – esse foi meu objetivo.

Para facilitar a compreensão das informações sobre as trilhas, eu as dividi em alguns tópicos.

Organização
Em um trekking independente, é necessário organizar tudo sozinho. Às vezes você caminha de maneira completamente autônoma, outras vezes com guias e carregadores locais. Em uma viagem guiada, a operadora de turismo fica responsável por planejar tudo.

Isolamento
Isso fornece uma indicação de quantas pessoas você pode esperar encontrar durante a viagem. Ao longo de trechos mais conhecidos, o grau de isolamento é baixo, mesmo que a região pareça selvagem e não seja desenvolvida.

Preservação da natureza
Forneço os nomes de parques nacionais, reservas ou patrimônios da humanidade que são atravessados pela trilha.

Acomodação
Quando escrevo "abrigo", refiro-me a um teto sobre sua cabeça e nada mais; "refúgio" significa uma casa que oferece acomodação e alimentação, e com "pousada" quero dizer um hotel simples. Onde não existe acomodação você vai precisar de uma barraca.

Alimentação
Ao longo da maioria das trilhas você precisa levar sua própria comida, tanto se estiver fazendo trekking independente quanto numa viagem guiada. Nesses casos, geralmente é necessário carregar ou preparar os alimentos. Se você se hospedar num refúgio ou numa pousada, pode pedir comida.

Esforço físico
Minha avaliação leva em conta a distância dos estágios, a acessibilidade, o número de aclives ou declives e a que altitude se está caminhando. O nível "fácil" quer dizer que a trilha pode ser percorrida por qualquer pessoa com um preparo físico normal; "moderado" exige um bom preparo físico; "difícil" significa que você precisa ter um treinamento; e para o "muito difícil" você deve estar em excelente condição física, além de fazer um treinamento extra antes da viagem.

Acessibilidade
Minha avaliação se baseia no tipo de trilha e de terreno. "Fácil" é uma trilha muito percorrida e por onde é simples caminhar. "Difícil" significa que há obstáculos no caminho – geralmente trechos de lama ou pântano, vegetação densa, rios que precisam ser vadeados, terreno rochoso – ou que as trilhas foram pouco usadas ou não existem.

Atrações
Coisas interessantes a observar.

Lembretes
Algumas informações sobre riscos e algumas dicas práticas.

Comentário
Meu resumo.

Dificuldade
Minha avaliação da dificuldade numa escala de 1 a 10, na qual 1 é "fácil", 5 é "moderadamente difícil" e 10 é "muito difícil". A maioria das trilhas tem trechos fáceis e difíceis.

Mapas
Em todos os mapas o norte está no alto. A escala varia – veja em cada mapa.

PIRENEUS

Caminhada por uma trilha sinalizada de longa distância através da crista da cadeia de montanhas. Um trecho popular é o que vai de Gavarnie ao lago de Bious d'Artigues, na região oeste.

Localização: na fronteira entre França e Espanha

Organização: viagem independente/organizada com guia

Melhor época: julho-setembro

Duração: 45 dias para a trilha completa, 10 para o trecho mencionado acima

Distância: 400km a trilha completa, 70km este trecho

Maior altitude: cerca de 2.700m

Isolamento: baixo-moderado

Preservação da natureza: Parque Nacional dos Pireneus e Patrimônio da Humanidade

Acomodação: barraca/refúgios/pousadas

Alimentação: disponível nos refúgios e pousadas, ou leve a sua comida

Esforço físico: fácil-moderado

Acessibilidade: fácil

Atrações: paisagem de montanha; flora

Lembretes: reserve os refúgios com antecedência; há trilhas alternativas

Comentário: No todo, é uma trilha fácil se você evitar os desfiladeiros mais altos. Perfeita para viagens de 1 dia saindo de um refúgio ou hotel. Nas viagens mais longas você pode comprar provisões no caminho.

Dificuldade: 1-5

LA GOMERA

Caminhadas por uma das ravinas típicas da ilha, ou barrancos, e pela floresta de loureiros protegida.

Localização: uma das ilhas Canárias, no Atlântico

Organização: viagem independente

Melhor época: o ano todo

Duração: viagens de 1 dia

Distância: 15km (Barranco de Argaga) e 11km (floresta de loureiros)

Maior altitude: cerca de 1.100m (Barranco de Argaga) e 1.350m (floresta de loureiros)

Isolamento: baixo

Preservação da natureza: Parque Nacional de Garajonay e Patrimônio da Humanidade

Acomodação: hotel (barraca em El Cedro)

Alimentação: em bares ou restaurantes, ou leve a sua comida

Esforço físico: fácil-moderado

Acessibilidade: fácil

Atrações: ravinas; floresta de loureiros; flora; lindas vistas do mar

Lembretes: os pontos de partida podem ser alcançados de ônibus, mas, como não são frequentes, contrate um táxi; a neblina pode ser frequente; evite as ravinas depois de chuva pesada

Comentário: Duas trilhas agradáveis que refletem a vida selvagem da ilha. O Barranco de Argaga é relativamente difícil na parte mais baixa.

Dificuldade: 3-6

MADEIRA

Trilhas ao longo das mais espetaculares levadas da ilha e pelas montanhas mais altas.

Localização: 440km ao norte da ilhas Canárias, no Atlântico

Organização: viagem independente

Melhor época: o ano todo

Duração: viagens de 1 dia

Distância: cerca de 14km (viagem de ida e volta do Caldeirão do Inferno) e 10km (pico Ruivo)

Maior altitude: cerca de 1.000m (Caldeirão do Inferno) e 1.850m (pico Ruivo) acima do nível do mar

Isolamento: baixo

Preservação da natureza: Reserva Natural da Madeira e Patrimônio da Humanidade

Acomodação: hotel

Alimentação: em bares e restaurantes, ou leve a sua comida

Esforço físico: fácil-moderado

Acessibilidade: fácil

Atrações: as levadas, a paisagem de montanha; linda cachoeira no Caldeirão do Inferno, onde a viagem pode ser estendida por um túnel de 2km sob a montanha; fabulosas vistas do mar

Lembretes: trechos de dar vertigem; túneis ao longo das levadas exigem uma lanterna; não é frequente serviço de ônibus até os pontos de partida; consiga um táxi ou alugue um carro; névoa com frequência; evite depois de chuva pesada

Comentário: As duas caminhadas mais pitorescas. A trilha do Caldeirão do Inferno envolve pequenas mudanças de altitude, e a viagem pelo pico Ruivo contém longas encostas íngremes numa trilha bastante usada.

Dificuldade: 5-6

DOLOMITAS

Caminhada por uma trilha sinalizada de longa distância, a Alta Via 4 , na região de Sesto, também chamada Alta Trilha Paul Grohmann, nome de um famoso alpinista.

Localização: nordeste da Itália

Organização: viagem independente ou organizada com guia

Melhor época: julho-setembro

Duração: 7-8 dias

Distância: cerca de 90km

Maior altitude: cerca de 2.500m

Isolamento: baixo

Preservação da natureza: Parque Nacional das Dolomitas

Acomodação: refúgios/pousadas/barraca

Alimentação: disponível em refúgios e pousadas, ou leve a sua comida

Esforço físico: fácil-difícil

Acessibilidade: fácil, mas as rotas de subida são difíceis

Atrações: montanhas extremamente escarpadas; flora

Lembretes: as rotas de escalada não são aconselháveis para quem sofre de vertigem; reserve os refúgios com antecedência

Comentário: Um ambiente de montanha perfeito para viagens fáceis de um dia. Caminhadas de longa distância são possíveis sem bagagem muito pesada. Rotas de escalada interessantes para pessoas que querem tentar trilhas mais desafiadoras.

Dificuldade: 1-7

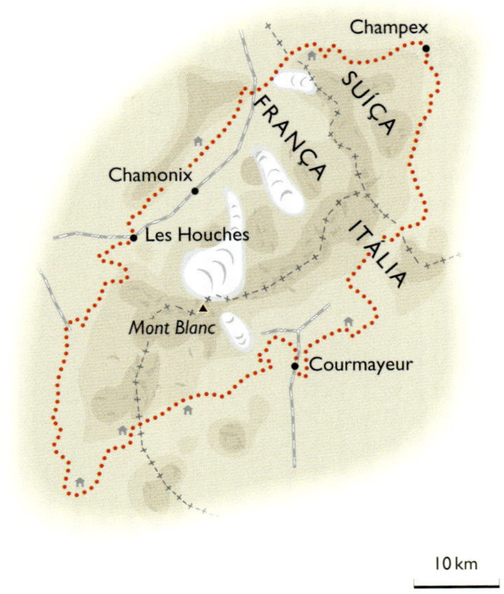

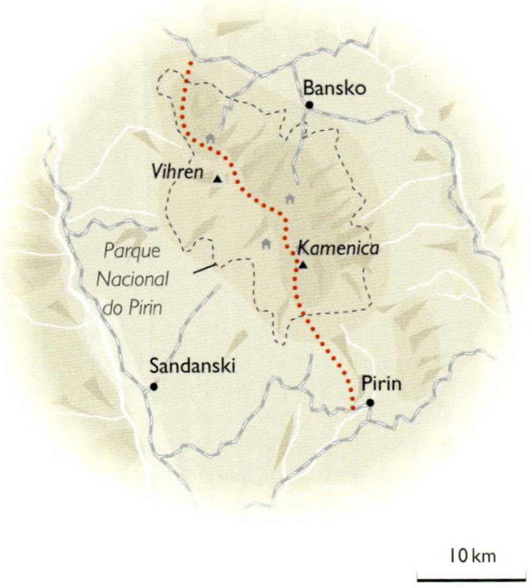

MONT BLANC

Caminhada numa rota sinalizada de longa distância ao longo de trilhas e estradas tradicionais ao redor do Mont Blanc.

Localização: fronteira entre França, Itália e Suíça

Organização: excursão independente/organizada com guia

Melhor época: julho-setembro

Duração: no mínimo 11 dias

Distância: cerca de 180km

Maior altitude: cerca de 2.700m

Isolamento: baixo

Acomodação: barraca/refúgios/pousadas

Alimentação: disponível em refúgios e pousadas, ou leve a sua comida

Esforço físico: moderado-difícil

Acessibilidade: fácil

Atrações: magníficas paisagens de montanha

Comentário: Trilhas fáceis, mas no geral uma caminhada de longa distância difícil, alternando paisagens de montanha e centros mais desenvolvidos. Pessoas que não estão acostumadas com o trekking devem optar por viagens de 1 dia partindo de resorts turísticos.

Dificuldade: 5-8

CRETA

Uma caminhada por trilhas estreitas pela cadeia de montanhas Lefka Ori.

Localização: parte oeste de Creta

Organização: viagem independente

Melhor época: abril-junho, setembro-outubro

Duração: 2-3 dias

Distância: cerca de 30km

Maior altitude: cerca de 2.100m

Isolamento: moderado

Preservação da natureza: Parque Nacional de Samaria

Acomodação: barraca

Alimentação: leve a sua comida

Esforço físico: moderado

Acessibilidade: fácil

Atração: garganta de Samaria

Lembretes: falta água; calor opressivo; tempestades repentinas

Comentário: Trekking bastante difícil devido ao clima e à paisagem, tanto se você caminhar por vários dias quanto se fizer viagens de 1 dia.

Dificuldade: 5-6

MONTES PIRIN

Uma caminhada por trilhas sinalizadas pelos montes Pirin.

Localização: sudoeste da Bulgária

Organização: excursão independente/organizada com guia

Melhor época: julho-setembro

Duração: 6-7 dias

Distância: cerca de 60km

Maior altitude: 2.915m

Isolamento: baixo-moderado

Preservação da natureza: Parque Nacional do Pirin e Patrimônio da Humanidade

Acomodação: barraca/refúgios

Alimentação: leve a sua comida

Esforço físico: moderado

Acessibilidade: fácil

Atrações: montanhas escarpadas; flora

Lembretes: se você sofre de vertigem, tenha cuidado na parte norte; cães pastores agressivos

Comentário: Uma trilha moderadamente exigente se você evitar os trechos mais vertiginosos no norte.

Dificuldade: 5-6

ILHA DE SKYE

Viagem de 1 dia por várias trilhas do Black Cuillin.

Localização: Hébridas Interiores, Escócia

Organização: viagem independente

Melhor época: junho-agosto

Duração: 6-9 horas

Distância: cerca de 6-7km

Maior altitude: 990m

Isolamento: baixo

Acomodação: barraca/albergue da juventude

Alimentação: leve a sua comida

Esforço físico: difícil

Acessibilidade: difícil

Atrações: montanhas escarpadas; o mar

Lembretes: clima extremamente chuvoso; se você sofre de vertigem, evite escalar

Comentário: Um encantador maciço para excursões de 1 dia. Se não quiser escalar, as bacias escavadas sob os picos são facilmente acessíveis.

Dificuldade: 6-7

SAREK

Caminhe por trilhas fragmentadas ou trace sua própria rota pelos muitos vales da região.

Localização: norte da Suécia

Organização: viagem independente

Melhor época: julho-setembro

Duração: no mínimo 9 dias

Distância: cerca de130km

Maior altitude: acima de 1.000m

Isolamento: muito alto

Preservação da natureza: Parque Nacional do Sarek e Patrimônio da Humanidade da Lapônia

Acomodação: barraca

Alimentação: leve a sua comida

Esforço físico: difícil-muito difícil

Acessibilidade: difícil

Atrações: montanhas escarpadas; vales férteis; vida selvagem abundante

Lembretes: mochila pesada; dificuldade em vadear o rio; mosquitos

Comentário: Uma caminhada difícil mesmo para quem está acostumado à vida em meio à natureza.

Dificuldade: 7-8

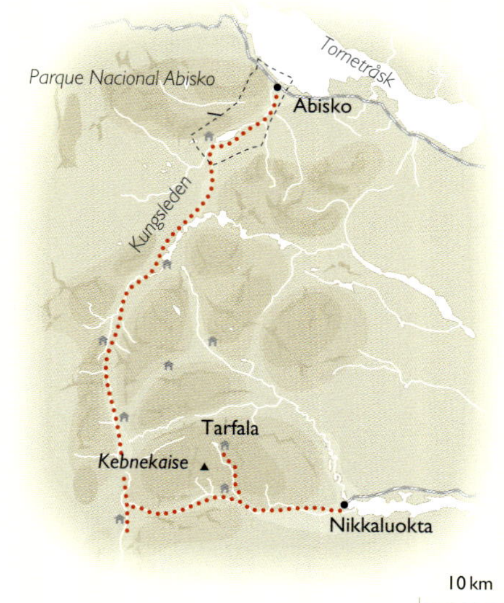

KEBNEKAISE

Travessia de esqui cross-country numa trilha de caminhada ao longo de pastos cortados pelo Caminho Real.

Localização: norte da Suécia

Organização: viagem independente

Melhor época: março-abril (esqui cross-country), julho-setembro (trekking)

Duração: 7-10 dias (Caminho Real, Abisko--Nikkaluokta)

Distância: cerca de 100km (Caminho Real, Abisko-Nikkaluokta)

Maior altitude: cerca de 1.100m

Isolamento: moderado

Acomodação: barraca/abrigos

Alimentação: leve a sua comida ou compre-a nos abrigos

Esforço físico: moderado

Acessibilidade: fácil

Atrações: montanhas escarpadas; amplos espaços abertos

Lembretes: risco de avalanches e tempestades no inverno; mosquitos no verão

Comentário: Uma região bastante acessível para a prática do esqui, com abrigos que oferecem proteção contra o mau tempo. No verão, o Caminho Real permite caminhadas fáceis numa paisagem de montanha selvagem.

Dificuldade: 5

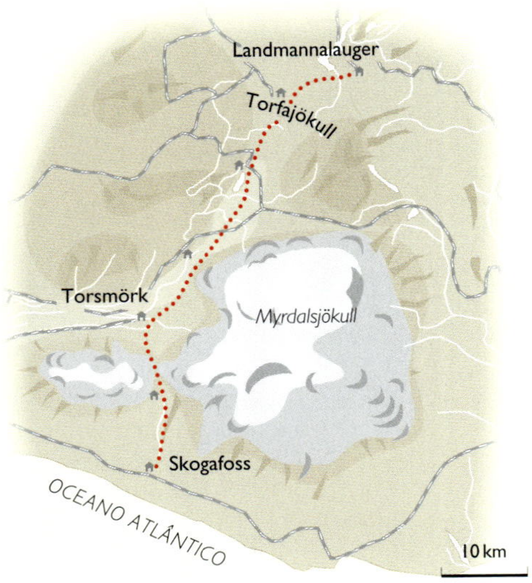

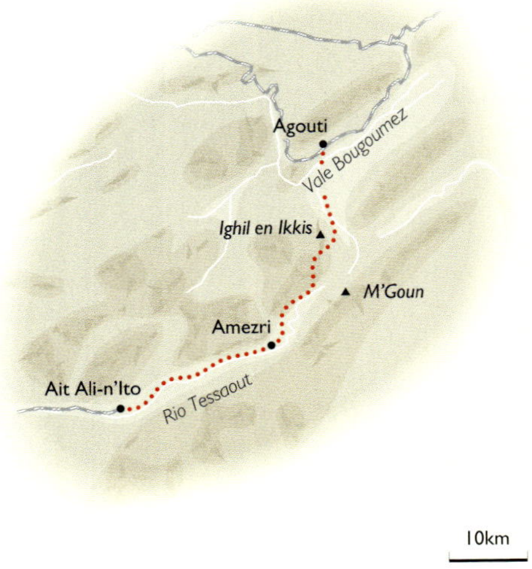

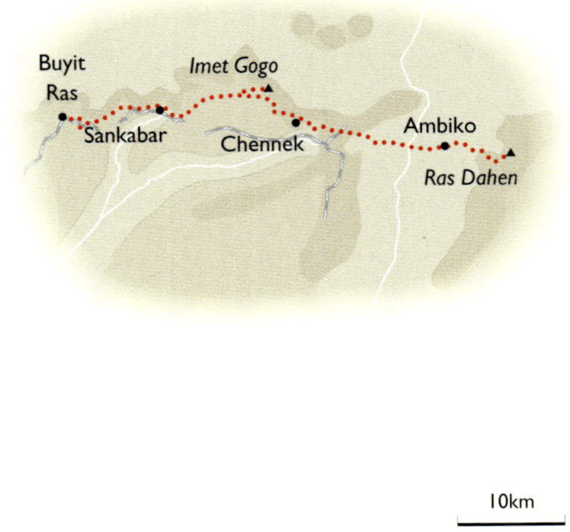

LAUGAVEGUR

Uma caminhada por trilhas sinalizadas do interior para o litoral.

Localização: sul da Islândia

Organização: viagem independente

Melhor época: julho-setembro

Duração: 6 dias

Distância: 75km

Maior altitude: cerca de 1.100m

Isolamento: moderado-alto

Preservação da natureza: Reserva Natural de Fjallabak

Acomodação: barraca/refúgios

Alimentação: leve a sua comida

Esforço físico: moderado

Acessibilidade: fácil

Atrações: montanhas vulcânicas; formações naturais extraordinárias; cachoeiras; fontes de águas quentes

Lembrete: dificuldade em vadear o rio em alguns trechos

Comentário: Caminhada bastante fácil por uma paisagem colorida que lembra um deserto.

Dificuldade: 5

ALTO ATLAS

Uma caminhada por trilhas tradicionais sobre desfiladeiros e ao longo de um vale povoado próximo à segunda maior montanha da cordilheira – M'Goun.

Localização: centro do Marrocos

Organização: excursão organizada com guia

Melhor época: abril-maio, setembro-outubro

Duração: cerca de 7 dias

Distância: 55km

Maior altitude: 3.400m

Isolamento: baixo-moderado

Acomodação: barraca/pousadas/refúgios

Alimentação: leve sua comida ou compre-a no local

Esforço físico: moderado

Acessibilidade: fácil

Atrações: profundas ravinas; vilas

Lembrete: gargantas perigosas com chuva forte

Comentário: Uma rota bastante exigente, que se alterna entre trechos desertos e desenvolvidos.

Dificuldade: 5-6

SIMIEN

Uma caminhada em altas altitudes por vilas e desfiladeiros na maior cadeia de montanhas da África e uma escalada pela quarta montanha mais alta do continente.

Localização: norte da Etiópia

Organização: excursão organizada, com um guia e um guarda (obrigatórios)

Melhor época: outubro-janeiro

Duração: 6 dias

Distância: cerca de 50km

Maior altitude: 4.533m

Isolamento: baixo-moderado

Preservação da natureza: Parque Nacional de Simien e Patrimônio da Humanidade

Acomodação: barraca

Alimentação: leve a sua comida

Esforço físico: difícil-muito difícil

Acessibilidade: fácil

Atrações: impressionante paisagem de montanha; plantas fascinantes; rica vida animal

Lembretes: alta altitude; leve roupas quentes; exige licença; taxa de ingresso no parque; macacos ladrões

Comentário: Uma caminhada exigente, o tempo todo acima de 3.000m de altitude. A trilha passa perto de precipícios. Você encontra muitos habitantes locais.

Dificuldade: 6-7

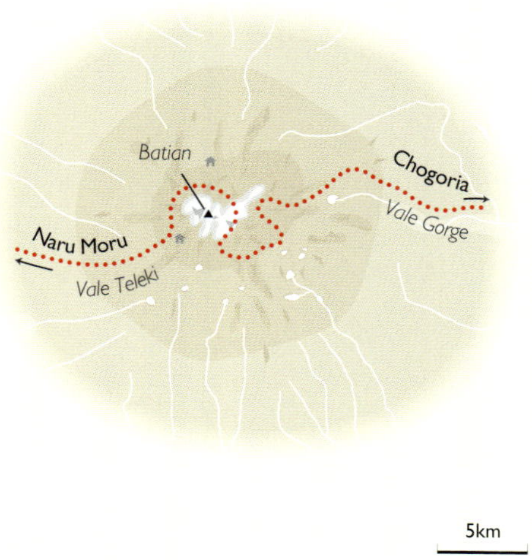

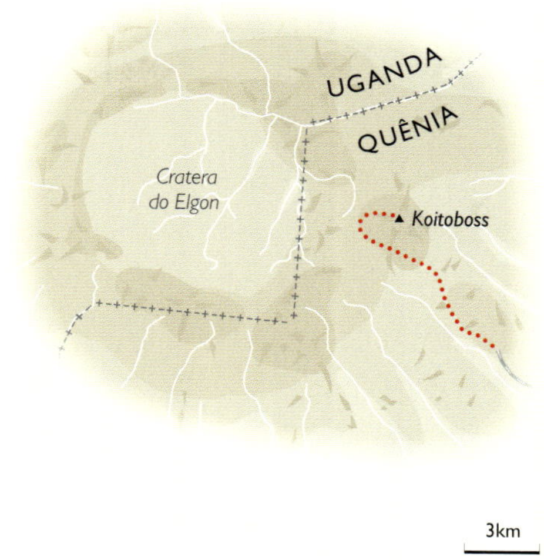

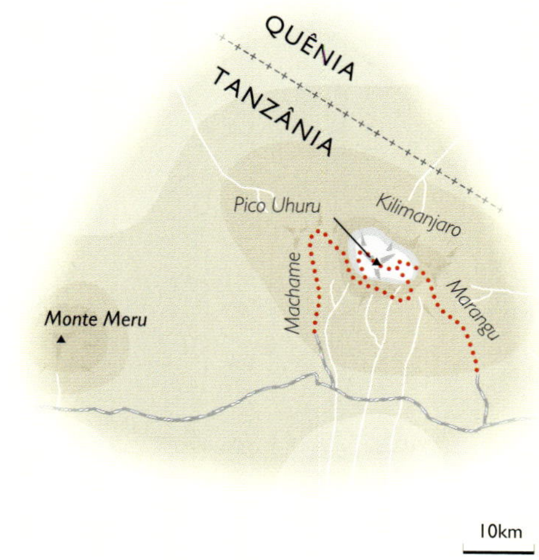

MONTE QUÊNIA

Uma caminhada por trilhas bastante percorridas ao redor do monte. A rota Chogoria começa no leste e passa pelo terceiro pico mais alto.

Localização: centro do Quênia

Organização: viagem independente, com ou sem carregadores/excursão organizada com guia

Melhor época: janeiro-fevereiro, agosto-setembro

Duração: 7-8 dias

Distância: 56km

Maior altitude: 4.985m

Isolamento: baixo-moderado

Preservação da natureza: Parque Nacional do Monte Quênia e Patrimônio da Humanidade

Acomodação: barraca/abrigos

Alimentação: leve a sua comida

Esforço físico: muito difícil

Acessibilidade: fácil-difícil

Atrações: uma montanha majestosa; a vegetação; coelhos selvagens

Lembretes: alta altitude; roupas quentes; taxa de ingresso no parque

Comentário: Caminhada exigente, que envolve uma subida rápida a altas altitudes e lama em alguns trechos. Em caso de mal da altitude, você terá que se contentar em caminhar até os abrigos. Lembre que se atribui ao monte Quênia o maior número de casos da doença entre todas as montanhas do mundo.

Dificuldade: 7-8

MONTE ELGON

Viagem de 1 dia ao vulcão extinto no topo do monte Koitoboss.

Localização: fronteira entre Quênia e Uganda

Organização: viagem independente, com guia

Melhor época: dezembro-fevereiro, junho-agosto

Duração: cerca de 6 horas

Distância: cerca de 10km

Maior altitude: cerca de 4.000m

Isolamento: alto

Preservação da natureza: Parque Nacional do Monte Elgon

Acomodação: barraca

Alimentação: leve a sua comida

Esforço físico: difícil

Acessibilidade: fácil-difícil

Atrações: platô de montanha no interior da África; a vegetação; cavernas com elefantes

Lembretes: alta altitude; ladrões de gado

Comentário: Uma caminhada difícil mesmo para trekkers experientes. A trilha não é evidente em alguns trechos.

Dificuldade: 6-7

KILIMANJARO

Uma caminhada ao topo da face sul da montanha. Muito popular, a trilha Marangu é uma viagem de ida e volta. A Machame, que começa num ponto e termina em outro, é mais desafiadora.

Localização: norte da Tanzânia

Organização: excursão organizada com guia (obrigatório)

Melhor época: dezembro-março, junho-setembro

Duração: 5 dias pela rota Marangu, 6 dias pela Machame

Distância: cerca de 50km de ida e volta até o pico (Marangu), cerca de 50km até o topo (Machame)

Maior altitude: 5.985m

Isolamento: baixo-moderado

Preservação da natureza: Parque Nacional do Kilimanjaro e Patrimônio da Humanidade

Acomodação: barraca/abrigos

Alimentação: leve a sua comida

Esforço físico: muito difícil

Acessibilidade: fácil

Atrações: a cratera; a vegetação; a vista

Lembretes: alta altitude; requer roupas quentes; licença e taxa de ingresso no parque

Comentário: Uma das poucas montanhas do mundo que você pode escalar sem ser alpinista, mas é muito desafiadora. A subida rápida a altas altitudes torna o Kilimanjaro mais difícil do que o Everest.

Dificuldade: 8-9

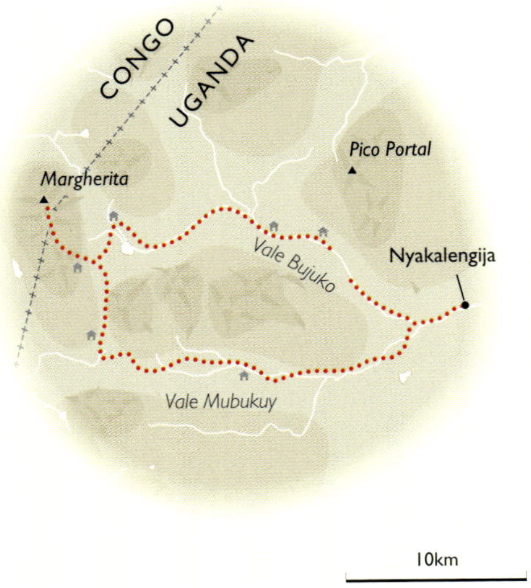

RUWENZORI

Caminhada circular ao redor do maciço por trilhas bastante percorridas e uma subida ao pico mais alto.

Localização: fronteira entre Uganda e Congo

Organização: excursão organizada com guia

Melhor época: dezembro-março, junho-setembro

Duração: 8 dias

Distância: cerca de 70km

Maior altitude: 5.100m

Isolamento: alto

Preservação da natureza: Parque Nacional do Ruwenzori e Patrimônio da Humanidade

Acomodação: barraca/abrigos

Alimentação: leve a sua comida

Esforço físico: muito difícil

Acessibilidade: difícil

Atrações: a vegetação; a paisagem de montanha

Lembretes: clima extremamente chuvoso; alta altitude; exige licença e pagamento de taxa

Comentário: A caminhada mais difícil que se possa imaginar. É preciso estar acostumado a caminhadas extenuantes.

Dificuldade: 9-10

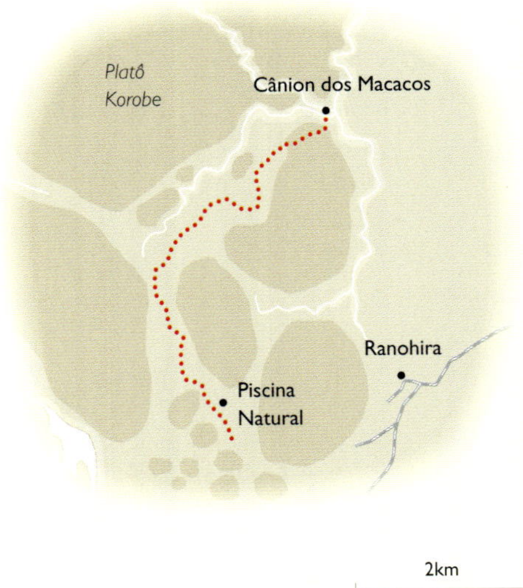

ISALO

Viagem de 1 dia por uma interessante e evocativa paisagem de arenito.

Localização: sul de Madagascar

Organização: excursão organizada com guia (obrigatório)

Melhor época: março-novembro

Duração: 3-4 horas

Distância: cerca de 7km

Maior altitude: cerca de 500m

Isolamento: moderado-alto

Preservação da natureza: Parque Nacional de Isalo

Acomodação: barraca

Alimentação: leve sua comida

Esforço físico: fácil-moderado

Acessibilidade: fácil

Atrações: formações rochosas; cânions; cascatas em piscinas naturais; plantas fascinantes; lêmures

Lembretes: requer licença e taxa de ingresso; leve bastante água potável

Comentário: Caminhada curta sob clima em geral quente por uma paisagem única.

Dificuldade: 3-5

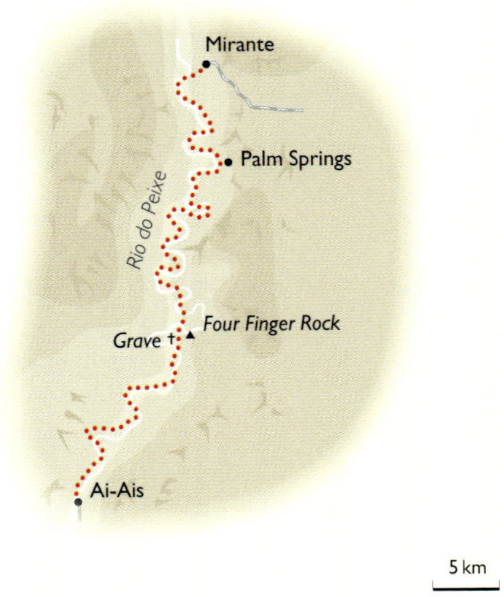

CÂNION DO RIO DO PEIXE

Caminhada por trilhas fragmentadas ao longo do rio, num cânion semelhante a um deserto.

Localização: sul da Namíbia

Organização: excursão independente/organizada com guia

Melhor época: trilha aberta de meados de abril a meados de setembro

Duração: no mínimo 5 dias

Distância: cerca de 80km

Maior altitude: cerca de 800m

Isolamento: alto

Preservação da natureza: Parque do Cânion do Rio do Peixe

Acomodação: barraca

Alimentação: leve a sua comida

Esforço físico: moderado-difícil

Acessibilidade: fácil-difícil

Atrações: paisagem de cânion; fauna

Lembretes: calor opressivo; grande parte vadeando o rio; exigência de licença, taxa de ingresso e atestado médico

Comentário: Caminhada muito difícil numa paisagem desértica. Normalmente não há problema de suprimento de água.

Dificuldade: 6-7

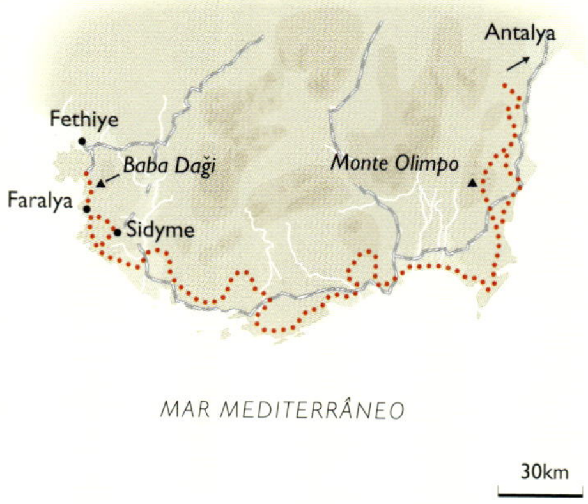

VIA LÍCIA

Uma caminhada sinalizada de longa distância por trilhas tradicionais. O trecho de Ovacik a Bogazici situa-se a oeste.

Localização: costa da península Teke, no sul da Turquia

Organização: excursão independente/organizada com guia

Melhor época: fevereiro-maio, setembro-novembro

Duração: no mínimo 30 dias (a trilha completa), 5 dias (Ovacik-Bogazici)

Distância: cerca de 530km (a trilha completa), 60km (Ovacik-Bogazici)

Maior altitude: cerca de 1.800m

Isolamento: baixo

Acomodação: barraca/pousadas/refúgios

Alimentação: em pousadas, ou leve a sua comida

Esforço físico: fácil-moderado

Acessibilidade: fácil

Atrações: penhascos escarpados; monumentos antigos; as vilas

Lembretes: poços secos; cães pastores de mau temperamento; calor opressivo

Comentário: Uma caminhada bastante fácil com lugares maravilhosos onde nadar.

Dificuldade: 4-5 (6 para quem descer ao Vale das Borboletas)

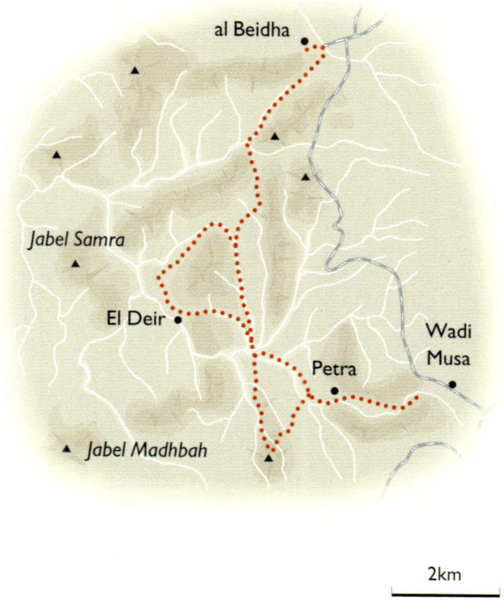

PETRA

Uma caminhada pela ondulante paisagem ao redor da antiga cidade de pedra, passando por fascinantes formações de arenito.

Localização: sudoeste da Jordânia

Organização: excursão independente/organizada com guia

Melhor época: fevereiro-maio, setembro-outubro

Duração: 3 dias

Distância: cerca de 20km

Maior altitude: 1.120m

Isolamento: baixo

Preservação da natureza: Parque Arqueológico de Petra e Patrimônio da Humanidade

Acomodação: barraca

Alimentação: em restaurantes, ou leve a sua comida

Esforço físico: moderado

Acessibilidade: fácil

Atrações: monumentos de pedra dos nabateus, túmulos e templos; paisagem de montanha; formações rochosas; cânions

Lembretes: calor opressivo; beba muita água; muitos turistas

Comentário: Em geral uma caminhada sob forte calor, em alguns lugares com grupos de turistas, às vezes trechos mais isolados.

Dificuldade: 5-6

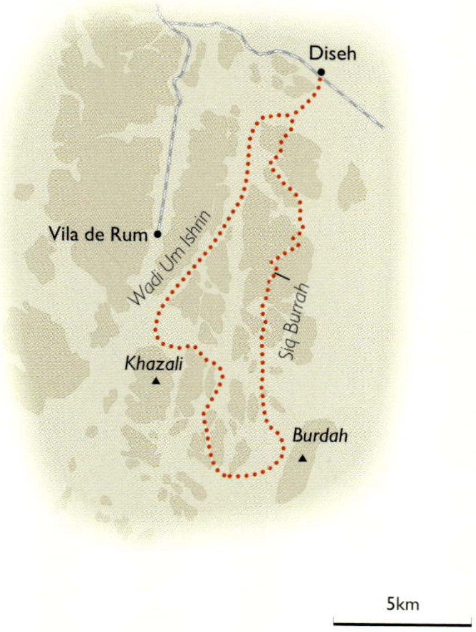

WADI RUM

Caminhada sobre a areia em um imenso deserto com maciços fascinantes.

Localização: sul da Jordânia

Organização: excursão organizada com guia (obrigatório)

Melhor época: fevereiro-maio, setembro-outubro

Duração: 2 dias

Distância: cerca de 40km

Maior altitude: cerca de 900m

Isolamento: baixo-moderado

Preservação da natureza: Reserva Natural Wadi Rum

Acomodação: barraca/ao ar livre

Alimentação: leve a sua comida

Esforço físico: difícil

Acessibilidade: difícil

Atrações: monumental paisagem de deserto; cânions; pontes de pedra naturais; a cultura nômade dos beduínos

Lembretes: calor opressivo; beba muita água; caminhada pesada na areia; veículos de tração nas quatro rodas são os usuais; possibilidade de montar camelos

Comentário: Uma caminhada difícil na areia durante todo o trajeto, entre imensas formações de montanha.

Dificuldade: 6-7

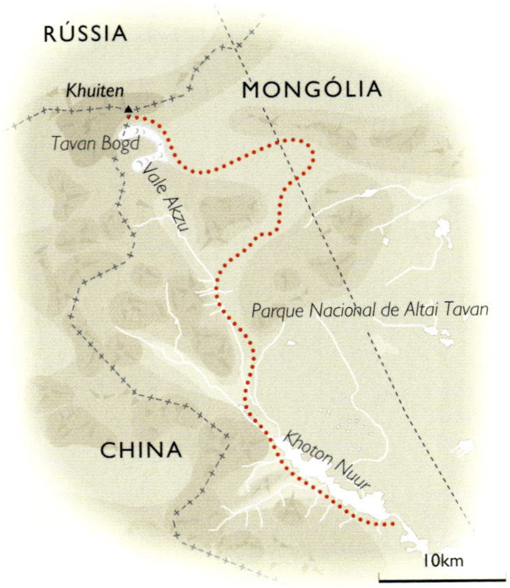

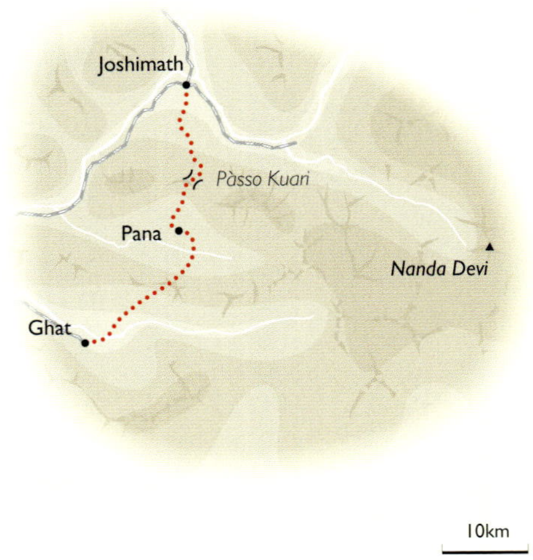

MONTES ALTAI

Uma caminhada por trilhas menores na região de Altai.

Localização: oeste da Mongólia

Organização: excursão organizada, com guia e animais de carga

Melhor época: julho-agosto

Duração: no mínimo 9 dias

Distância: cerca de 100km

Maior altitude: cerca de 3.000m

Isolamento: muito alto

Preservação da natureza: Parque Nacional Altai Tavan Bogd

Acomodação: barraca

Alimentação: leve a sua comida

Esforço físico: moderado-difícil

Acessibilidade: fácil-difícil

Atrações: uma paisagem virgem de montanha; cultura nômade

Lembretes: mapas em pequena escala; licença e taxa de ingresso no parque; boa pesca

Comentário: Caminhada bastante difícil por uma região ainda pouco conhecida.

Dificuldade: 5-6

KHENTII NURUU

Uma viagem a cavalo ou a pé pelas intocadas florestas da taiga.

Localização: norte da Mongólia

Organização: excursão organizada a cavalo, com guia e animais de carga

Melhor época: junho-agosto

Duração: no mínimo 8 dias

Distância: cerca de 200km

Maior altitude: cerca de 2.400m

Isolamento: extremamente alto

Preservação da natureza: Área de Preservação da Natureza Khan Khentiin

Acomodação: barraca

Alimentação: leve a sua comida

Esforço físico: moderado-difícil

Acessibilidade: difícil

Atrações: intocadas florestas de pinheiros; flora e fauna

Lembretes: mapas em pequena escala; muitos mosquitos e moscas; boa pesca

Comentário: Uma região verdadeiramente selvagem que pode ser percorrida por desbravadores a pé ou a cavalo. A viagem se assemelha a uma expedição.

Dificuldade: 6-7

GARHWAL

Uma caminhada por rotas tradicionais ao longo da trilha Curzon.

Localização: norte da Índia

Organização: excursão independente, com ou sem carregadores, ou organizada, com guia e carregadores

Melhor época: abril-junho, setembro-novembro

Duração: 6 dias

Distância: cerca de 60km

Maior altitude: cerca de 3.600m

Isolamento: baixo-alto

Preservação da natureza: Parque Nacional Nanda Devi e Patrimônio da Humanidade

Acomodação: barraca

Alimentação: leve a sua comida

Esforço físico: moderado-difícil

Acessibilidade: fácil

Atrações: paisagens deslumbrantes; vilas

Lembrete: alta altitude

Comentário: Uma viagem linda e não muito exigente, considerando-se que é no Himalaia.

Dificuldade: 5-6

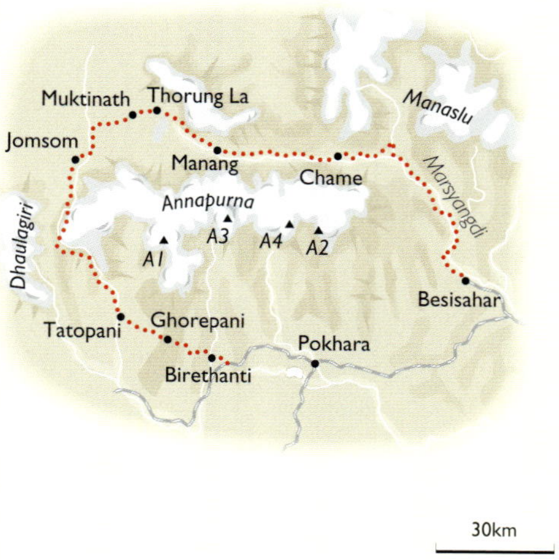

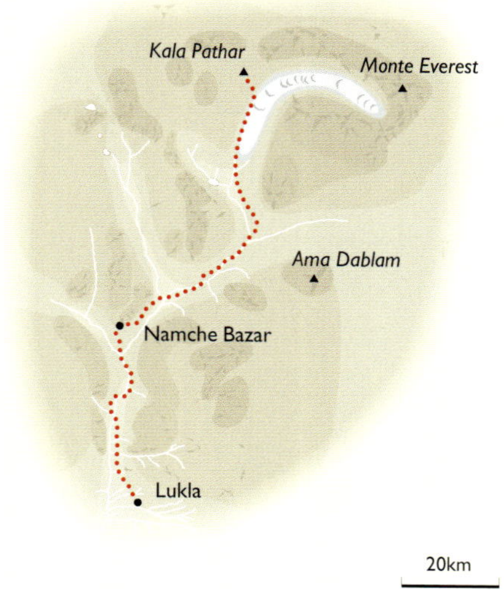

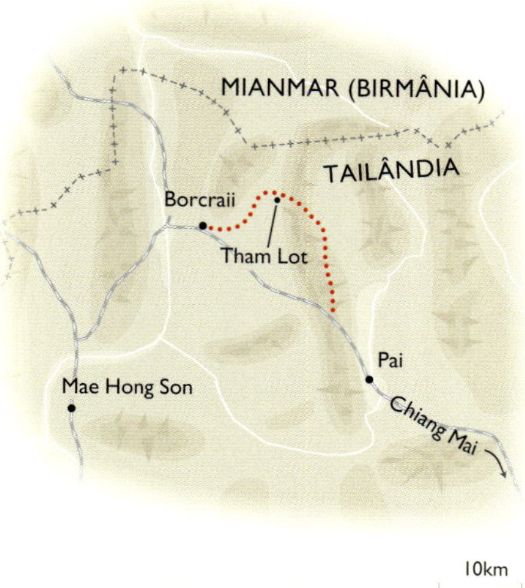

ANNAPURNA

Longa caminhada por uma das mais altas e belas cadeias de montanhas do mundo.

Localização: centro do Nepal

Organização: excursão independente, com ou sem carregador, ou organizada, com guia

Melhor época: outubro-novembro, março-abril

Duração: 16-20 dias

Distância: cerca de 200km

Maior altitude: aproximadamente 5.420m

Isolamento: baixo

Preservação da natureza: Área de Preservação do Annapurna

Acomodação: hotéis/barraca

Alimentação: nos hotéis

Esforço físico: difícil-muito difícil

Acessibilidade: fácil

Atrações: picos; vales de rios; fontes de águas quentes; cidades; culturas diferentes

Lembretes: risco do mal da altitude; calor tropical nas partes mais baixas; frio intenso na parte alta

Comentário: Uma longa e prazerosa caminhada pelos vales povoados do Himalaia. A longa e lenta escalada torna a adaptação à altitude mais fácil.

Dificuldade: 5-8

MONTE EVEREST

Uma viagem de ida e volta pelas trilhas tradicionais no monte mais alto do mundo.

Localização: leste do Nepal

Organização: excursão independente, com ou sem carregadores, ou organizada, com guia

Melhor época: outubro-novembro, março-abril

Duração: no mínimo 12 dias

Distância: cerca de 120km

Maior altitude: 5.600m

Isolamento: baixo

Preservação da natureza: Parque Nacional Sagarmatha e Patrimônio da Humanidade

Acomodação: pequenos hotéis/barraca

Alimentação: nos hotéis ou leve a sua comida

Esforço físico: muito difícil

Acessibilidade: fácil

Atrações: o monte mais alto do mundo; a cultura *sherpa*

Lembretes: risco do mal da altitude; falta de acomodação nos pequenos hotéis

Comentário: Uma trilha bastante fácil para quem se dá bem na altitude.

Dificuldade: 5-8

TAILÂNDIA

Uma caminhada por vilas de montanha e através da floresta de monção na província de Mae Hong Son.

Localização: norte da Tailândia

Organização: viagem independente/excursão organizada, com guia e carregadores

Melhor época: outubro-fevereiro

Duração: 4 dias

Distância: cerca de 60km

Maior altitude: aproximadamente 800m

Isolamento: baixo

Acomodação: refúgios/pousadas

Alimentação: em pousadas, ou leve a sua comida

Esforço físico: fácil

Acessibilidade: fácil

Atração: a cultura das tribos da montanha

Lembrete: escolha um guia confiável

Comentário: Viagem fácil, que é tanto cultural quanto um trekking pela natureza selvagem.

Dificuldade: 1-2

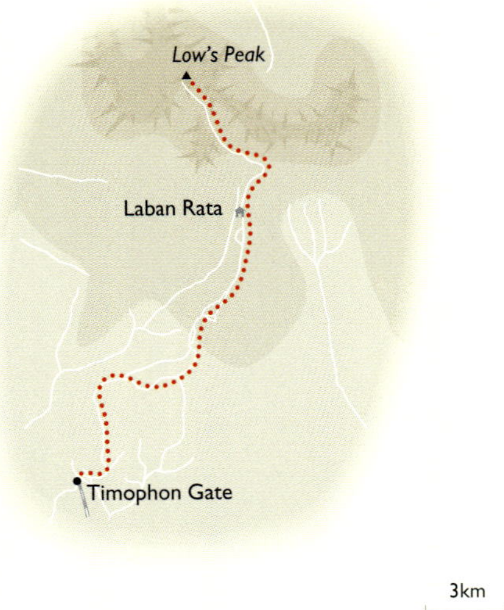

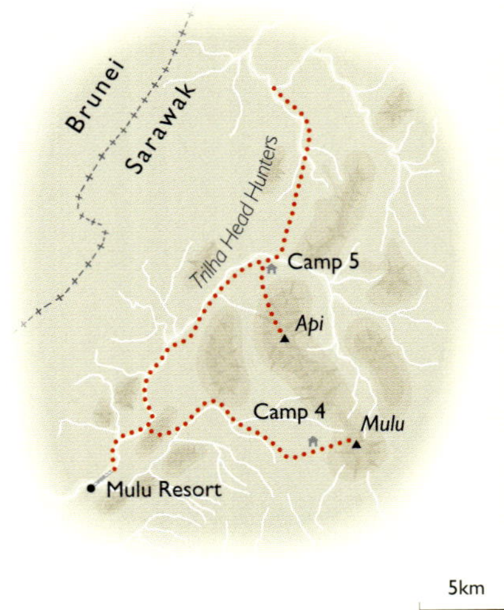

GUNUNG KINABALU

Caminhada por uma floresta tropical e com a ajuda de uma corda para cruzar as placas rochosas da montanha mais alta do sudeste da Ásia.

Localização: no Sabah ocidental, norte de Bornéu

Organização: viagem independente/excursão organizada, obrigatoriamente com guia

Melhor época: fevereiro-maio

Duração: 2 dias

Distância: 26km

Maior altitude: 4.100m

Isolamento: baixo

Preservação da natureza: Parque Nacional Kinabalu e Patrimônio da Humanidade

Acomodação: pousadas

Alimentação: nas pousadas

Esforço físico: muito difícil

Acessibilidade: fácil-difícil

Atrações: notável paisagem granítica; floresta tropical; flora

Lembretes: alta altitude; rochas muito escorregadias com tempo chuvoso; risco de raios; roupas quentes são essenciais; apito necessário em caso de neblina

Comentário: Uma trilha fácil de percorrer na floresta tropical, mas difícil no trecho mais alto devido à altitude e às rochas escorregadias.

Dificuldade: 6-7

GUNUNG MULU

Uma caminhada por trilhas abertas na floresta tropical na planície e subindo altas montanhas.

Localização: norte de Sarawak, Bornéu

Organização: viagem independente/excursão organizada

Melhor época: março-agosto, outubro-novembro

Duração: cerca de 8 dias

Distância: aproximadamente 50km

Maior altitude: 2.300m

Isolamento: baixo-alto

Preservação da natureza: Parque Nacional Mulu e Patrimônio da Humanidade

Acomodação: abrigos/cabanas

Alimentação: leve a sua comida

Esforço físico: moderado-muito difícil

Acessibilidade: fácil-difícil

Atrações: floresta tropical; colunas de calcário; cavernas

Lembretes: sanguessugas; calor úmido; roupas quentes necessárias (para subir o Mulu)

Comentário: Uma das trilhas mais acessíveis do mundo numa genuína floresta tropical. É bastante fácil caminhar pelas planícies, mas as encostas são extremamente árduas no calor.

Dificuldade: 6-7

MONTE WILHELM

Uma caminhada curta com a escalada do segundo pico mais alto da Nova Guiné.

Localização: centro de Papua-Nova Guiné

Organização: excursão organizada com guia/independente

Melhor época: maio-outubro

Duração: 2-3 dias

Distância: cerca de 50km

Maior altitude: 4.509m

Isolamento: alto

Acomodação: abrigo

Alimentação: leve a sua comida

Esforço físico: difícil-muito difícil

Acessibilidade: fácil-difícil

Atrações: paisagem de montanha; floresta tropical

Lembretes: risco do mal de altitude; a neblina é comum

Comentário: Viagem intensiva subindo e descendo uma montanha alta e inacessível.

Dificuldade: 5-8

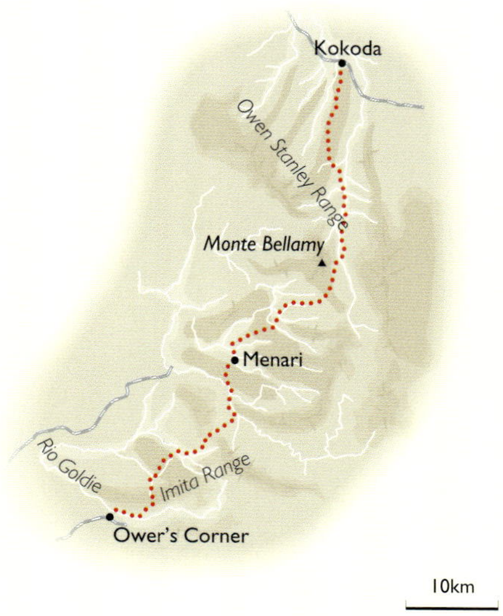

TRILHA KOKODA

Longa caminhada por uma floresta tropical, com muitas subidas e descidas pelas montanhas.

Localização: leste de Papua-Nova Guiné

Organização: viagem independente/excursão organizada, com guia

Melhor época: maio-outubro

Duração: 7-10 dias

Distância: 94km

Maior altitude: cerca de 2.200m

Isolamento: alto

Acomodação: barraca

Alimentação: leve a sua comida

Esforço físico: difícil-muito difícil

Acessibilidade: fácil-difícil

Atrações: floresta tropical; árvores majestosas; a flora; borboletas; memorial de guerra

Lembretes: exige-se uma licença da Kokoda Track Authority; calor tropical; beba muita água; muitos trechos vadeados

Comentário: Caminhada longa e árdua pela selva, numa região muito ondulada.

Dificuldade: 7-8

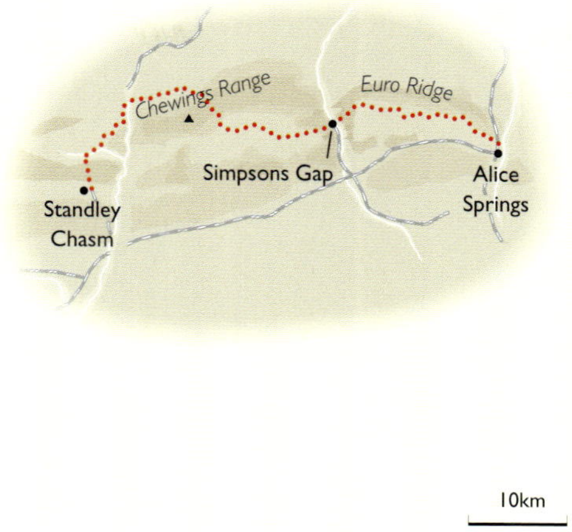

TRILHA LARAPINTA

Viagem ao longo de uma trilha que atravessa o deserto e as montanhas das MacDonnell Ranges.

Localização: centro da Austrália

Organização: viagem independente/excursão organizada, com guia

Melhor época: maio-setembro

Duração: 4 dias (na trilha completa, 12 dias)

Distância: 42km (este trecho); 223km (a trilha completa)

Maior altitude: cerca de 1.150m

Isolamento: muito alto

Preservação da natureza: Parque Nacional West MacDonnell

Acomodação: barraca

Alimentação: leve a sua comida

Esforço físico: difícil

Acessibilidade: fácil-difícil

Atrações: o deserto; a paisagem de montanha; as gargantas de Standley Chasm e Simpsons Gap; a fauna

Lembretes: no mínimo 4 litros de água por pessoa por dia – há tanques de água em alguns pontos; calor opressivo com risco de insolação; cobras venenosas

Comentário: Esta caminhada é uma jornada nas pegadas dos aborígenes e oferece encontros com a vida selvagem do centro da Austrália.

Dificuldade: 6-7

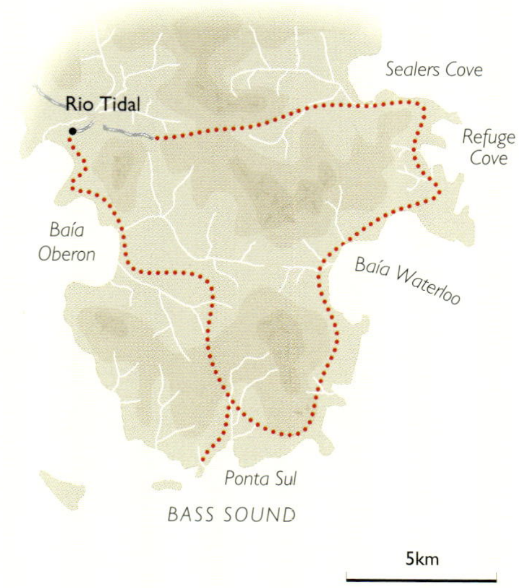

PROMONTÓRIO WILSONS

Uma caminhada por trilhas muito percorridas ao longo de praias e matas ao redor da península.

Localização: sudeste da Austrália

Organização: viagem independente

Melhor época: novembro-março

Duração: 4 dias

Duração: cerca de 40km

Maior altitude: aproximadamente 300m

Isolamento: baixo-moderado

Preservação da natureza: Parque Nacional do Promontório Wilsons

Acomodação: barraca

Alimentação: leve a sua comida

Esforço físico: fácil

Acessibilidade: fácil

Atrações: praias de areia; vegetação; fauna

Lembretes: vombates atrevidos; chuva; taxa de camping

Comentário: Maravilhosa caminhada pela costa, de uma praia a outra.

Dificuldade: 1-2

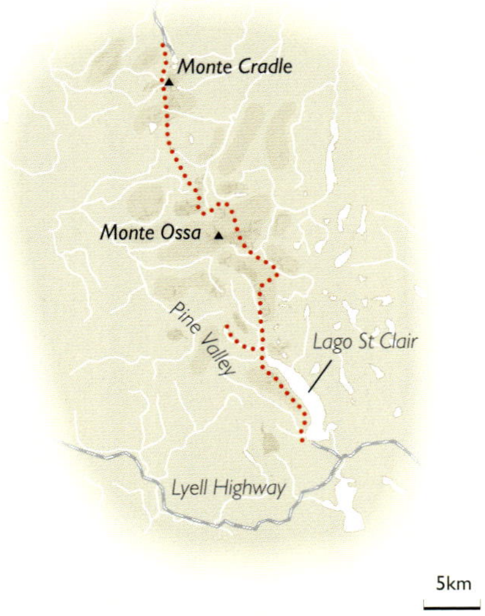

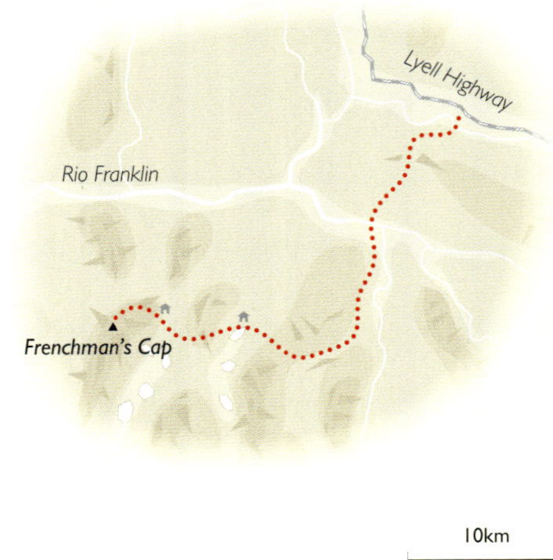

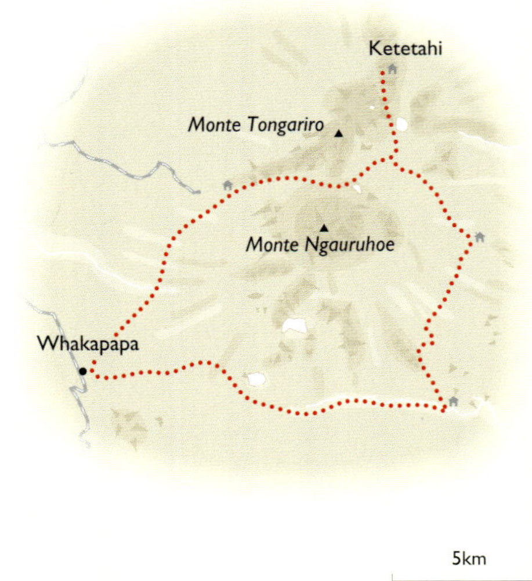

TRILHA OVERLAND

Uma conhecida trilha de trekking que atravessa extensas áreas selvagens.

Localização: oeste da Tasmânia

Organização: viagem independente/excursão organizada com guia

Melhor época: novembro-março

Duração: 7-9 dias

Distância: 73km

Maior altitude: cerca de 1.100m

Isolamento: baixo-moderado

Preservação da natureza: Parque Nacional Cradle Mountain-Lake St Clair e Patrimônio da Humanidade

Acomodação: barraca/abrigos

Alimentação: leve a sua comida/fornecida em excursões organizadas

Esforço físico: moderado

Acessibilidade: fácil

Atrações: platôs de montanha; vegetação

Lembretes: gambás atrevidos; chuva; taxa de estacionamento e hospedagem

Comentário: Caminhada fácil, que revela uma amostra da linda paisagem da Tasmânia. Longos trechos de floresta e ótimas viagens de um dia aos picos.

Dificuldade: 5

FRENCHMAN'S CAP

Viagem de ida e volta a uma montanha escarpada.

Localização: sudoeste da Tasmânia

Organização: viagem independente

Melhor época: novembro-março

Duração: 3-4 dias

Distância: 45km

Maior altitude: 1.446m

Isolamento: moderado-alto

Preservação da natureza: Parque Nacional Franklin-Gordon Rivers e Patrimônio da Humanidade

Acomodação: barraca/abrigos

Alimentação: leve a sua comida

Esforço físico: fácil-difícil

Acessibilidade: fácil-difícil

Atração: a vista que se descortina do topo

Lembrete: taxa de ingresso no parque

Comentário: Uma caminhada bastante difícil para trekkers experientes. A trilha oferece contato com a natureza selvagem da Tasmânia. Trilha lamacenta.

Dificuldade: 6-7

TONGARIRO

Caminhada circular por trilhas bem sinalizadas num ambiente vulcânico, pode ser feita ao redor de todo o maciço ou por sua metade norte (Northern Circuit).

Localização: centro da Ilha do Norte, Nova Zelândia

Organização: viagem independente

Melhor época: novembro-abril

Duração: 4 dias (Northern Circuit), 7-9 dias (a trilha completa)

Distância: cerca de 50km (Northern Circuit)

Maior altitude: cerca de 1.800m

Isolamento: baixo-moderado

Preservação da natureza: Parque Nacional de Tongariro e Patrimônio da Humanidade

Acomodação: abrigo/barraca

Alimentação: leve a sua comida

Esforço físico: fácil-moderado

Acessibilidade: fácil

Atração: uma paisagem de muitas cores

Lembretes: clima mutável; taxa de hospedagem

Comentário: Caminhada fácil por uma incomum paisagem vulcânica. A viagem ao vulcão Tongariro (Tongariro Crossing) pode ser feita em um dia.

Dificuldade: 5

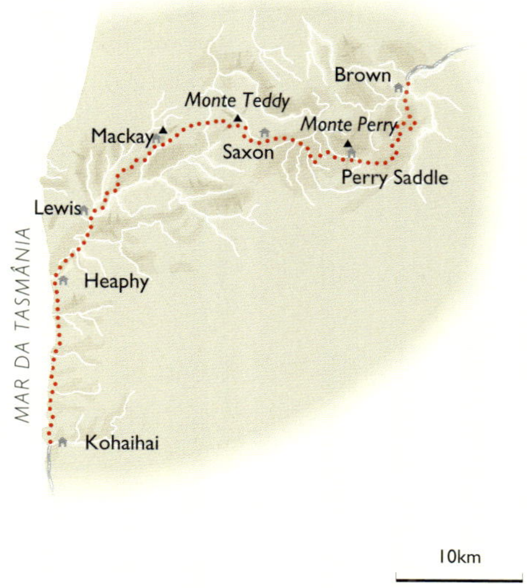

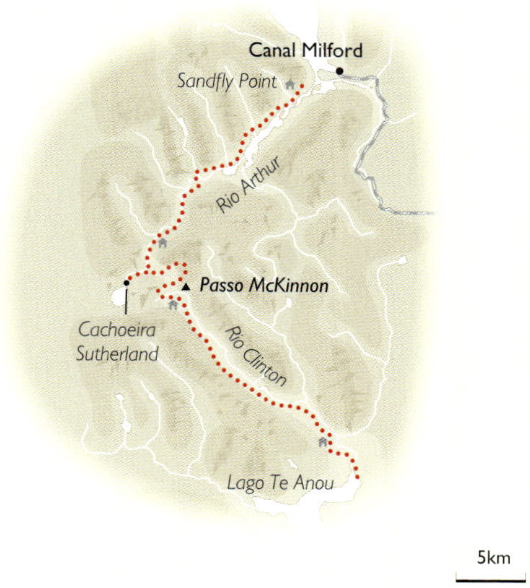

TRILHA HEAPHY

Caminhada relativamente longa por uma trilha bem traçada, com um abrigo ao fim de cada estágio, atravessando uma cordilheira e descendo até o mar.

Localização: noroeste da Ilha do Sul, Nova Zelândia

Organização: viagem independente/excursão organizada com guia

Melhor época: novembro-abril

Duração: 5 dias

Distância: 78km

Maior altitude: cerca de 900m

Isolamento: moderado

Preservação da natureza: Parque Nacional Kahurangi

Acomodação: barraca/abrigos

Alimentação: leve a sua comida

Esforço físico: moderado

Acessibilidade: fácil

Atrações: paisagem montanhosa; florestas; espécies raras de árvores; praia de areia

Lembretes: taxa de ingresso no parque; necessidade de reservar com antecedência; os abrigos têm fogão a gás, mas costumam ficar lotados na alta estação; ônibus nos pontos de partida e chegada

Comentário: Caminhada agradável e variada por densas florestas e ao longo de uma comprida praia de areia.

Dificuldade: 4-5

TRILHA MILFORD

Trilha de trekking mundialmente famosa, passando por um desfiladeiro e vales estreitos.

Localização: sudoeste da Ilha do Sul, Nova Zelândia

Organização: viagem independente/excursão organizada com guia

Melhor época: novembro-março

Duração: 4-6 dias

Distância: 52km

Maior altitude: 1.073m

Isolamento: baixo-moderado

Preservação da natureza: Parque Nacional Fiordland e Patrimônio da Humanidade

Acomodação: abrigos

Alimentação: leve a sua comida

Esforço físico: moderado

Acessibilidade: fácil

Atrações: paisagem de fiordes; floresta tropical; cachoeira

Lembretes: muita chuva; taxa de ingresso no parque; necessidade de reservar com antecedência

Comentário: Caminhada bastante fácil por uma trilha magnífica. Mesmo numa viagem particular você caminha com um grupo de pessoas, que passam a noite no mesmo lugar. Boa oportunidade de fazer novos amigos.

Dificuldade: 5

TRILHA KEPLER

Caminhada circular por uma região pantanosa, com florestas tropicais nos vales e dois grandes lagos.

Localização: sudoeste da Ilha do Sul, Nova Zelândia

Organização: viagem independente/excursão organizada com guia

Melhor época: novembro-abril

Duração: 3-4 dias

Distância: 67km

Maior altitude: cerca de 1.250m

Isolamento: moderado

Preservação da natureza: Parque Nacional Fiordland e Patrimônio da Humanidade

Acomodação: abrigo/barraca

Alimentação: leve a sua comida

Esforço físico: moderado-difícil

Acessibilidade: fácil-difícil

Atrações: vistas estupendas; lagos que parecem fiordes; floresta temperada

Lembretes: chuva e fortes ventos são comuns; taxa de ingresso no parque; necessidade de reservar com antecedência

Comentário: Caminhada variada por um maciço, de um vale densamente coberto de florestas a outro.

Dificuldade: 5-6

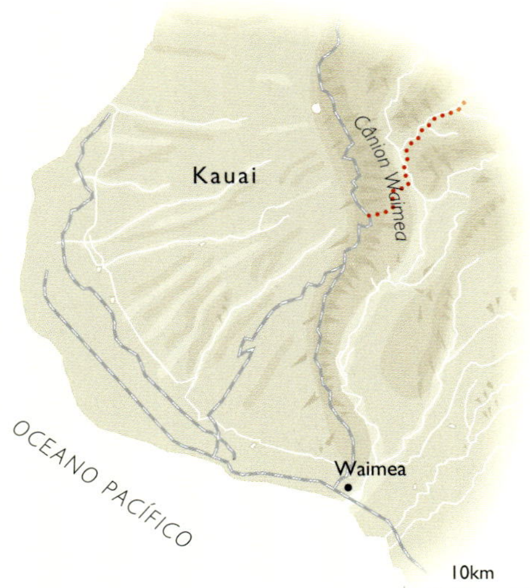

WAIMEA

Viagem de ida e volta a um cânion profundo.

Localização: oeste da ilha de Kauai, no arquipélago do Havaí

Organização: viagem independente

Melhor época: abril-outubro

Duração: 3-4 dias

Distância: cerca de 30km

Maior altitude: aproximadamente 1.000m

Isolamento: moderado-alto

Preservação da natureza: Parque Estadual do Cânion Waimea

Acomodação: barraca

Alimentação: leve a sua comida

Esforço físico: fácil-moderado

Acessibilidade: fácil-difícil

Atrações: paisagem de cânion; vegetação

Lembretes: necessidade de vadear um trecho do rio; chuva que pode causar aumento do nível do rio

Comentário: Caminhada bastante difícil num cânion tropical que também pode ser visitado em viagens de um dia. Outra opção é percorrer o vale a partir de sua entrada, o que representa menos encostas.

Dificuldade: 5-6

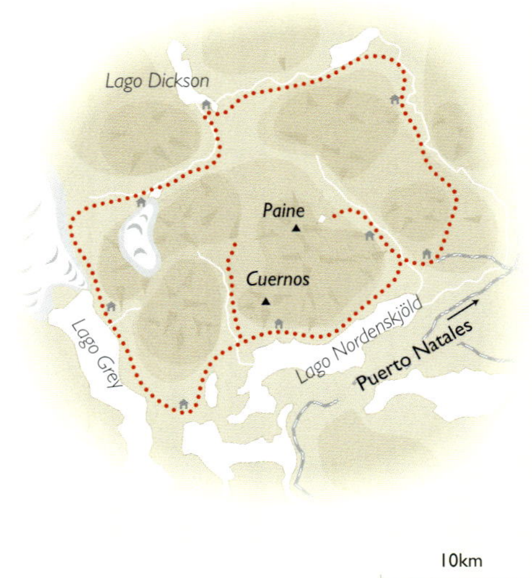

TORRES DEL PAINE

Uma longa e muito variada caminhada circular ao redor do maciço.

Localização: Patagônia, sul do Chile

Organização: viagem independente/excursão organizada com guia

Melhor época: dezembro-março

Duração: 8-9 dias

Distância: 100km

Maior altitude: 1.180m

Isolamento: moderado-alto

Preservação da natureza: Parque Nacional Torres del Paine

Acomodação: barraca/abrigos

Alimentação: nos abrigos ou leve a sua comida

Esforço físico: moderado-difícil

Acessibilidade: fácil-difícil

Atrações: montanhas espetaculares; lagos glaciais com icebergs; fauna; florestas

Lembretes: clima instável; frequente vento forte; taxa de ingresso no parque

Comentário: Viagem desgastante, mas uma das caminhadas mais gratificantes da América do Sul. O trekking se torna consideravelmente mais fácil e curto para quem percorre apenas o "W", a trilha do lado sul.

Dificuldade: 6-7

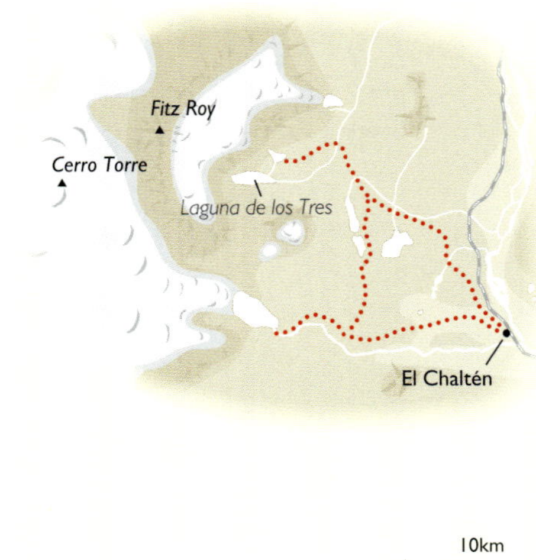

FITZ ROY

Uma caminhada pelo lado leste do recortado maciço.

Localização: sul da Argentina, perto da fronteira com o Chile

Organização: viagem independente

Melhor época: novembro-abril

Duração: cerca de 4 dias

Distância: aproximadamente 50km

Maior altitude: cerca de 1.200m

Isolamento: moderado-alto

Preservação da natureza: Parque Nacional Los Glaciares e Patrimônio da Humanidade

Acomodação: barraca

Alimentação: leve a sua comida

Esforço físico: moderado

Acessibilidade: fácil

Atrações: picos; fauna; lagos glaciais com icebergs

Lembretes: vento forte; clima instável

Comentário: Trilha bastante fácil, mas por uma paisagem espetacular. A viagem pode ser estendida para o norte até Los Troncos.

Dificuldade: 5-6

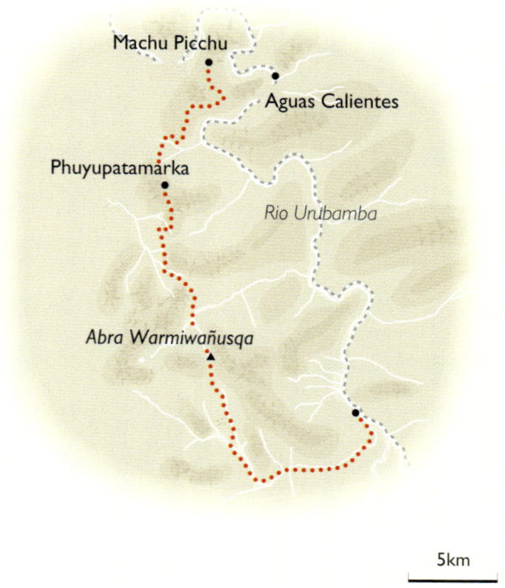

TRILHA INCA

Uma viagem única por antigas estradas pavimentadas de pedra do Império Inca.

Localização: sul do Peru

Organização: excursão organizada com guia (obrigatório)

Melhor época: junho-outubro

Duração: 4 dias

Distância: 46km

Maior altitude: 4.200m

Isolamento: baixo

Preservação da natureza: área de preservação histórica de Machu Picchu e Patrimônio da Humanidade

Acomodação: barraca

Alimentação: leve a sua comida

Esforço físico: difícil

Acessibilidade: fácil

Atrações: ruínas incas; floresta tropical

Lembretes: alta altitude; árdua escada de pedra; taxa de ingresso no parque; é necessário reservar com muita antecedência

Comentário: Uma caminhada bastante difícil que atravessa três desfiladeiros. Trilha muito popular graças à linda paisagem e a muitos monumentos antigos, inclusive a cidade em ruínas de Machu Picchu.

Dificuldade: 6-7

CORDILLERA BLANCA

Uma caminhada pela popular trilha Santa Cruz, que atravessa a mais glacial cordilheira dos Andes.

Localização: norte do Peru

Organização: viagem independente/excursão organizada com guia

Melhor época: maio-outubro

Duração: 4-5 dias

Distância: 45km

Maior altitude: 4.750m

Isolamento: baixo

Preservação da natureza: Parque Nacional Huascaran e Patrimônio da Humanidade

Acomodação: barraca

Alimentação: leve a sua comida

Esforço físico: difícil

Acessibilidade: fácil

Atrações: montes nevados e recortados; a "mais bela montanha do mundo"; flora e fauna

Lembrete: alta altitude

Comentário: Caminhada bastante difícil que oferece uma amostra da Cordillera Blanca. Pode ser percorrida em qualquer direção.

Dificuldade: 6-7

MONTE RORAIMA

Caminhada por um dos mais altos platôs de montanha no planalto venezuelano.

Localização: na fronteira entre Venezuela, Guiana e Brasil

Organização: viagem independente/excursão organizada com guia

Melhor época: dezembro-março

Duração: 6 dias

Distância: 45km

Maior altitude: 2.800m

Isolamento: moderado

Preservação da natureza: Parque Nacional Canaima e Patrimônio da Humanidade

Acomodação: barraca

Alimentação: leve a sua comida

Esforço físico: moderado-difícil

Acessibilidade: fácil-difícil

Atrações: as paredes rochosas de montanha; os platôs; a flora; as cascatas

Lembretes: precipícios perigosos; muita neblina; é recomendável levar um apito; taxa de ingresso no parque

Comentário: Caminhada bastante árdua em uma magnífica paisagem de montanha. Não existe lugar igual no mundo.

Dificuldade: 6-7

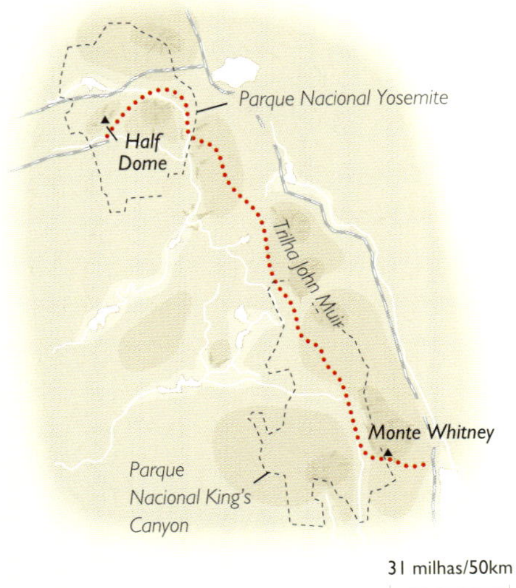

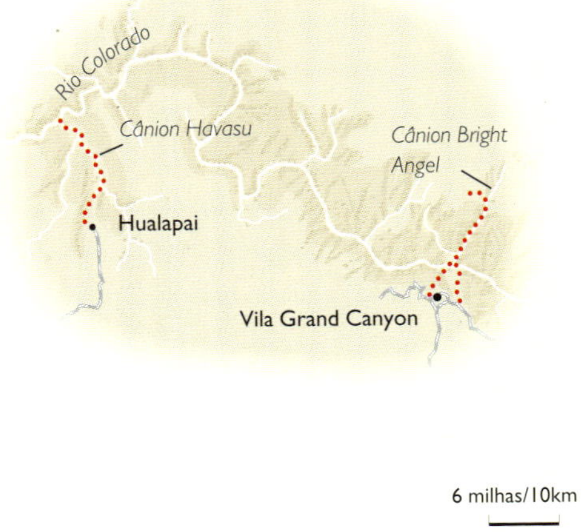

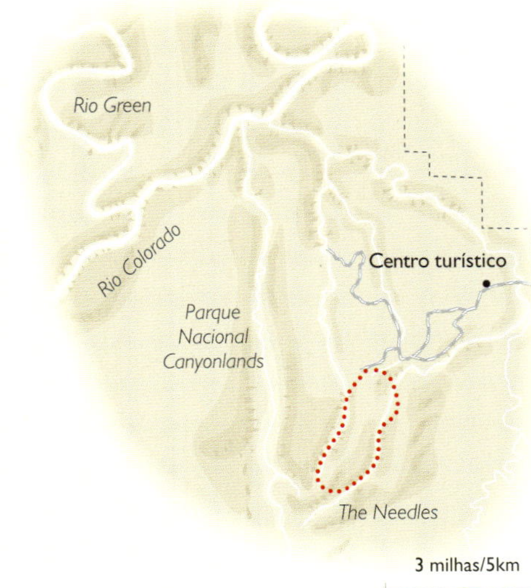

SIERRA NEVADA

Excursões e viagens de um dia pela trilha John Muir, na Sierra Nevada.

Localização: leste da Califórnia, EUA

Organização: viagem independente

Melhor época: maio-outubro

Duração: cerca de 20 dias (a trilha completa)

Distância: cerca de 220 milhas (350km), a trilha toda

Maior altitude: mais de 13.100 pés (4.000m)

Isolamento: baixo-alto

Preservação da natureza: Parque Nacional Yosemite e Patrimônio da Humanidade; Parque Nacional King's Canyon; áreas federais de vida selvagem

Acomodação: barraca

Alimentação: leve a sua comida

Esforço físico: moderado-difícil

Acessibilidade: fácil-difícil

Atrações: pitoresca paisagem de montanha; árvores gigantescas na floresta; fauna

Lembretes: licença necessária para pernoite; incêndios são comuns na floresta; há ursos em muitos lugares; bagagem pesada em viagens longas; mal da altitude em alguns lugares

Comentário: A caminhada pela trilha John Muir é exaustiva. Ao redor do vale Yosemite há boas opções de viagens de um dia. A subida do Half Dome em geral leva dois dias.

Dificuldade: 5-6

GRAND CANYON

Excursões e viagens de um dia pelo maior cânion do mundo. Trilhas Kaibab e Havasu.

Localização: noroeste do Arizona, EUA

Organização: viagem independente/excursão organizada, com guia e animais de carga

Melhor época: abril-junho, setembro-outubro

Duração: 3 dias (as duas trilhas)

Distância: 22 milhas (35km) Kaibab, 19 milhas (30km) Havasu

Maior altitude: 7.200 pés (2.200m)

Isolamento: baixo

Preservação da natureza: Parque Nacional do Grand Canyon, Patrimônio da Humanidade e Reserva Indígena Havasupai

Acomodação: barraca

Alimentação: leve a sua comida

Esforço físico: moderado-difícil

Acessibilidade: fácil

Atrações: a monumental paisagem de cânions; cascatas

Lembretes: necessária licença para pernoite; o calor é um problema

Comentário: Rotas bastante difíceis devido ao clima e às encostas íngremes. O cânion tem 4.920 pés (1.500m) de profundidade. A trilha Havasu é uma caminhada de ida e volta até um paraíso com uma cascata. A trilha Kaibab se combina com a Bright Angel para um corte transversal do Grand Canyon.

Dificuldade: 5-6

CANYONLANDS

Excursões de um ou vários dias por uma fantástica paisagem escarpada.

Localização: sudeste de Utah, EUA

Organização: viagem independente

Melhor época: maio-outubro

Duração: 2-3 dias

Distância: 3-6 milhas (5-10km)

Maior altitude: cerca de 5.600 pés (1.700m)

Isolamento: moderado-alto

Preservação da natureza: Parque Nacional Canyonlands

Acomodação: barraca

Alimentação: leve a sua comida

Esforço físico: fácil-moderado

Acessibilidade: fácil

Atrações: os precipícios

Lembretes: necessária licença para pernoite; o calor é um problema; água potável

Comentário: Trilhas curtas e bastante fáceis por placas de arenito de uma paisagem escarpada única.

Dificuldade: 3-4

MONTANHAS ROCHOSAS

Excursões de um ou vários dias ao redor do lago O'Hara.

Localização: sudeste de British Columbia, Canadá

Organização: viagem independente

Melhor época: junho-setembro

Duração: 1 ou vários dias

Distância: cerca de 6 milhas (10km) ao redor do lago O'Hara

Maior altitude: cerca de 7.220 pés (2.200m) ao redor do lago O'Hara

Isolamento: moderado-alto

Preservação da natureza: Parque Nacional Yoho; as Montanhas Rochosas são Patrimônio da Humanidade

Acomodação: barracas/pousadas

Alimentação: nas pousadas, ou leve a sua comida

Esforço físico: fácil-difícil

Acessibilidade: fácil

Atrações: lagos azuis-turquesa; fabuloso cenário de montanha

Lembretes: acesso controlado ao redor do lago O'Hara; necessário reservar com antecedência; ursos

Comentário: Abrangendo os Canadian Rockies existem muitas trilhas, longas e curtas, fáceis e difíceis. A região ao redor do lago O'Hara é uma das mais belas. A trilha Great Divide passa por aqui.

Dificuldade: 4-5

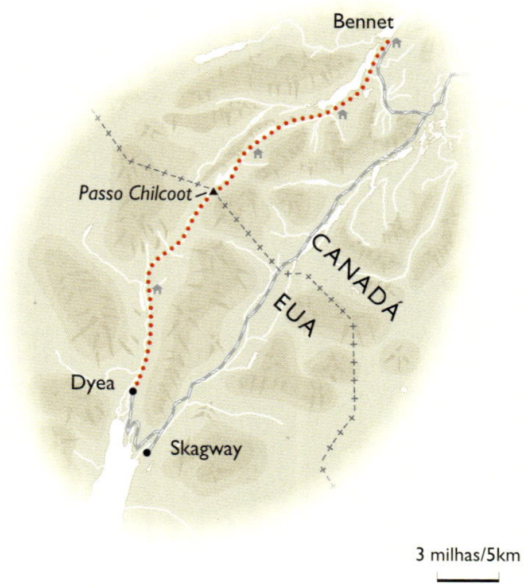

TRILHA CHILKOOT

Uma caminhada pela rota que os caçadores de ouro tomavam para Klondike.

Localização: sudeste do Alasca, EUA, e norte de British Columbia, Canadá

Organização: viagem independente

Melhor época: junho-agosto

Duração: 5-6 dias

Distância: 33 milhas (53km)

Maior altitude: 3.525 pés (1.074m)

Isolamento: baixo-moderado

Preservação da natureza: Parque Histórico da Corrida do Ouro de Klondike (EUA)/Parque Histórico da Trilha Chilkoot (Canadá)

Acomodação: barraca

Alimentação: leve a sua comida

Esforço físico: difícil

Acessibilidade: fácil-difícil

Atrações: relíquias da corrida do ouro; paisagem de montanha; flora

Lembretes: taxa de ingresso no parque; acampamentos precisam ser reservados; clima instável; ursos

Comentário: Uma trilha bastante difícil que mistura magníficos lugares de vida selvagem com a experiência de algumas das atribulações da corrida do ouro.

Dificuldade: 5-6

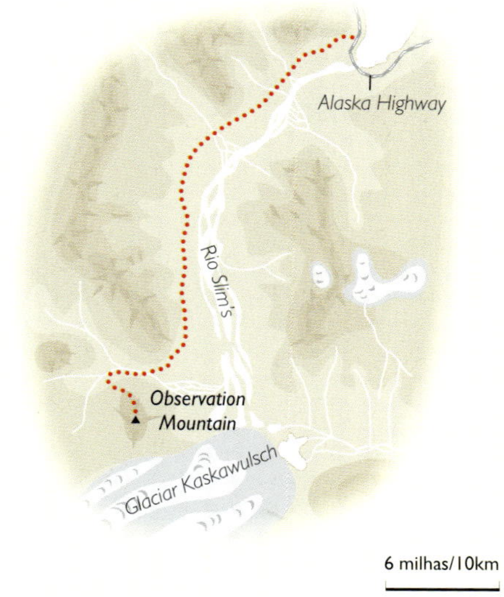

YUKON

Uma caminhada pela trilha Slim's West, que é parcialmente sinalizada até a Observation Mountain.

Localização: noroeste de Yukon, Canadá

Organização: viagem independente

Melhor época: junho-agosto

Duração: 3-4 dias

Distância: cerca de 35 milhas (60km)

Maior altitude: 6.970 pés (2.125m) (Observation Mountain)

Isolamento: muito alto

Preservação da natureza: Parque Nacional Kluane e Patrimônio da Humanidade

Acomodação: barraca

Alimentação: leve a sua comida

Esforço físico: difícil

Acessibilidade: difícil

Atração: magnífica paisagem de montanha com grandes geleiras

Lembretes: trechos perigosos pelos rios; areias movediças; alta população de ursos-pardos; obrigatórios recipientes à prova de ursos para estocar alimentos; a viagem deve ser registrada.

Comentário: Caminhada bastante difícil por um maravilhoso vale de montanha. A rota é adequada a quem quiser percorrer o território dos ursos e se sentir próximo de animais selvagens.

Dificuldade: 6-7

O que é preciso saber antes de fazer um trekking

"A base de qualquer atividade de montanhismo é a conservação da energia segundo três princípios fundamentais: movimento rítmico, equilíbrio e colocação precisa dos pés."

ERIC SHIPTON em *Upon that Mountain*, 1943

ÁGUA POTÁVEL

Beber água contaminada é um dos maiores riscos para a saúde durante o trekking. Mesmo que pareça limpa, você precisa ter cuidado. Podem existir vilas e pastos rio acima, aumentando o risco de disseminação de bactérias e micróbios transmissores de doenças na água. Muitos trekkers sofrem de infecções gastrointestinais, como a giardíase, que é causada por um protozoário encontrado em todo o mundo e que vive em água corrente.

Se houver poços ao longo do caminho, são de grande ajuda – é o caso da Via Lícia –, mas eles às vezes secam. Se desejar usar a água de lagos e rios, a cor não é um bom indicador: clara, pode ser contaminada, e turva pode ser potável. No cânion do rio do Peixe, a água que bebi parecia uma sopa lamacenta. Segundo informações que recebemos, ela era pura, e não tivemos problemas. A água dos lagos e rios na Tasmânia parece chá, porém eles são extremamente limpos e saudáveis. Na Escandinávia você pode beber a água da maioria dos rios, o que simplifica a vida. Mas na América do Norte é preciso ter cuidado mesmo em regiões selvagens. Micróbios aquáticos são sempre um risco. Nas regiões alpinas, em geral só confio em rios de altas altitudes. Se não estiver certo da pureza da água, é preciso tratá-la.

Há três maneiras práticas de tornar a água potável. Você pode fervê-la por pelo menos 1 minuto, de preferência 3. Pode adicionar um esterilizador, preferencialmente à base de iodo, o que altera o gosto. Ou pode usar um filtro de poros bem pequenos, capaz de remover bactérias e micróbios. O último método é o melhor, e existem no mercado filtros portáteis, próprios para a vida ao ar livre.

Durante a caminhada, é essencial hidratar-se com frequência para manter os níveis de energia. Existem hoje utensílios de hidratação leves e flexíveis, de vários tamanhos, que podem ser comprimidos quando não estão cheios. Em climas quentes e tropicais, beba mais que o habitual – também em altas altitudes, onde os fluidos corporais se perdem na expiração. O ideal é levar recipientes com capacidade de 2 a 3 litros por pessoa. A regra é sempre ter no mínimo 1 litro na bagagem. Aparelhos com uma válvula facilmente acessível para um bom gole são ideias para carregar na mochila.

A DISTÂNCIA DA CAMINHADA

Caminhadas por países estrangeiros em geral duram de alguns dias a duas semanas. Em relação à distância de uma viagem, o tempo gasto é mais importante do que o número de quilômetros percorridos. A relação entre tempo e distância não é linear. Em regiões muito montanhosas, como os Alpes e o Himalaia, a diferença de altitude é mais significativa do que a distância horizontal. Em regiões de amplos platôs, como na Escandinávia, na Islândia e na Tasmânia, o oposto é verdade – a distância horizontal determina a duração da viagem. A acessibilidade da trilha também é importante. Rotas bem cuidadas são mais rápidas, ao passo que pântanos e rios onde você tem que vadear atrasam o ritmo.

Uma diretriz para a caminhada é de 4km por hora, se você estiver andando por terrenos fáceis e com pouca bagagem. Com uma mochila pesada, a velocidade cai para 3km por hora. Em trilhas íngremes, geralmente leva-se 1 hora para subir 500m. A descida pode ser mais rápida, apesar de mais árdua para as pernas. Mas, como a capacidade varia muito de uma pessoa para outra, essas regras devem ser encaradas com certa reserva. Quando um guia impresso diz que uma trilha leva um certo número de dias, isso significa que essa é a média da maioria dos trekkers. Alguns serão mais rápidos, outros, mais lentos.

ALIMENTAÇÃO

Na natureza selvagem, alimentos desidratados e congelados são os mais comuns, particularmente quando se tem de levar a própria comida. Hoje em dia há muitos tipos disponíveis, em geral bastante saborosos. Entretanto, você pode se enjoar deles numa viagem mais longa. Em muitos países é difícil obter comida desidratada e congelada, principalmente no Terceiro Mundo. Por isso convém comprá-la antes de partir.

Em muitas regiões, em especial na Ásia, recomendo que se alimente da comida local nas vilas por onde passar. Há uma imensa variedade de provisões, sobretudo de vegetais, em geral servidos com arroz. Nas excursões organizadas a lugares exóticos, a alimentação – pratos regionais ou comida enlatada – costuma estar incluída.

ACOMODAÇÃO

Quem estiver caminhando por trilhas onde há abrigos e pousadas pode economizar peso levando um *bivi bag*. Com um saco de dormir adequado, você estará protegido nas noites mais frias. Quase sempre levo um e mais um tapete enrolado. Convém escolher algo apropriado à natureza da viagem. Em climas tropicais, o saco não precisa ser muito quente, mas nas regiões montanhosas precisa suportar temperaturas de até -5°C. Os que são estofados com fibras artificiais são mais resistentes que os de pena.

Quando estiver caminhando por regiões inabitadas, uma barraca é essencial, assim como em pequenas expedições a regiões remotas com guias e carregadores. Mesmo quando a expedição passa por vilas habitadas, em geral dorme-se na barraca. As agências de turismo costumam alugá-las, mas convém informar-se sobre as condições e a qualidade. Sempre prefiro levar a minha, que já estou acostumado a montar.

Regiões turísticas oferecem outras opções de pernoite. Nos Alpes, nas Dolomitas e nos Pireneus, há abrigos de vários tamanhos ao longo das trilhas. Neles é possível dormir, comer e beber. O cardápio pode ser abrangente e incluir cerveja, vinho e destilados. Abrigos simples são encontrados ao longo das rotas em muitas partes do mundo – por exemplo em Laugavegur, Kungsleden, Pirin, monte Quênia, Kilimanjaro, Ruwenzori, Gunung Kinabalu, trilhas Overland e Milford, Tongariro e Torres del Paine. Esses abrigos não servem comida.

Ao caminhar por regiões onde há muitas vilas, às vezes é possível pernoitar em casas particulares. Isso é mais comum em partes do Himalaia e no sudeste da Ásia, nas quais há pouco turismo. À medida que cresce o número de trekkers, inauguram-se casas de chá ou simples pousadas. Isso aconteceu ao longo da trilha do monte Everest. O "trekking com alojamento" ou "trekking com casa de chá" se tornou muito popular entre os que caminham de modo independente no Himalaia. Durante a viagem, você come e dorme nessas hospedarias, que são quase sempre simples, construídas de pedra e madeira. Os cardápios estão se sofisticando, e, além da comida local, pode-se às vezes encontrar pratos ocidentais. A desvantagem do "trekking com hospedagem" é que esses locais costumam estar lotados. Geralmente, faltam quartos na alta estação, e nas hospedarias em altitudes maiores eles podem ser pequenos e sujos. Com sua barraca você sempre vai ter uma alternativa.

MONTANHISMO

Montanhismo é a arte de chegar ao topo com a ajuda dos pés e, às vezes, também das mãos. O alpinismo é uma variação disso. Como alpinista, você tende a escolher escaladas difíceis e íngremes, e a própria trilha é o objetivo. A maioria dos montanhistas prefere rotas fáceis e menos íngremes, porque a meta é chegar ao pico. Em muitas montanhas do mundo – provavelmente na maioria delas –, pode-se chegar ao ponto mais alto sem ser um alpinista. O Kilimanjaro, por exemplo, só requer subir uma encosta cheia de pedras soltas, que é cansativa, mas não é no todo difícil. Não necessita de escalar.

Naturalmente, existem graus entre o montanhismo na forma de trekking e o verdadeiro alpinismo. Em alguns lugares é preciso usar as mãos. O *scrambling* (arrastar-se) não requer técnicas avançadas de alpinismo, mas exige contato corporal com a rocha, concentração e energia para apreciar a paisagem. Adoro esse conceito. Nele é possível escalar montanhas ligeiramente mais difíceis sem levar equipamentos pesados e complicados. Só se for atravessar geleiras e campos de neve íngremes você precisará de botas com grampos, martelo de gelo e cordas. Como o equipamento de alpinismo pesa muito e pode lhe causar problemas de excesso de bagagem em voos, é mais prático alugá-lo no local. Isso costuma ser possível em regiões de trekking que também são muito procuradas por alpinistas, como Gavarnie, Pireneus, Chamonix, perto do Mont Blanc, Namche Baza, ao longo da trilha do Everest, Huaraz, Cordillera Blanca e Chaltén, perto do Fitz Roy, para citar apenas algumas.

MAL DA ALTITUDE

O mal da altitude é causado pela baixa pressão do ar, comum em altas altitudes e responsável por baixar o nível de oxigênio no sangue. O corpo sente a falta do oxigênio e automaticamente tenta aumentar a quantidade de ar que inspira. O nível de dióxido de carbono também se reduz, o que aumenta o pH do sangue. E, para compensar isso, urina-se menos. Quando o nível de oxigênio no sangue baixa, o diâmetro dos vasos sanguíneos encolhe, o que, aliado à reduzida função dos rins, pode fazer com que se acumule fluido nos pulmões e no cérebro – o edema. Depois de algum tempo, o corpo produz mais glóbulos vermelhos, o que melhora a tomada de oxigênio. A capacidade de se aclimatar varia consideravelmente de um indivíduo para outro, até certo grau por fatores hereditários.

Se você se acostumar gradualmente à altitude através da aclimatação, compensará o mal da altitude, que pode se tornar agudo 3.000m acima do nível do mar. Subir cerca de 300m por dia é uma boa medida para quem for suscetível. O resultado da aclimatação é ainda melhor se você dormir num nível mais baixo do que o da região por onde caminhou durante o dia. Parar um ou dois dias numa altitude de cerca de 4.000m também é boa estratégia. Uma crise aguda pode acarretar a morte e exige uma rápida descida a um nível mais baixo. Qualquer pessoa que souber que tem dificuldade com a altitude pode pedir a seu médico que lhe receite um medicamento como prevenção. O mal da altitude pode ser um problema nos seguintes lugares: Garhwal, montes Everest, Elgon e monte Quênia, Ruwenzori, Kilimanjaro, Gunung Kinabalu, Cordillera Blanca e trilha Inca.

CÃES

Quando caminhar por regiões habitadas, cães agressivos em geral são os animais mais perigosos. Muitos podem ter tétano ou raiva e às vezes se comportarem de maneira ameaçadora. Se estiver exposto ao ataque deles, um bastão de trekking é uma boa arma. Atirar pedras também costuma ser eficiente. O perigo de cães é maior em regiões onde há muitas pastagens, como no Pirin, em Creta, na Via Lícia, na Mongólia e no Himalaia. Ao andar por essas regiões, convém levar um apito de alta frequência, que pode afastar os cachorros.

COBRAS

Raramente você vai encontrar cobras venenosas. Elas se retraem e costumam fugir quando alguém se aproxima. Na Austrália, país que possui as cobras mais venenosas do mundo, é aconselhável ter todo o cuidado ao escolher um lugar onde acampar. Nunca se deve deixar a barraca aberta quando não há ninguém dentro dela. Uma cena de pesadelo seria uma cobra venenosa procurando calor e proteção em seu saco de dormir! Porém, o risco de picada geralmente é tão pequeno que poucos trekkers levam soro antiofídico na bagagem.

PARASITAS

Os parasitas se grudam à pele descoberta quando você está caminhando por uma floresta tropical. Eles não são perigosos e constituem um mal mais psicológico do que físico. Quando são arrancados da pele, você sangra por algum tempo. Se caminhar com calças compridas, botas altas e uma camisa fechada, não vai pegar muitos parasitas, mas, por outro lado, o calor pode ficar insuportável.

INSETOS VOADORES

Mosquitos e moscas podem ser uma praga em regiões mais ao norte como a Mongólia, o norte da Escandinávia e Yukon, mas também são encontrados em outros locais, como no final da trilha Milford. Estranhamente, é raro encontrar em regiões tropicais grandes quantidades de insetos que picam e aferroam. Ali, as doenças transmitidas por mosquitos e moscas são o problema. Dessas, a malária é a mais conhecida e difundida. Nas trilhas de trekking, os riscos são maiores em regiões tropicais baixas, com matas, pântanos e muitas pastagens. Em lugares mais altos praticamente não existe risco, o que você deve ter em mente ao procurar um centro de vacinação antes da viagem. Como a vacina contra a malária é cara, deve ser tomada regularmente por um longo período, mas não oferece proteção garantida – em certos casos, até gera graves efeitos colaterais, e o benefício não é evidente, sobretudo se você estiver caminhando em terrenos altos. Pessoalmente, adoto uma abordagem comedida, mas em algumas trilhas que percorri, principalmente no leste da África e em Bornéu, é aconselhável vacinar-se.

PREDADORES

São os grandes predadores que geralmente você considera mais perigosos. Mas na África é muito raro encontrá-los durante uma caminhada.

Na América do Norte, o urso-pardo e o urso-negro são os animais que causam mais problemas. É difícil prever o perigo que eles representam. Os amantes da natureza que vivem em países onde há ursos não costumam ter medo, mas ainda assim são cautelosos. As autoridades dos parques nacionais lançam um alerta geral. Alimentos e outras coisas de cheiro forte, como pasta de dentes, devem ser colocados num saco e pendurados num galho a 3m de altura e 2m afastado do tronco. Ao longo de certas trilhas há postes com o mesmo propósito. Lembre que você precisa levar 10m de corda para essa finalidade. Outra opção é carregar tudo que tenha um cheiro forte num recipiente de plástico resistente, o qual deve ficar no chão, distante da barraca. Quando caminhávamos no Yukon, emprestamos um recipiente desses da agência Parks Canada. Você também deve comer num local distante da barraca, na direção contrária à do recipiente. O ideal é que o suprimento de alimentos, a área de cozinha e a barraca formem um triângulo de 100m de lado. Quando caminhar por uma rota, é importante fazer barulho, para que os ursos saibam que você está por perto. Eles normalmente evitam as pessoas, e o risco de um encontro desagradável quando se está em grupo é mínimo. Não é má ideia cantar, de modo que sua voz ecoe, e ter um sino no bastão de trekking. Você pode carregar um spray de pimenta no bolso como último recurso se um urso se aproximar. Esse "repelente" só funciona se o animal estiver a alguns metros de distância e, evidentemente, não é bom com vento contra! Se mirar bem, ele é eficiente – mas o urso pode voltar, e o spray não dura muito.

ESFORÇO FÍSICO

Você anda até onde suas pernas o levarem ou enquanto durar sua energia. Naturalmente, existem trekkers idosos, mas todos, independentemente da idade, pensam o quanto poderão aguentar. Em geral, é mais do que você pensa, mas o melhor é caminhar de acordo com seu empenho. Ou talvez à sua força de vontade, porque existe sempre um lado mental no esforço físico. Muitas pessoas não são suficientemente motivadas para tentar.

Caminhar por rotas bem preservadas, com abrigos onde passar a noite, só exige um preparo físico básico. Em geral, são trilhas menos exigentes, porque é possível percorrê-las com uma bagagem leve. Longas caminhadas regulares são uma boa maneira de manter o preparo físico. Em excursões organizadas a países remotos, quando não é preciso carregar a bagagem, o esforço não é demasiado. Ele aumenta com a necessidade de carregar muito peso por um terreno acidentado. Subir uma encosta cansa mais. E é duro caminhar em alta altitude, com ar rarefeito.

O esforço físico é o lado negativo do trekking? Não, se você gosta de se sentir bem. O corpo humano é feito para o movimento, e caminhar é bom para a saúde. Entretanto, carregar uma mochila de 15kg é difícil para muita gente. Se a bagagem pesar mais de 20kg, a viagem pode se tornar um sacrifício. Todavia, se você praticar com uma mochila pesada, 20kg serão suportáveis. Mas qualquer peso superior a 25kg é excessivo. Naturalmente, há diferenças entre homens e mulheres. Carregar um máximo de 15kg é aconselhável para mulheres que nunca caminharam com uma mochila, e para homens nas mesmas circunstâncias um peso de 20kg é conveniente. Sempre tente manter a bagagem o mais leve possível.

Praticar caminhadas com a mochila pesada é uma boa preparação. De certa maneira, é um esforço mental. A pressão das tiras nos ombros não pode ser eliminada, mas é possível ignorar o desconforto. Uma atitude positiva torna qualquer trekking mais divertido. Tento encarar minha mochila como uma casca de caracol que me dá mais liberdade e me permite desfrutar experiências fantásticas perto da natureza. Assim a viagem passa a ser mais fácil, acreditem ou não.

LUGARES PERIGOSOS

O furto é um risco em muitos países. Você precisa vigiar sua bagagem. É melhor ser cuidadoso demais do que terminar em dificuldade. O risco de furto é maior em regiões mais densamente povoadas, mas nas trilhas outros trekkers podem ser ladrões em potencial.

Felizmente, são raras as ocorrências de assaltos e assassinatos, no entanto têm ocorrido incidentes. Se forem feitas advertências, elas devem ser levadas a sério. Em algumas regiões, conflitos políticos e terrorismo são riscos que podem eclodir e desaparecer de repente.

Um bom livro para ler antes das viagens é *The World's Most Dangerous Places*, de Robert Young Pelton. Ele oferece informações valiosas e é atualizado periodicamente. Eis alguns sites confiáveis com informações atualizadas:

Departamento de Estados dos EUA:
www.travel.state.gov/travel

British Foreign Office:
www.fco.gov.uk/travel

CIA World Factbook:
www.fco.gov.uk/travel

TREKKING ECOLÓGICO

O comportamento adequado diante da natureza é uma exigência da modernidade. Caminhar por regiões intocadas não é um passatempo inocente como foi para os pioneiros. Estamos em número muito maior, o que afeta o meio ambiente. Com bom-senso minimiza-se esse impacto.

VIDA NA NATUREZA

Qualquer coisa que você levar deve ser trazida de volta. Porém, o que fazer com o lixo e os dejetos? Queime o que for possível, desde que não haja risco de incêndio. As fezes devem ser enterradas, particularmente em rotas mais frequentadas. O local deve estar longe da trilha ou de um curso d'água. Em muitos países, os trekkers levam uma pequena pá para essa finalidade. Em viagens organizadas, os guias e carregadores geralmente cavam uma grande latrina para todo o grupo. Ela é coberta depois que todos a utilizaram.

Limpar o terreno para acampar exige bom-senso e cuidado. Uma fogueira é agradável, porém ajuda a desgastar o terreno. Raramente preparamos comida em uma fogueira, mas isso é comum em excursões organizadas em regiões inacessíveis. Se fizer uma, limpe os vestígios antes de partir.

Banhos e lavar roupas podem causar danos à natureza. Produtos químicos lançados em rios contribuem para a poluição da água. Ao longo de rotas populares, esse é um risco real. Sempre que possível, procuro lavar panelas e pratos com água quente e sem detergente. Só devemos nos banhar com sabão ou xampu em rios com água abundante e corrente ou em grandes lagos. O mesmo se aplica à lavagem de roupas.

Não deixe vestígios, leve apenas fotos. Esse velho ditado ainda é válido. Não temos o direito de levar coisas da natureza para casa: pedras, flores ou animais. Espécies ameaçadas de extinção não devem ser tocadas. As listas desses animais são atualizadas regularmente por organizações internacionais de preservação da natureza.

REGIÕES POVOADAS

Em regiões povoadas devemos mostrar respeito pela população local. É evidente que não se deve perambular por jardins e quintais particulares. Não pise em campos cultivados. É indelicado incomodar as pessoas com conversas em alto volume. A maneira de vestir também é importante nesse contexto. Em muitas trilhas, a religião local dita o que é adequado. As mulheres geralmente precisam ter mais cuidado que os homens em relação a roupas leves. Se você não conhece os costumes, é melhor evitar bermudas e tops. Tirar fotografias exige sensibilidade. Em trilhas mais populares, os habitantes locais muitas vezes se incomodam com os turistas que querem fotografar. Convém perguntar antes e nunca interromper se estiver ocorrendo uma cerimônia.

PLANEJAMENTO

É possível viajar de diferentes maneiras. Pode-se percorrer uma rota sinalizada ou caminhar fora das trilhas por regiões selvagens. Muitas pessoas optam por ficar alguns dias em um lugar e fazer viagens de um dia a partir dessa base, que pode ser um acampamento, um abrigo ou um resort turístico. Também é possível fazer expedições por regiões onde não há trilhas, longe de rodovias. Muitas pessoas viajam com amigos e conhecidos, mas uma excursão organizada também é interessante, pela oportunidade de conhecer pessoas.

Ao planejar sua viagem, pergunte-se como, onde e quando, nessa ordem. As expectativas são muito importantes. Que dificuldade deverá ter uma viagem? Isso depende de sua experiência e seu preparo físico. Quais privações você está disposto a enfrentar? É uma questão de escolha pessoal. Como quer dormir, o que deseja comer? Prefere caminhar por regiões povoadas ou por áreas selvagens? A companhia de outros trekkers é importante? Você pode suportar a falta de oxigênio em altas altitudes? E o frio e as condições severas do clima nas montanhas? E o calor úmido de florestas tropicais ou o calor seco do deserto? Que providências você consegue tomar?

Uma excursão organizada normalmente custa mais, porém o planejamento é consideravelmente mais simples. Em geral, basta seguir os conselhos e as instruções do organizador. Em muitos lugares, essa é a única opção realista. A trilha Inca, o Kilimanjaro e Ruwenzori são viagens que precisam ser feitas com guias e carregadores. Caminhar com alguém que fale a língua local costuma ser uma grande vantagem; em muitas regiões, uma necessidade. Em alguns casos, o transporte de ida e volta até a trilha requer providências que só podem ser tomadas por uma agência de turismo. Essa é a situação em muitas montanhas da Ásia – pelo menos nas mais populares.

Quando organizar sua viagem, convém ler sobre a paisagem e a cultura. Hoje há uma enorme quantidade de informações disponíveis, tanto em guias publicados sobre trekking quanto na internet. Eis alguns guias que podem ser úteis:

Bradt Travelguides: www.bradt-travelguides.com
Trailblazer guides: www.trailblazer-guides.com

Também existem muitas publicações locais, mas essas não são fáceis de encontrar em seu país de origem. Geralmente, você vai precisar procurar em livrarias bem sortidas quando chegar ao país de destino. Além disso, há inúmeros sites úteis. A maioria das agências de viagem tem um site próprio, com descrições e informações de vários tipos. Procurando na internet, você quase sempre vai reunir uma grande quantidade de informações sobre interessantes áreas de trekking.

EQUIPAMENTO

Muita gente sobrecarrega a mochila. O velho lema "menos é mais" geralmente se aplica ao trekking. Muitas pessoas tentam prever todas as eventualidades, e o preço que pagam por isso é uma bagagem desnecessariamente pesada. Escolher os itens certos é uma arte. Experiência anterior é muito importante. Se quiser caminhar pelo mundo, o equipamento precisa se adaptar ao ambiente, ao clima e ao terreno. O tipo de viagem também é importante. A seguir, apenas algumas dicas, já que existem muitos livros sobre o assunto.

BOTAS

Durante minha viagem ao Ruwenzori, os guias e vários carregadores usavam botas de borracha. Achei curioso, já que raramente se veem calçados desse tipo nas trilhas espalhadas pelo mundo. Só na Escandinávia é costume usá-los – fiz isso em minhas primeiras viagens por lá. Essas botas têm a grande vantagem de serem impermeáveis e fáceis de limpar e, em trajetos lamacentos, como os do Ruwenzori, são excelentes. Entretanto, elas estimulam mais suor do que qualquer outro calçado e não são resistentes para percorrer longas distâncias em terreno rochoso.

Atualmente sempre caminho com botas de couro com um solado forte e forro Gore-tex, que as deixa impermeáveis, mas permite que os pés respirem. Para mim, funcionam bem. Depois, é preciso decidir se elas serão longas ou curtas. Com modelos que chegam 20cm acima do calcanhar, você vai poder atravessar a maioria dos cursos d'água sem molhar os pés. Os modelos mais curtos são mais leves e flexíveis, pelo menos em terreno plano, algo que levo em consideração. Sempre viajo de avião calçando botas para economizar peso no check-in.

Desde minhas viagens à Austrália, comecei a apreciar a combinação de botas curtas e resistentes com polainas. Isso oferece grande flexibilidade. Coloco as polainas quando a trilha é lamacenta, ao caminhar por neve alta ou rochas ou se preciso cruzar um riacho não muito profundo.

É essencial escolher seus calçados com muito cuidado e caminhar bastante com eles antes de usá-los numa viagem longa. Bolhas nos pés são comuns entre os trekkers, mas o risco é menor se as botas estiverem bem conservadas. Para sua segurança, leve curativos, além de uma cera à prova d'água para engraxar suas botas durante a caminhada. Não se esqueça de que as meias fazem uma grande diferença para o conforto dos pés. Sempre levo um par de sandálias para usar nos acampamentos e nas áreas civilizadas.

MOCHILA

A mochila certa é tão importante para o seu conforto quanto os calçados. Prefiro as mais leves e reforçadas. A diferença entre uma mochila que se ajusta bem ao corpo e uma que incomoda constantemente é a mesma entre botas boas e ruins – a diferença básica entre uma boa e uma má viagem. Como a mochila é um item pessoal, vale a pena experimentá-la e encontrar um modelo que se adapte à sua constituição física. Tenha especial cuidado com o design das tiras que se prendem à cintura. Mobilidade, maciez e estabilidade são fatores que afetam sua capacidade de carregar peso. Mesmo entre as mochilas menores do dia a dia existem muitos modelos à escolha. Verifique o acolchoamento das costas – outro detalhe de grande importância.

A maneira de arrumar a mochila afeta a sensação de peso e a pressão sobre os ombros. Pequenos ajustes no conteúdo podem alterar o equilíbrio. A distribuição do peso é essencial. Pare imediatamente e ajeite a mochila se sentir um desequilíbrio. Um acessório importante é o poncho de chuva.

Para os voos, minha bagagem consiste em uma mochila grande, que é despachada, e uma pequena, que é minha bagagem de mão. Gosto de dobrar a pequena e colocá-la dentro da grande quando começo a caminhada. Uso a pequena para levar meu equipamento fotográfico e as roupas sobressalentes para viagens de um dia. Antes do check-in, protejo a mochila maior com um saco plástico para evitar danos no voo.

BARRACA E FOGAREIRO

Um fogareiro de camping e uma barraca são itens indispensáveis quando se viaja sozinho. Fogareiros concebidos para diferentes tipos de combustível são os melhores para caminhar pelo mundo. A parafina é o combustível mais comum internacionalmente, no entanto o gás é mais prático porque produz menos fuligem e mais calor. O fogareiro deve funcionar com ambos e de preferência também com gasolina, pois será fácil abastecê-lo em um posto.

A barraca de trekking deve ser pequena, fácil de montar e resistente a intempéries. Os modelos em formato de túnel ou de iglu são os mais usados hoje em dia, porém há grandes diferenças de qualidade e peso entre marcas e modelos. As que possuem uma parte interna e outra externa oferecem maior proteção contra chuvas constantes. Uma barraca para duas pessoas não deve pesar mais de 4kg. A que eu utilizo pesa menos de 3kg.

ITENS PESSOAIS

Não se esqueça de que "menos é mais", entretanto lanternas são um item de absoluta necessidade em regiões tropicais com noites escuras com breu. É sempre bom ter uma, em qualquer circunstância. As mais modernas, com lâmpadas de díodo, oferecem muita luz, proporcionalmente ao seu peso. Você deve levar sempre alguma faca. Eu prefiro um canivete multiuso, com alicate, chave de fenda, tesoura etc. Não se esqueça de colocá-lo na mochila que vai ser despachada durante o voo. Se ele ficar na bagagem de mão, pode ser confiscado, por razões lógicas. Um pequeno binóculo e um medidor de altitude (inserido no meu relógio) são indispensáveis para mim, assim como óculos de sol e um chapéu ou uma viseira. Um barbante longo para pendurar roupas quase sempre é útil. Os itens de segurança que você deve levar são: bússola, apito, um pouco de fio, linha de costura e espelho de alumínio (para transmitir sinais). Os itens de toalete e de primeiros socorros variam de uma pessoa para outra, porém todos devem incluir um rolo grande de papel higiênico.

ROUPAS

Eu prefiro caminhar com calças compridas com zíper nas pernas, que podem ser rapidamente transformadas em bermudas. Escolha calças de tecido resistente. Agasalhos são necessários até mesmo em regiões tropicais – as noites podem ser frias, particularmente em altas altitudes. Sempre levo uma malha, um cachecol, um chapéu, ceroulas e um par de luvas. Além disso, carrego uma capa de chuva Gore-tex. Calças e jaquetas desse material deixam a pele respirar e podem ser utilizadas quando faz frio. Se a viagem for mais longa e em lugar mais frio, uma malha extra, um colete acolchoado ou, às vezes, um casaco acolchoado podem se fazer necessários.

BASTÕES DE TREKKING

Levo dois bastões, um para caminhar e outro por segurança. Existem excelentes modelos desmontáveis, que ocupam pouco espaço. Muitas pessoas preferem ir com os dois ao mesmo tempo. Andar com um dá maior equilíbrio em terreno rochoso ou coberto de neve e permite caminhar um pouco mais depressa em trilhas comuns, o que é importante quando se precisa pedir ajuda. Dois bastões são úteis quando vadeamos por rios maiores.

TRAVESSIA DE RIOS

Nas viagens às regiões do norte os rios costumam ser um obstáculo temido. Em áreas de trekking como Yukon, Sarek e os montes Atlas, eles podem nos obrigar a mudar de rota. Quando há um rio no caminho, surge a pergunta: atravessar ou não? É difícil avaliar a força da corrente. Primeiro você deve investigar a força e a profundidade da água e depois escolher o melhor lugar para a travessia. É mais seguro passar por onde o rio é mais largo.

Em regiões montanhosas com neve e gelo, os cursos d'água variam consideravelmente. Um pico pode despencar na primavera quando a neve derrete; outro, desmoronar depois de períodos de chuva constante. Os rios também podem variar nas diferentes horas do dia. Isso é factível em clima quente e ensolarado, quando o fluxo máximo ocorre durante a tarde e a noite. Portanto, convém aguardar a manhã antes de cruzar um rio caudaloso. Vadear é mais difícil quando a água chega acima dos joelhos, a correnteza é forte e existem pedras grandes no fundo, o que dificulta o equilíbrio.

A melhor maneira de manter as botas secas é tirá-las e atravessar de tênis ou sandálias. A desvantagem é que, se a água estiver gelada, suas pernas e seus pés vão endurecer de frio, o que aumenta o risco de quedas. Em águas muito frias é melhor atravessar de botas. Você pode usar calças impermeáveis e uma faixa amarrada nos tornozelos. Isso em geral é suficiente para não molhar as botas, pelo menos quando a distância não é grande. Outra opção é cobrir os pés com sacos impermeáveis, de modo a mantê-los secos em águas profundas, mesmo que esteja usando botas curtas. Os melhores são os que chegam acima dos joelhos, mas, naturalmente, pesam um bocado. Com calçados de borracha, só é complicado atravessar se o riacho for muito profundo.

Se surgir algum problema na travessia, você deve soltar a fivela da cintura para poder se livrar facilmente da mochila caso leve um tombo. Um bastão é essencial. Caminhe em diagonal contra a corrente e, para sentir o caminho, apoie-se nele, que deve chegar à altura do peito. Se só chegar até a cintura, você terá de se curvar, o que dificulta o equilíbrio com uma mochila às costas. Para não sentir tontura, não olhe para baixo mais do que o necessário.

Uma corda longa pode ser útil para atravessar rios largos e profundos. Uma pessoa vai primeiro com uma ponta da corda amarrada ao corpo, enquanto a outra pessoa segura a outra ponta da corda na margem. Se aquele que atravessa perder o pé, a corda evita que ele seja carregado pela correnteza. Depois que um atravessou em segurança, os dois trocam de posição. Se o fundo for plano, duas ou mais pessoas podem atravessar juntas, uma atrás da outra, em ângulo em relação à corrente. Todos seguram-se à cintura de quem vai à sua frente e dão os passos ao mesmo tempo. O líder deve ter um bastão como apoio e determinar o ritmo. Todos movimentam a perna direita ou esquerda ao mesmo tempo, seguindo a instrução do líder, e dessa forma toda a fila se mexe como se fosse uma só pessoa.

FOTOGRAFIA

A arte da fotografia chegou a um divisor de águas. As câmeras digitais predominam. Já adotei esse método, mas as fotos deste livro foram tiradas principalmente com câmeras analógicas. Como as fotos abrangem um longo período, usei muitos modelos diferentes de câmeras e tipos de filme.

Antes da viagem, você precisa levar em conta seus objetivos e necessidades. A câmera, as lentes e todo os outros equipamentos precisam ser carregados de um aeroporto a outro e ao longo das trilhas. Isso é muito diferente de viajar de carro e fotografar em ambientes civilizados. Para um fotógrafo de trekking, a tecnologia digital abre novas possibilidades porque, entre outras coisas, todo o equipamento é menos volumoso, mais leve e mais prático.

Quando se usa uma câmera tradicional, o filme é um problema prático. Costumo levar muitos rolos nas viagens (geralmente de baixa sensibilidade, ISO 50). Além do espaço que eles ocupam, é sempre uma chateação ter que carregá-los na bagagem de mão nos aeroportos. A preocupação é com a possibilidade de os raios X afetarem os filmes. O calor tropical é outro motivo de atenção. Entretanto, como até hoje não sofri nenhum dano nem dos raios X nem do calor, minha preocupação diminuiu com o tempo. Deixei de usar sacos pretos para proteger os filmes. As câmeras digitais eliminaram de vez esses problemas.

Durante uma caminhada há boas oportunidades para fotografias documentais e de paisagens. Ou a arte de fotografar é um talento nato ou você vai ter de praticá-lo. É possível fazer fotos instantâneas (temas de férias), cartões-postais (lindas cenas de pôr do sol, por exemplo) e pessoais (observação de detalhes, situações pitorescas, belos efeitos de luz etc.). As cenas de paisagem podem ser evidentes ou surgir inesperadamente. Para melhores resultados, é preciso dispor de uma boa lente e um filme lento. Quase sempre é necessário colocar a câmera sobre um tripé. Uma boa dose de pensamento estratégico é necessária se quiser produzir mais que um mero cartão-postal. Você precisa estar disposto a parar diante de uma vista interessante, dar-se tempo para encontrar os melhores ângulos e talvez esperar pela melhor luz. É importante ler corretamente o mapa e encontrar locais adequados para fotos com antecedência. Obtive os melhores resultados com câmeras de formato médio e filmes de rolo, mas, além de pesadas, exigem um trabalho mais lento.

Fotos documentais de animais e pessoas são em geral instantâneas e exigem uma percepção do momento. Você precisa usar câmeras muito portáteis e quase sempre um filme rápido (de alta sensibilidade). Para esse gênero, o formato comum de imagem pequena tem se revelado universalmente útil. Antigamente, eu levava uma câmera de médio formato e outra de pequeno formato para fotografar todos os tipos de temas. Era muito para carregar!

Uma vantagem da tecnologia digital é que os melhores modelos de câmera podem ser usados com excelentes resultados tanto para as fotografias de paisagens quanto para as documentais. A sensibilidade à luz de algumas câmeras digitais pode ser mudada. As melhores proporcionam uma ótima qualidade de imagem para paisagens quando são preparadas para baixa velocidade, porém podem ser facilmente adaptadas para fotos documentais. Portanto, só precisarei levar uma câmera, o que me permitirá economizar equipamento e peso. Mas nem tudo é melhor. Com uma câmera digital você fica totalmente dependente da bateria. Baterias de longa duração e que suportam frio e calor úmido ainda são um desejo. Muitas trilhas passam por lugares onde se pode carregar baterias ou comprar novas, ou mais filmes. É importante descobrir isso com antecedência.

Uma boa câmera para trekking deve ser robusta. Enfatizo que a câmera é um aparelho com o qual você precisa se familiarizar. Necessidades criativas costumam ser resolvidas com duas lentes: uma grande-angular e uma telefoto, ambas com zoom. Durante duas semanas de caminhada, desejo poder bater e armazenar no mínimo mil fotos. Isso equivale a cerca de 30 rolos de filme. Daqui em diante, devo levar uma câmera digital de altíssima resolução, acima de quinze megapixels. Você vai precisar de um tripé para condições de pouca luz, e eu prefiro os modelos de fibra de carbono, que são mais leves. Só levo um flash separado quando caminho por regiões habitadas. Se o flash é embutido na câmera, é uma vantagem. Também levo uma câmera sobressalente com resolução de cinco megapixels, que mantenho no bolso para fotos instantâneas.

Os melhores trekkings do mundo

EUROPA

No sul, as distâncias entre regiões densamente povoadas e montanhas selvagens são curtas. Mas nem todas as rotas são de montanha. A European Ramblers Association é uma organização que criou uma rede de trilhas. Atualmente existem onze de longa distância no continente, e elas quase sempre atravessam paisagens cultivadas, sobretudo no sul da Europa.

Muitos países também têm um sistema próprio de trilhas. Na França, as de longa distância são chamadas "Grandes Randonnées" e estão espalhadas por todo o país. A que acompanha a espinha dorsal dos Pireneus é a GR10. Nas Cevennes há algumas regiões surpreendentemente remotas por onde se pode caminhar, mas nos Alpes franceses estão as mais famosas do país, como a "Tour du Mont Blanc" e a "Haute Route", entre Chamonix e Zermatt, na Suíça. A ilha da Córsega é famosa por sua natureza selvagem e pelas excelentes trilhas de trekking.

As melhores trilhas da Espanha estão nas cadeias de montanhas – além dos Pireneus, as principais são Picos de Europa e Sierra de Gredos. No entanto, a mais famosa é uma rota de peregrinos que tem 1.200 anos: "El Camino de Santiago", que atravessa regiões desenvolvidas, partindo dos Pireneus e passando pelo País Basco até a Galícia. As trilhas mais conhecidas de Portugal são as que seguem os canais de irrigação, as levadas, da ilha da Madeira.

As melhores trilhas italianas estão no norte, nos Alpes e nas Dolomitas. Entre elas há uma de longa distância conhecida como "Alta Via". Aqui existem também as *vie ferrate*, rotas onde a subida é íngreme. A pitoresca Toscana tem trilhas fáceis, e mais ao sul, nos Apeninos, existem outras regiões de interesse.

Os Bálcãs consistem em grande parte em terreno montanhoso relativamente desconhecido dos estrangeiros. Entretanto, na Grécia, os magníficos montes Pindos, no norte, e o íngreme monte Olympus, no leste, tornaram-se muito conhecidos, assim como a ilha de Creta, onde há várias trilhas. As numerosas regiões montanhosas da Bulgária também contam com excelentes trilhas, sendo a mais emocionante a de Pirin.

No norte da Europa continental, os Cárpatos são de grande interesse. Os mais espetaculares são os montes Tatra, na fronteira entre a Polônia e a Eslováquia. Aqui existe uma alta região alpina com muitas trilhas semelhantes às dos Alpes – entre um e outro abrigo e abaixo de montanhas escarpadas. Na Transilvânia, na Romênia, os montes Cárpatos têm uma forma mais suave e algumas trilhas fáceis.

São principalmente as montanhas que atraem trekkers à Escandinávia. São milhares de quilômetros de trilhas sinalizadas na Suécia. Internacionalmente, a mais famosa é a "Kungsleden" (Caminho do Rei), que se estende por 440km de Hemavan a Abisko. O Parque Nacional Sarek é a maior área preservada da União Europeia, e lá você precisa levar sua barraca e sua comida. A oeste dela fica Padjelanta, com campos abertos, grandes lagos e uma atraente trilha de trekking com abrigos. A Noruega possui uma rede ainda maior de trilhas sinalizadas, e muito mais abrigos para pernoite. É uma das mais lindas regiões da Europa, com várias trilhas que passam por altos precipícios. No norte da Noruega, a base das montanhas está no mar, mas além da costa há imensas áreas desertas boas para o trekking. A Finlândia também tem longas trilhas, sobretudo em áreas de florestas, como em Karhunkierros, a "trilha dos Ursos", no Parque Nacional Oulanka. A Arctic se estende por 800km, atravessando as partes mais ao norte da Finlândia, da Noruega e da Suécia. Em certos trechos ela coincide com a Kungsleden.

Na Islândia, o trekking é muito popular, mas há poucas trilhas mapeadas. Além de Laugavegur há boas trilhas em Skaftafjell, perto do maior glaciar da Europa. Do lado norte da ilha pode-se percorrer uma trilha de 100km entre Myvatn e os montes Herdubreidar.

A Grã-Bretanha é um território de trekking. As condições das trilhas variam enormemente. Inn Way, no Lake District, na Inglaterra, passa por pubs tradicionais frequentados por poetas na região dos lagos. A mais longa é a Pennine Way, que tem 430km do Peak District até a fronteira da Escócia, uma caminhada extenuante. O paraíso dos trekkers é a Escócia, onde a Southern Upland Way atravessa a região sul de costa a costa. A West Highland Way é provavelmente a mais conhecida, passando pela montanha mais alta, Ben Nevis, 1.344m acima do nível do mar. Na ilha de Skye, o trekking é feito principalmente em viagens de um dia em meio a paisagens extraordinárias.

ÁFRICA

Há muitas regiões montanhosas na África, mas apenas uma cadeia de montanhas genuína: os montes Atlas. As trilhas lembram de certa forma as do Himalaia, embora os picos não sejam tão altos. Caminha-se entre vilas habitadas por berberes e por vales profundos entre as montanhas. O pico mais alto, Jebel Toubkal, 4.167m acima do nível do mar, é rodeado por uma famosa trilha. A viagem ao redor do monte leva nove dias por trilhas bastante usadas, com pequenas pousadas e abrigos onde passar a noite. A região ao redor do segundo monte mais alto, M'Goun, não é tão conhecida, e as caminhadas costumam ser como expedições. Mais ao norte, o monte Jebel Sirwa, na borda do Saara, é a meta de caminhadas mais remotas. A leste do Alto Atlas fica Jebel Sahro. Essa cadeia de montanhas é em grande parte desabitada, árida e com notáveis formações rochosas. Aqui, o trekking é de fato uma aventura. As ilhas Canárias, na costa norte da África, tem trilhas, particularmente na ilha de Tenerife, onde se pode subir o grande vulcão Teide.

Espalhados pelo imenso Saara, encontram-se maciços que atraem os trekkers. Tefedest, Tassili e Hogga, no sul da Argélia, são os mais populares. Todos têm pináculos rochosos, que em muitos casos podem ser atingidos sem escalada. O clima desértico torna a caminhada cansativa, mas regularmente são organizadas excursões. Ao longo dos extensos penhascos da Dogon Falaise, em Mali, pode-se caminhar durante seis dias por entre aldeias que oferecem construções singulares e uma rica cultura indígena. O Air National Park, na Nigéria, é outra interessante área de trekking no Saara.

O longo vale Rift se estende pelo leste da África, atravessando a Etiópia no norte e continuando para o sul, com dois trechos paralelos atravessando Quênia, Uganda e Tanzânia até o lago Malawi. Ao longo dele há vários vulcões, alguns extintos e outros ainda em atividade. Muitas trilhas percorrem ou contornam os vulcões, que em geral são isolados. A Etiópia é uma exceção, uma vez que consiste em grande parte em um alto planalto cortado por gargantas, o que faz dela um dos mais montanhosos países da África. No Parque Nacional Demie, pode-se fazer uma caminhada de sete dias por um terreno fortemente ondulado. Ali você vai encontrar Ras Dashen, o quarto pico mais alto do continente, a 4.620m de altitude.

A região de trekking mais popular da África é a do Kilimanjaro. São muitas as rotas que sobem o monte, e todas elas envolvem uma viagem muito árdua, regulada por normas específicas. O segundo monte mais alto da Tanzânia, o Meru, a 4.566m de altitude, fica bem perto e também é um vulcão. Muitas pessoas o sobem para praticar antes de enfrentar o Kilimanjaro. O monte Quênia é outro clássico. Você pode chegar ao terceiro mais alto de seus picos, Lenana, e caminhar ao redor de todo o maciço. Aberdare, no Quênia, é uma longa cadeia de montanhas de origem vulcânica. Aqui, você precisa caminhar com um guarda armado do parque nacional para protegê-lo dos animais selvagens. O maior vulcão da região é o monte Elgon, que contém mais trilhas do lado de Uganda do que do lado do Quênia.

A maior área de trekking de Uganda é Ruwenzori, muitas vezes chamada de "Alpes africanos". As trilhas são muito difíceis. Mais ao sul, em Malawi, ergue-se independente o majestoso maciço Mulanje, onde existem várias trilhas.

Em Madagascar também localizam-se interessantes áreas de trekking. Na península Masoala, no nordeste, uma trilha atravessa uma floresta tropical onde se pode apreciar a flora e a fauna singulares da ilha. No sul, o Parque Nacional Isalo exibe uma natureza capaz de incendiar a imaginação, com montanhas de arenito polidas pelo vento e ravinas profundas. Aqui é possível fazer caminhadas longas e curtas.

A África do Sul possui várias trilhas de trekking. A formação montanhosa mais espetacular é Drakensberg, que forma precipícios e gargantas ao longo da borda de um alto platô. A topografia é semelhante à dos planaltos etíopes. A rota mais popular passa pelo norte de Drakensberg, do Parque Nacional Royal ao sul, cinco dias e 65km sem abrigos e com longos trechos em alta altitude, cerca de 3.000m acima do nível do mar. A África do Sul também tem um magnífico litoral. A famosa trilha Otter passa por diversos cenários, de florestas, praias de areia, penhascos e um delta de rio em cinco fases de um dia cada. Ao norte de Cape Town há uma região de montanha chamada Cederbergs, que chega a 2.000m acima do nível do mar e oferece excelentes oportunidades para fazer trekking a pé ou a cavalo, entre várias formações rochosas em um clima seco.

A Namíbia dispõe de uma paisagem de deserto. Sua viagem mais conhecida é a que passa pelo cânion do rio do Peixe. Uma trilha mais extenuante é a que atravessa a cadeia de montanhas Naukluft. Você pode realizar uma longa caminhada de oito dias, ou uma mais curta, que leva metade do tempo. Há muita vida selvagem e grandes chances de ver um antílope. No interior, partindo da costa Skeleton, é possível caminhar 50km em três dias ao longo do pequeno rio Ugab.

ÁSIA

A Turquia oferece muitas possibilidades, mas poucas trilhas consolidadas. A paisagem é variada, com muitas montanhas, costas impressionantes e grandes lagos. Você também pode caminhar por rotas que têm ligações históricas com a Roma Antiga. A primeira trilha de longa distância do país, a Via Lícia, corre paralela ao litoral sul. Ao norte da cidade de Antalya há outra trilha de longa distância, a St. Paul, que segue por antigas rotas romanas, passando por regiões de montanha e grandes lagos. As duas são facilmente acessíveis pelos resorts turísticos da costa sul. Mais para leste, na paisagem lunar, vulcânica, da Capadócia, você vai encontrar trilhas fáceis, curtas e longas. Nos coloridos montes Taurus, Aladaglar é uma boa área para um trekking desafiador. Ainda mais para o leste da Turquia existem trilhas mais arrojadas. A cordilheira Pontic, ao longo do mar Negro, tem uma alta região alpina chamada Kackar, com picos escarpados, a mais de 3.900m de altitude, assim como glaciares. E o monte Ararat de Noé fica na fronteira entre Turquia, Irã e Iraque. É possível subir ao topo desse vulcão, que tem mais de 5.000m de altitude.

A Ásia central abrange infinitas planícies, altas cadeias de montanhas e regiões esparsamente povoadas. Como muitos dos destinos mais atraentes são de difícil acesso, relativamente poucos trekkers caminham por aqui. O alto planalto tibetano é uma região esquecida por Deus, onde o trekking ainda exige verdadeiras expedições. Existem excursões organizadas para algumas áreas. No sul, contornando o Himalaia, encontra-se Kailas – o monte mais sagrado do mundo. Uma constante procissão de pioneiros hindus e budistas acorre aos pés desse monte e depois contorna seu pico mais proeminente, situado 1.300km a oeste de Lhasa. Trekkers experientes levam quatro dias para percorrer o circuito. Essa é a rota de alta altitude mais difícil e desafiadora. Ao longo da borda norte do alto planalto tibetano corre a mais desolada, desconhecida e inacessível cordilheira do planeta, com picos de mais de 7.000m de altitude. Aqui também são organizadas algumas excursões. Ao norte de Kunlun se estende Takla Makan, e, do outro lado do deserto, ergue-se a cordilheira Tienshan, que também atinge mais de 7.000m acima do nível do mar, fazendo a fronteira entre China, Quirguistão e Cazaquistão. A paisagem é constituída de verdejantes vales alpinos com virgens florestas de pinheiros e impressionantes picos. Um número cada vez maior de trekkers visita essa área.

Os montes Altai também oferecem uma paisagem bem variada, com estepes e florestas de lariços, picos alpinos e glaciares. A cordilheira se estende por milhares de quilômetros no sul da Sibéria, do Cazaquistão, da Mongólia e da China. As regiões mais altas são Belukha, na Rússia, e Tavan Bogd, na Mongólia, e em ambas há trilhas de trekking que começam a ficar conhecidas. A Mongólia é uma terra de oportunidades para o trekking, tanto a pé quanto a cavalo. Todo ano há várias excursões organizadas, já que é difícil caminhar independentemente devido à dificuldade de transporte. A cordilheira Khangai atravessa o centro do país, com muitas e desconhecidas trilhas. Na província ocidental de Uvs, além dos montes Altai, há um maciço isolado de quase 4.000m de altitude chamado Turgen, que pode ser percorrido em uma semana. As grandes florestas de Khentiin Nuruu, a nordeste de Ulan Bator, são boas para longas viagens a cavalo com um guia.

O Himalaia é a melhor área para trekking. Sua cordilheira se estende do Paquistão, a oeste, ao Butão, a leste, mas as grandes montanhas do oeste são geralmente contadas como cordilheiras separadas – Karakoram, Ladakh e Zanskar, por exemplo. Graças à sua localização, o Nepal se tornou um centro de trekking pelo Himalaia. Você vai precisar de uma licença para caminhar pelo país. No Nepal muita gente caminha independentemente, mas também há uma grande variedade de excursões organizadas. A trilha do Everest é a mais conhecida, porém as trilhas ao redor do monte Annapurna, no centro do Nepal, são ainda mais populares. As viagens mais curtas chegam aos pés da face sul do maciço. Você pode continuar até Jomosom, perto da fronteira com o Tibete, atravessando o profundo vale de 6.000m Kali Gandaki, a oeste do Annapurna. Essa viagem de ida e volta é tradicional. Muitas pessoas contornam o maciço no sentido anti-horário em três semanas, atravessando altos desfiladeiros. A viagem ao redor do maciço Dhaulagiri, mais a oeste, é considerada ainda mais desafiadora. A região de Langtang, ao norte de Kathmand, é a mais acessível do país. A leste do Everest há menos trekkers. Aqui você encontrará rotas menos frequentadas em direção a Makalu e Kanchenjunga, montanhas de 8.000m.

No Butão só são permitidas excursões organizadas. Existem várias trilhas, sendo que a mais popular leva ao monte mais alto do país, Chomo Lhari, a 7.315m de altitude. As oportunidades oferecidas pelo setor indiano do Himalaia são muito melhores que as do Nepal. Garhwal costuma ser chamado de jardim do Himalaia, e há uma famosa trilha para o "Vale das Flores". A nascente do Ganges, em Gangtri, é um lugar sagrado para os hindus, ao qual chegam rotas de peregrinação, que os trekkers também podem percorrer. A trilha Curzon é famosa por suas vistas fantásticas. Mais a oeste, no Himalaia indiano, a paisagem muda. A região de Ladakh-Zanskar é semelhante à árida paisagem montanhosa do Tibete. Aqui as pessoas vivem em vilas remotas, não existem trilhas sinalizadas e os visitantes são relativamente poucos – o trekking é mais como uma expedição. No inverno pode-se acompanhar o rio Zanskar, atravessando uma estreita garganta. No resto do ano a trilha fica intransitável.

As Karakoram, as montanhas no extremo oeste do Himalaia, ficam no Paquistão. Aqui você encontra a maior concentração de montanhas de 8.000m, entre elas a K2, a segunda mais alta do planeta. Uma rota conhecida leva a ela – isso envolve um trajeto por terreno árido e despovoado, acompanhando o glaciar Baltoror. A ala sul das Karakoram é em grande parte selvagem, e fazer trekking aqui equivale a uma pequena expedição. Além da trilha da K2, a longa viagem pelos glaciares Biafo e Hispar está entre as mais impressionantes do mundo.

A região norte da Tailândia, do Laos e do Vietnã tem uma geografia semelhante, com montes ondulantes e extensas florestas de monção. Vivem aqui várias tribos locais, que preservaram suas tradições. Geralmente caminha-se entre as aldeias. Os trechos mais populares ficam na Tailândia, particularmente nas regiões ao redor da cidade de Chiang Rai. Ao norte de Mae Hong Son existem outras boas áreas para caminhar de uma aldeia a outra. Várias tribos vivem na província de Luang Prabang, no Laos, onde você pode fazer viagens curtas. A topografia montanhosa do Laos torna o país divertido para o trekking. A região mais espetacular é Khammouane, onde há montanhas de calcário. No planalto Bolavan, no sul, a trilha atravessa uma floresta tropical. No Vietnã, a região de Sapa, perto da fronteira chinesa, é excelente para trekking. Aqui encontra-se Fansipan, a montanha mais alta da Indochina, a 3.143m de altitude, que pode ser escalada em cinco dias de caminhada.

A Malásia também conta com várias trilhas que atravessam florestas tropicais. No centro da península de Malacca fica o Parque Nacional Tamanegara, no qual a viagem de ida e volta ao Gunung Tahan, o monte mais alto da península, com 2.186m de altitude, é uma expedição extenuante que dura oito dias. É consideravelmente mais fácil subir o Gunung Ledang (monte Orphir).

Bornéu se orgulha de Gunung Kinabalu, o pico mais alto do sudeste da Ásia. Essa trilha é hoje popular e geralmente leva dois dias. No Parque Nacional Mulu, em Sarawak, há a "trilha dos Caçadores de Cabeças", que passa por uma floresta tropical e pode ser percorrida em um ou dois dias. Na mesma região também se pode caminhar por uma floresta tropical até o topo do Gunung Mulu. A Indonésia apresenta novas e grandes oportunidades. No Parque Nacional Bromo-Tengger, no leste de Java, pode-se caminhar por vulcões ativos.

AUSTRÁLIA

Embora seja o mais plano dos países, a Austrália tem várias cadeias de montanhas com trilhas de trekking. A longa Larapinta, de 220km, foi bem traçada, partindo de Alice Springs e atravessando a cordilheira MacDonnell. Há também atraentes trilhas ao longo da costa. Além do conhecido promontório Wilsons, no sudeste, existe uma trilha muito procurada entre Eden e Mallacoota, na fronteira entre os estados de Nova Gales do Sul e Vitória. A Thorsborne, na ilha Hinchinbrook, dentro da Grande Barreira de Coral, é uma rota conhecida e difícil ao longo desse trecho tropical do litoral. A Austrália ocidental tem a melhor região para trekking nos parques nacionais Fitzgerald River Coast e Stirling Range, no sul, e Hammersley Range, no norte. Na extremidade norte da Austrália fica o magnífico Parque Nacional Kakadu, que leva a marca da cultura aborígene. Uma trilha conhecida leva à cachoeira Jim Jim. Na parte oriental do continente, a cordilheira Great Dividing oferece ótimas possibilidades. As Blue Mountains, perto de Sydney, têm várias trilhas, tanto de longa distância quanto de um dia. E o estado de Vitória contém as conhecidas regiões de Grampians e das Snowy Mountains. As melhores trilhas do sul da Austrália são encontradas em Wilpena Pound, na cordilheira Flinders.

Mas foi a Tasmânia que colocou a Austrália no mapa mundial de trekking. A parte sudoeste da ilha tem uma natureza selvagem impressionante. A trilha South Coast acompanha o litoral dessa região. As mais difíceis levam às montanhas da Arthur's Range e aos picos Federation e Frenchman's Cap. Por sua vez, a Overland se tornou a trilha de longa distância mais famosa da Austrália.

OCEANIA

De todas as ilhas do Pacífico, a Nova Zelândia é a que dispõe das melhores trilhas de trekking. Atualmente, são nove, entre elas Tongariro e Milford. Outras rotas muito conhecidas são Routeburn e Kepler, ambas no Parque Nacional Fiordland. Assim como a Milford, elas são muito procuradas e devem ser reservadas com antecedência. A paisagem montanhosa do país varia de vulcões coloridos a picos carregados de neve. O monte Taranaki, na Ilha do Norte, é um vulcão cercado por uma trilha de trekking. A cordilheira da Ilha do Sul é chamada de "Alpes do Sul". No monte Cook, o mais alto, existem trilhas de trekking de natureza alpina. Aqui você também pode fazer caminhadas de longa distância pelos glaciares. Rotas populares ao longo da costa são as trilhas Heaphy e Abel Tasman Coast, ambas na parte norte da Ilha do Sul e duas das Great Walks ("Grandes Caminhadas"), as mais bem cuidadas trilhas do país.

Na Nova Guiné, a região leste da segunda maior ilha do planeta, há algumas trilhas conhecidas. A mais famosa é a Kokoda, que cruza a cordilheira Owen Stanley. Foi a primeira trilha aberta pelos caçadores de ouro no século XIX e mais tarde se tornou conhecida por causa das dificuldades enfrentadas pelo exército japonês na Segunda Guerra Mundial. Subindo a montanha há rotas que levam às aldeias de diversas tribos que vivem na ilha.

Várias ilhas do Havaí contam com trilhas interessantes. Em Kauai, além do cânion Waimea, a trilha litorânea de Na Pali, conhecida como trilha Kalalau, é encantadora. Na principal ilha do Havaí, é possível subir o vulcão de Mauna Loa, uma caminhada de diversos dias até o topo, que se situa 4.000m acima do nível do mar. Aqui você pode ser surpreendido por repentinas tempestades de neve. Na ilha de Maui fica a famosa cratera Haleakala, com uma paisagem fascinante e rotas de trekking. Outras ilhas do Pacífico, como Nova Caledônia e Fiji, também possuem trilhas dignas de nota.

AMÉRICAS CENTRAL E DO SUL

A região que ocupa o extremo sul deste continente, a Patagônia, é uma das mais selvagens do mundo. Os Andes se estendem até aqui, mas as montanhas não são tão altas como no norte. A maioria dos picos está no Chile, enquanto a Argentina possui as planícies mais extensas. Na Patagônia ficam Torres del Paine e Fitz Roy – dois dos montes mais espetaculares do planeta, cercados por trilhas conhecidas. Na parte norte, principalmente do lado chileno e no distrito de Araucania, existem vários vulcões com desafiadoras trilhas de trekking. Uma famosa zona de fronteira é o distrito dos lagos da Patagônia, com grandes lagos e regiões vulcânicas. Aqui você encontra as trilhas mais fáceis e populares dessa parte do continente.

A cordilheira dos Andes é a segunda maior do mundo. Graças à sua extensão – do cabo Horn, no sul, à Venezuela, no norte –, ela abrange diversas condições naturais. O pico mais alto, Aconcágua, fica na fronteira entre o Chile e a Argentina. Mas na Bolívia, no Peru e no Equador a cordilheira é mais larga, com muitos picos cobertos de neve. Caminhar nessa parte dos Andes é como viajar pelo Himalaia – você percorre regiões povoadas e vales impressionantes.

O Equador tem dois vulcões famosos, Cotopaxi e Chimborazo, que muita gente tenta escalar e é o ponto do planeta mais avançado no espaço – em outras palavras, fica mais distante do centro da Terra que o monte Everest. Isso ocorre graças à forma assimétrica do planeta.

No Peru, as montanhas mais altas são as da Cordillera Blanca, e aqui a trilha mais popular é a Santa Cruz. Outra trilha é o Circuito Alpamayo, que passa diante da mais bela face do mais belo monte do mundo – o Alpamayo –, porém é uma viagem longa e difícil. A cordilheira Huayhuash, pouco mais ao sul, é considerada a mais intocada e selvagem região de montanha do Peru. Aqui existe uma trilha muito exaustiva que atravessa diversos passos cerca de 4.000m acima do nível do mar. A rota mais famosa do país é a trilha Inca, que leva às misteriosas ruínas da cidade de Machu Picchu. As montanhas circundantes pertendem à Cordillera Vilcabamba, que oferece outras trilhas. Mais para o sul fica a Cordillera Vilcanota, com as maiores geleiras do Peru. Uma caminhada por aqui oferece lindas vistas e encontros com a tradicional cultura indígena. Na Bolívia, a Cordillera Real, na margem leste do lago Titicaca, é considerada uma joia. A cordilheira ergue-se no Altiplano, e há uma famosa trilha ao redor do monte Illampu. Há várias outras trilhas nessa região, entre elas a trilha Takesi, que costuma ser chamada de "Estrada Inca", mas que não deve ser confundida com a trilha Inca do Peru.

O maciço na região mais ao norte da Colômbia e da Venezuela também oferece várias trilhas de trekking, mas nessa parte do continente os planaltos da Guiana e da Venezuela são mais interessantes para o trekker. No Parque Nacional Canaima pode-se caminhar abaixo de tepuis, ou platôs de montanha, e até subir ao topo de alguns deles. Roraima, o mais alto, tem uma trilha no topo. Em outra região pode-se caminhar até a cachoeira mais alta do mundo, a cascata Angel. Ao longo dessas duas trilhas você pode caminhar de maneira independente, mas a maioria das pessoas prefere excursões organizadas. Subir ao topo do platô é um grande desafio, principalmente porque o terreno é muito difícil.

A extremidade sul do Panamá chama-se Darien Gap. Trata-se de uma selva por onde passa uma rota interessante que vai do Atlântico ao Pacífico. Algumas excursões organizadas seguem essa rota. A América Central como um todo oferece muitas possibilidades de trekking, tanto por florestas tropicais quanto por altas montanhas. A Costa Rica tem uma conhecida trilha que leva ao pico mais alto do país, Chirripo, a 3.800m de altitude, em quatro dias de viagem de ida e volta. O México possui vários vulcões de 5.000m que podem ser escalados. Não muito longe da Cidade do México situam-se Popocatepetl e Iztaccihuatl, ainda mais difícil. Mais para o norte, o imenso cânion chamado Las Barrancas del Cobre desperta considerável interesse. Ele foi "dinamitado" na Sierra Madre e abriga um sistema complexo de seis longas gargantas, com aldeias indígenas onde o tempo parou. Há excursões organizadas para este lugar.

AMÉRICA DO NORTE

Com paisagem variada e extensão vasta, os Estados Unidos são uma terra de possibilidades para os trekkers. A maioria caminha de maneira independente, mas há uma grande variedade de excursões organizadas disponíveis, particularmente nas regiões mais procuradas, como o Grand Canyon. Existem muitas trilhas bem sinalizadas de longa distância. Os Estados Unidos têm uma lei – o National Trail Systems Act de 1968 – que protege as trilhas mais importantes. Quase vinte trilhas de longa distância apresentam interesse histórico e paisagístico, e a maioria atravessa vários estados. A trilha da Era do Gelo, em Wisconsin, leva a lugares de importância geológica e a uma paisagem de floresta. A trilha North Country Scenic liga lugares interessantes entre o rio Missouri e o estado de Nova York, no qual situam-se as Adirondacks, uma região selvagem de montanhas com extenso sistema de trilhas. A primeira trilha de longa distância do mundo foi a Apalache. São 3.460km ao longo dos montes Apalaches, da Georgia ao Maine. Longos trechos percorrem uma floresta, mas também montanhas áridas e arredondadas. No norte, as White Mountains são muito conhecidas dos trekkers. A Flórida também tem uma trilha nacional de trekking.

Com sua paisagem singular, o oeste dos Estados Unidos atrai trekkers do mundo todo. Aqui, duas trilhas de longa distância estão incluídas no sistema nacional de trilhas. Uma é a Pacific Crest, que acompanha a espinha dorsal da cadeia de montanhas ao longo da costa oeste, que por longos trechos coincide com a John Muir, na Sierra Nevada, na Califórnia. A outra é a Continental Divide, que abre caminho pelas Montanhas Rochosas desde o Novo México até Montana, por mais de 5.000km. A cordilheira Wind River, em Wyoming, oferece uma visão geral de grande parte da paisagem dos Rockies e é atravessada pela trilha Highline – a qual se pode percorrer em dez dias. O Parque Nacional Glacier, em Montana, tem um abrangente sistema de trilhas, e em Idaho ficam as recortadas montanhas Sawtooth. O planalto do Colorado tem uma das mais extraordinárias paisagens dos Estados Unidos, e as trilhas Kaibab e Havasu são as mais populares do Grand Canyon. No Parque Nacional Canyonlands há trilhas curtas na região das "Agulhas" e do "Labirinto", um nome bastante adequado ao terreno muito confuso.

O norte da América do Norte ainda faz jus à descrição de "última fronteira". Uma região imensa, despovoada e selvagem se estende diante de nós. Na região sul do Canadá, mais populosa, os Rockies são a fortaleza dos trekkers. Aqui há trilhas de todos os níveis de dificuldade. No grande parque nacional, na fronteira entre Alberta e British Columbia, há uma rede de trilhas interligadas e bem cuidadas. Ela inclui partes da trilha Great Divide, que vem dos EUA e termina na fronteira de Yukon. Pode-se caminhar por uma semana nessa trilha, passando pelo lindo monte Assinboine até o colorido lago O'Hara. British Columbia também tem trilhas costeiras magníficas, das quais a principal é a que atravessa o litoral da ilha Vancouver. No continente há a Sunshine Coast. Enquanto escrevo, a Trans-Canada está sendo aberta, uma trilha de longa distância que vai passar por todas as províncias e territórios e ligar trilhas novas às já existentes.

A trilha Chilkoot, a rota dos caçadores de ouro, é muito conhecida e popular. O Yukon tem enormes áreas sem nenhuma trilha, mas no imenso Parque Nacional Luane pode-se caminhar por algumas trilhas sinalizadas. A cordilheira Tombstone, na região norte de Yukon, é uma região misteriosa, com pináculos de granito e possibilidades interessantes de trekking. Na fronteira com o Northwest Territory, a Canol Heritage se estende por 350km para leste, uma das trilhas de trekking mais árduas e inacessíveis. Na ilha Baffin estão os quase 100km da Rota Akshayuk Pass – um "Caminho Real" ártico.

Poucas trilhas foram abertas no Alasca. As autoridades não querem facilitar as viagens pelas regiões selvagens. Mas o Alasca é como o norte do Canadá: existem regiões extraordinárias para quem não tiver medo de enfrentá-las – como a Brooks Range, com o Parque Nacional Gates of the Arctic, e a cordilheira do Alasca, com o monte McKinley, o mais alto do continente. Ao sul de Anchorage, na península Kenal, você vai encontrar a trilha Resurrection, a mais famosa rota do estado.

Leitura recomendada

Escolhi alguns livros que me ofereceram inspiração e/ou informações sobre trekking, trilhas e experiências em importantes regiões montanhosas do mundo.

Abbey, Edward. *Desert solitaire*. Nova York, McGraw--Hill Book Company, 1968.

Amin, Mohamed et al. *On God's mountain: the story of Mount Kenya*. Massachusetts, Hunter Publishing, 1992 (livro de fotos).

Ardito, Stefano. *Trekking in Africa: a guide to the finest routes*. Shrewsbury, Swan Hill Press, 1996 (guia ilustrado de dezesseis trilhas de trekking).

Ardito, Stefano. *Trekking in the Himalayas: a guide to the finest routes*. Marlborough, The Crowood Press Ltd, 1995 (guia ilustrado de quinze trilhas de trekking).

Ardito, Stefano. *Walking and climbing in the Alps*. Shrewsbury, Swan Hill Press, 1995 (guia ilustrado de dezoito trilhas de trekking).

Bernabaum, Edwin. *Sacred mountains of the world*. Nova York, Random House, 1990.

Birkett, Bill. *Classic treks: the 30 most spectacular walks in the world*. Boston, Bulfinch Press, 2000 (livro de fotos).

Blessed, Brian. *Quest for the lost world*. Londres, Boxtree, 1999 (sobre Roraima).

Briggs, John. *Mountains of Malaysia: a practical guide*. Malásia, Longman Malaysia, 1988.

Brown, Hamish. *Hamish's mountain walk*. Londres, Gollancz, 1978 (sobre a Escócia).

Chester, Jonathan. *The Himalayan experience: an introduction to trekking and climbing in the Himalayas*. Austrália, Simon & Schuster, 1989.

Cleare, John. *Distant mountains: encounters with the world's greatest mountains*. Londres, Duncan Baird Publishers, 1998 (livro de fotos).

Cleare, John. *Mountains of the world*. Califórnia, Publishers Group West, 1997 (livro de fotos).

Crane, Nicholas. *Clear waters rising: a mountain walk across Europe*. Nova York, Viking Press, 1996.

Douglas, Ed. *Chomolungma sings the blues: travels round Everest*. Londres, Constable and Robinson, 1997.

Fedden, Robin. *The enchanted mountains: a quest in the Pyrenees*. Londres, John Murray, 1962 (reeditado em 2002).

Fletcher, Colin. *The man who walked through time*. Nova York, Alfred A. Knopf, 1967 (sobre o Grand Canyon).

Fletcher, Colin. *The complete walker III*. Nova York, Alfred A. Knopf, 1984 (sobre técnicas de vida ao ar livre).

Fletcher, Colin. *The secret worlds of Colin Fletcher*. Nova York, Alfred A. Knopf, 1989 (ensaios).

Grundsten, Claes e Peter Hanneberg. *Our magnificent wilderness: 40 of the greatest natural world heritage sites*. Londres, Duncan Baird Publishers, 2004.

Jackson, Jack. *The world's great adventure treks*. Londres, New Holland Publishers, 2003 (livros de fotos sobre vinte trilhas).

Kelsey, Michael R. *A climber's and hiker's guide to the world's mountains and volcanoes*. Utah, Brigham Distributing, 2001.

Langmuir, Eric. *Mountaincraft and leadership*. Londres e Edimburgo, British Mountaineering Council, 1984 (sobre técnicas de vida ao ar livre).

Macfarlane, Robert. *Mountains of the mind: a history of a fascination*. Londres, Granta Books, 2003 (sobre a relação dos homens com as montanhas).

Matthiessen, Peter. *The snow leopard*. Nova York, Viking Press, 1978.

Napier, Eloise. *A place to walk: unforgettable walking holidays from around the world*. Londres, Conran Octopus, 2003 (sobre trekkings fáceis em 25 áreas).

Noland, David. *Trekking*. Nova York, Outside Books/ WW Norton, 2001(comentários sobre vinte trilhas de todo o mundo).

O'Connor, Bill. *The trekking peaks of Nepal*. Seattle, Cloncap Books, 1989.

Perry, Julian. *The mountains of Bulgaria: a walker's companion*. EUA, Menasha Ridge Press, 1995.

Potton, Craig. *Classic walks of New Zealand*. Nova Zelândia, Craig Potton Publishing, 1998 (livro de fotos de nove trilhas).

Rankin, Robert. *Classic wild walks of Australia*. Brisbane, Austrália, Robert Rankin Publishing, 1989 (livro de fotos de 25 trilhas).

Razzetti, Steve. *Top treks of the world*. Londres, New Holland Publishers, 2001 (livro de fotos de 29 trilhas).

Reader, John. *Kilimanjaro*. Londres, Elm Tree Books, 1982 (livro de fotos).

Reynolds, Kev. *Walks and climbs in the Pyrenees*. Dublin, Cicerone Press, 1988.

Reynolds, Kev. *Tour of Mont Blanc*. Dublin, Cicerone Press, 2002.

Rowell, Galen. *The Yosemite*. Califórnia, Sierra Club, 1989 (livro com texto de John Muir).

Schandy, Tom. *Magnificent Africa: animals, birds, plants, landscapes*. Londres, Duncan Baird Publishers, 2003 (livro de fotos).

Shipton, Eric. *Six mountain and travel books*. Londres, Baton Wicks Publications, 1999 (coleção de obras clássicas, que inclui *Nanda Devi*, *Blank on the map* e *Upon that mountain*).

Solnit, Rebecca. *Wanderlust: a history of walking*. Londres, Verso Books, 2002.

Stevenson, Andrew. *Annapurna circuit: a Himalayan journey*. Londres, Constable and Robinson, 1997.

Thomson, Hugh. *Nanda Devi: a journey to the last sanctuary*. Londres, Weidenfeld & Nicolson, 2004.

Tilman, H. W. *Seven mountain and travel books*. Londres, Baton Wicks Publications, 2003 (coleção de obras clássicas que inclui *Snow on the Equator* e *When men and mountains meet*.)

Townsend, Chris. *The advanced backpacker: a handbook for year-round, long-distance hiking*. Nova York, Harper-Collins, 2001.

Unsworth, Walt. *Classic walks of the world*. Oxford, Oxford Illustrated Press, 1985 (livro de fotos de dezessete trilhas).

Unsworth, Walt. *Classic walks in Europe*. Oxford, Oxford Illustrated Press, 1987 (livro de fotos de dezessete trilhas).

Índice

Agradecimentos

Com minha viagem a Jomsum, no Himalaia, comecei uma caminhada para toda a vida. Era o ano de 1972 e a viagem era meu primeiro trekking a um lugar distante. Depois de um ano e meio, eu fazia as malas para voltar a um ambiente desconhecido. Antes disso, eu já fazia trekking há anos – nas montanhas da Suécia. Depois de minhas aventuras adolescentes, acumulei cada vez mais experiência, cuja essência reuni neste livro. A questão é: o que me impulsiona? O que, em termos gerais, faz alguém caminhar quilômetros, subir montanhas, procurar lugares novos e culturas estranhas e, no meu caso, o que me atrai para locais ao ar livre para os quais não fomos feitos? A resposta é que talvez eu devesse parar, mas meu amor por lugares selvagens é sincero e tem raízes profundas. Neles encontro uma beleza que vale a pena mostrar. Nasci com o desejo de aventura. O contraste com a vida cotidiana excita minha imaginação. Uma vida dupla. Mas também tenho os sonhos que sempre sonhei. São essas coisas místicas, talvez românticas, nostálgicas ou mesmo infantis que ainda não localizei precisamente. Enquanto minhas pernas me levarem, quero continuar investigando. Também desejo divulgar algo que acredito ser muito importante para a raça humana: que a vida na natureza e o trekking constituem um caminho excelente para a saúde física e mental. Não são apenas uma extravagância.

Este livro jamais teria sido produzido sem a cooperação de muitas pessoas, direta ou indiretamente. Minha querida família, Jill, Måns e Catrin, foi muito importante, naturalmente, e me acompanhou em muitas das minhas viagens. Um abraço de urso a eles.

O editor Gösta Mineur, da revista de viagens *Check-in*, tem sido meu fiel parceiro nos muitos anos em que escrevi reportagens sobre várias trilhas de trekking. Para que eu pudesse levar adiante certas viagens, alguns companheiros me deram apoio e várias pessoas me ajudaram – vejam ao lado a coluna da esquerda. E finalmente, mas não menos importante, meus mais calorosos agradecimentos aos companheiros e amigos que me acompanharam nessas viagens – vejam ao lado a coluna da direita.

Claes Grundsten

Meus agradecimentos a:
Ulf Amundsen
Tomas Bergenfeldt
Lotta Borgiel
Peter Hunger
Ola Skinnarmo
Lottie Sundelöf
Jan Wigsten
Haglöfs AB
Hilleberg The Tentmaker AB
Primus AB
Utemagasinet
Äventyrsresor AB

Rolf Bardon
Eva Carleberg
Anders Eriksson
Björn Esping
Suzanne Insulander
Arne Larsson
Örjan Nyström
Göran Palmgren
Gordon Sanders
Katarina Villner
Björn Wessman
Lars-Olof Österström
Os que foram ao safári fotográfico a Sarek em 2000
Os que foram ao Äventyursresor Altai em 2003

Yukon, p. 318
Trilha Chilkoot, p. 312
Montanhas Rochosas, p. 308
Sierra Nevada, p. 294
Canyonlands, p. 304
Grand Canyon, p. 298
Waimea, p. 252
Monte Roraima, p. 286
Cordillera Blanca, p. 278
Trilha Inca, p. 270
Fitz Roy, p. 266
Torres del Paine, p. 258
Laugavegur, p. 66
Kebnekaise, p
Sarek, p
Ilha de Skye, p. 52
Pireneus, p. 14
Mont Blanc, p. 34
Dolomitas, p. 3
Madeira, p. 24
La Gomera, p. 20
Alto Atlas, p. 74
Cânion do Rio do Peix